日本史籍協會編

所司代日記 一

東京大學出版會發行

所司代日記上巻

例言

一本書ハ、岡崎藩主本多美濃守忠民及ヒ小濱藩主酒井若狹守忠義ノ、京都所司代在職中ノ日記ニシテ、安政四年八月ヨリ文久二年七月ニ至ル、前後六年間ノ記事ナリ。但シ其間記事ノ缺ケタルトコロ少ナカラス。原本ハ舊淀藩子爵稻葉家ノ所藏ニシテ、第壹册ヲ缺キ、第貳册ヨリ第拾參册ニ至ル全拾貳册ヲ以テ成ル。缺本第壹册ハ、蓋シ嘉永四年十二月所司代ニ任シ、安政四年八月其職ヲ罷メタル龍野藩主脇阪淡路守安宅ノ日記ナルヘシ。

第貳册第三册ハ、安政四年八月當職ニ任シ、同五年六月其職ヲ罷メタル本多忠民ノ日記ニシテ、第四册ヨリ第拾參册ニ至ル拾册ハ、其後任トシテ、安政五年六月ヨリ文久二年六月ニ至ル前後五ケ年間、當職ニ再任セル酒井忠義ノ日記ナリ。

一本書ノ稻葉家ニ存スル以所ヲ考フルニ、蓋シ舊淀藩主稻葉美濃守正邦ハ、文久三年六月酒井忠義ノ後ヲ繼キタルヲ以テ、其職務ノ參考ニ資セン爲メ、是等ノ記錄ヲ輯錄セシモノナルベシ。

一本多忠民、酒井忠義等カ在職中ハ、幕府内外多事ノ時代ニ屬シ、幾多ノ難件ニ遭遇セシナランモ、本書中ニハ絕エテ政治的事件ニ關スル記事ヲ缺ケルハ、聊カ望蜀ノ憾ナキニ非レトモ、他面朝廷幕府ノ大小ノ儀式ヲ始メトシテ、諸公卿諸侯トノ往來ヨリ、小ニシテハ一士人トノ應接ニ至ルマテ、凡ソ其日常干與セル儀禮ニ關シテハ、順序次第、幷ニ個人ノ座作進退等細大漏ラサス之レヲ記述セルヲ以テ、當時所司代ノ公生活ヲ窺知スヘキ好個ノ資料トシテ、貴重スヘキモノナリト信ス。

一本書ハ、之レヲ上下二卷ニ分チテ輯載セリ。則チ第二册ヨリ第六册ニ至ル五册ヲ上卷ニ、第七册以下第拾參册ニ至ル七册ヲ下卷ニ收メタリ。

一本書ヲ刊行スルニ當リ、子爵稻葉家ノ許諾ヲ得タルハ、本會ノ幸トスル所ニシテ、謹ンテ茲ニ感謝ノ意ヲ表ス。

昭和三年六月

日本史籍協會

所司代日記一　目次

所司代日記第二（自安政四年八月十一日 至同年十月廿七日）

安政四丁巳年

○八月十一日

一御用番備前殿ゟ昨夕左之奉書至來先格之通以留守居御請差出ス

本多中務大輔殿	堀田備中守 牧野備前守 久世大和守 內藤紀伊守

御用之儀候間明十一日五半時登　城可被致候以上

八月十日

內藤紀伊守
久世大和守
牧野備前守

堀田備中守

本多中務大輔殿

一式日ニ付評定所ニ紀伊守殿御出座有之六時供揃ニ而半服著用致出席候
且今日五半時登　城候樣昨日老衆連名之奉書御用番備前殿より至來ニ付
無し候式日之事故先ツ評定所へ出席
一一座之衆追々被出候
一大目付御目付　出席
一燒捨封物
一席申渡
一留守居呼岡部雲碩誓詞之儀宜取計候樣申述之
一五時御案内差出紀伊守殿御出座誓詞有之相濟御同人內座ニ御出御料理
例之通頂戴相濟夫ゟ御同人御退散大目付ニも被致退散候留守居參り雲
碩誓詞無滯相濟候旨申聞之

一公事訴訟共無之内ニ引
一今日自分御用召之旨一座之衆ニ演説之上退席いたし玄關脇小部屋ニ而
諸麻半袴ニ著替退散夫ゟ直登　城御用部屋ニ罷出候
一本役衆當番越前殿其外被出居候衆ニ吹聽申述之
一板周防殿ニも今日御用召ニ而被出相互ニ歡吹聽等申述候
一御用召ニ付罷出候段以坊主御目付ニ申遣候處承知之旨申來
一所司代脇坂淡路守ニも御用召ニ而被出坊主部屋ニ扣被居候ニ付相越互
ニ歡吹聽申述之
一年寄衆登　城之節中之間迄罷出當番越前守殿之上ニ著座備前殿呼込ニ
而新番所御張紙下ニ出當番越前殿次ニ自分板周防殿と申順ニ著座御同
人一統ニ會尺之節時宜いたし自分板周防殿扇子差候儘少々進出罷出候
段申達置直ニ芙蓉之間ニ罷出候
一小御所前ニ而足袋脫之扇子兩袖之品提物等坊主ニ渡置候

一御目付參り寄候樣申聞候自分板周防殿時計之間次ニ罷在脇坂淡路守ニも羽目之間ニ被寄夫ゟ御用部屋ニ被通候
一御錠口明若年寄誘引ニ而板周防殿一同御錠口ニ入東坡御杉戸內ニ寄罷在
一大和殿被相越　御前出方之心得自分板周防殿ニ被申合之
一若年寄誘引ニ而白鷺御杉戸際ニ罷出手を突罷在淡路殿於　御座之間加判之列被　仰付候旨被蒙　上意被引候と直若年寄會尺ニ而　御座之間御敷居外ニ膝突內ニ入平伏備前殿中務之披露夫ニと　上意立候而御下段御敷居際迄進平伏其節脇坂淡路守跡所司代被　仰付被任侍從候旨
上意結構被　仰付難有之旨備前殿御取合遠國之儀入念可相勤旨再　上意奉畏候旨猶又御取合有之退去張果老通り罷出御目付罷在候間所司代被仰付被任侍從候旨申達直ニ坊主部屋ニ引
一年寄衆一統ニ御禮之儀備前殿ニ以常阿彌相伺候處　入御後一同逢有之

旨挨拶有之
一羽目之間江相越著座年寄衆引懸自分前ニ列座有之候間扇子取少し進所司代被　仰付被任侍従難有奉存候旨御禮申上年寄衆ニも一通り歡被申聞之
一年寄衆ハ壹人ツヽ若年寄御用取次之御側ハ一同江逢之儀以常阿彌申込之
一若年寄被出候間扇子取吹聽申述候尤御禮申述候廉々ハ無之候別段向方ゟ銘々被申述候彼是相應挨拶等申述候
一御用取次被出候間扇子取少し進所司代侍從被　仰付難有仕合之旨御禮申述候元之席江下り歡等被申述候間此方ゟも吹聽申述之
一淡路殿江も逢之儀別段以常阿彌申込被逢候間歡吹聽申述且傳達向之儀厚相賴則左之書付三通幷心覺被相渡尤公用人調役初先四人早々申付外ニ手留壹人同人宅江可差越旨被申聞公用人跡兩人ハ引續早々申付候樣

傳達有之

書付　三通

一羽目之間ニ而年寄共ヘ御禮之叓

一御用取次之御側衆ヘ御禮之叓

一若年寄一同ヘ御吹聽之叓

一御目付ヘ追付御廣敷ヘ御越候間案内之者差出呉候樣坊主を以被仰遣候事

一御廣敷ヘ御廻り程合之儀御同朋頭ヘ御懸合置之叓

一中之口ゟ御退出御臺所口ゟ同列共之内御同道御廣敷ヘ御越都而同列共之通御心得之叓

但　御城内幷御門ニ惣下座之叓

一爲御禮年寄共若年寄御廻勤之事

但御用取次御側衆ヘも御廻勤之事御間柄之年寄共ハ御通被仰置不苦

若年寄ハ御間柄ニ而も御無用之叓

一御役被　仰付候日より三日之間麻上下御著用之叓

一御誓詞願御役儀并侍從之御禮願書於　御城月番に御直達之事

○

所司代在府中出火之節心得方之儀享和仁戌年十二月廿一日下野守殿左之書取ヲ以被相伺候所翌日書面之通心得候樣伺相濟

出火之節登　城之儀先々登　城不仕由御座候　御城格別程近之場所又ハ風筋不宜節ハ見計爲伺　御機嫌登　城仕候心得ニ可罷在候哉相伺候事

○

所司代役人

公用人四人

調役四人

御所使　三人
　内壹人帳役兼
右筆　七人
書役　四人
手留　壹人

心覺

御越之事

一後刻御廣敷ゟ大和殿同道可有之旨常阿彌申聞候間宜相賴候段以同人申遣之

一大和殿逢御廣敷手續承之

一後刻御廣敷ゟ相越候間案內之者被差出候樣以坊主御目付ゟ申遣承知之旨申越之

一大和殿退出程合爲知候樣常阿彌へ申談置之

一淡路殿事中務大輔と名被改候旨幷同人屋敷遠方ニ付諸御禮廻勤等斷之旨田村伊豫守申聞之

一大和殿以常阿彌御廣敷江相廻り都合宜哉尋有之用意宜旨申達箱出坊主江申付自分供も申付置候處最早退出ニ而宜旨常阿彌申聞候間中之口通退出左之方御長屋門を入御徒目付案内ニ而御臺所口手前ニ立見合居大和殿中務殿御臺所口より退出ニ付直ニ同道並候而罷越御廣敷御式臺より一行ニ相成刀脫手ニ持上り添番之ものへ相渡御留守居出迎罷在乍立會釈いたし次之間ニ表使並居候得共無構大和殿中務殿一同上之間江入老女と向合著座扇子取手ヲ突罷在大和殿脇坂中務大輔加判之列被　仰付候旨被申述本夕(多カ)中務大輔所司代侍從被　仰付候旨被申述其節自分より結構被　仰付難有旨申上大和殿より益御機嫌克恐悅之旨被申上自分一同平伏直ニ大和殿被立自分ニも引續罷立老女次之間迄被送候間輕時宜致し刀受取御玄關江御留守居御式臺江御用人送り候間乍立及會釈元

之處ニ而刀帶惣而年寄衆同樣ニいたし候夫ゟ御廣敷御門前ニ而大和殿江挨拶申述年寄衆ニ相分レ御玄關前通退出

一夫ゟ年寄衆若年寄御用取次御側江御禮廻勤中務殿御禮廻勤斷ニ候得共萬端傳達受候儀ニ付相越罷通公用人呼出歡吹聽且萬端傳達向等之義口上申置歸宅七時過

一公用人兩人調役兩人御所使右筆書役申付中務殿宅ゟ遣之

○八月十二日

一例刻供揃晒染帷子諸麻上下著用登　城坊主部屋江罷出候

一年寄衆登　城呼込を承羽目之間江罷出候

一中務殿江承合等之義も有之候間出懸ケ逢之義金阿彌江申聞置候處出懸ケハ難被逢候由ニ而後刻可被逢旨被申聞廻後被逢候

一揃後御數寄屋江引罷在

一誓詞願後刻廻り之節致進達候ニ付金阿彌江引合置候

一廻り之節年寄衆羽目之間自分前ニ著座被致候と伺御機嫌候旨申述候と御用番備前殿御機嫌克旨被申聞恐悦之旨申述所司代被　仰付候ニ付誓詞之義相願候旨申述御用番備前殿江書面差出上包共御同人脇江差出被見上御役儀之御禮幷侍従之御禮願書差出候旨申述上包ハ脇差出置夫とり被受取候旨挨拶有之候間致會尺候

○

私儀京都所司代被　仰付候ニ付誓詞仕度奉願候以上

八月十二日　本多中務大輔

○

私儀京都所司代被　仰付候御禮侍従之御禮御席次第申上度奉願候以上

八月十二日　本多中務大輔

○

本多中務大輔江

本多中務大輔

明十三日朝五半時備前守宅ゟ被相越誓詞可被致候

八月十二日

一備前殿より以常阿彌右之御書付并誓詞案文御渡持歸ル

一御用も無之候ハヽ可致退出旨備前殿ゟ以常阿彌相伺候處勝手次第可致旨被申聞候ニ付直退出歸宅九時過

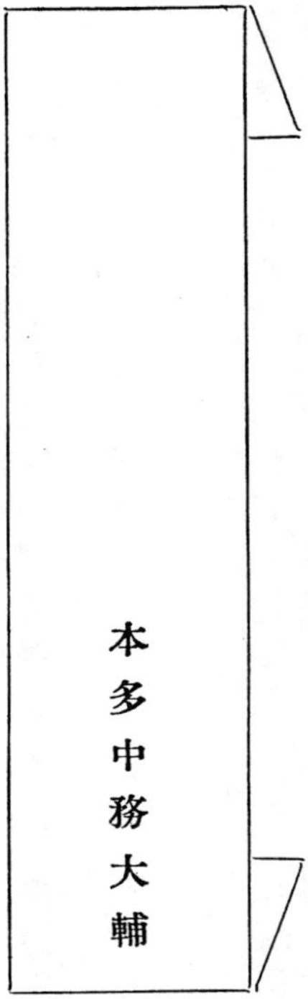

本多美濃守

私名右之通相改申度奉伺候以上

八月十二日

本多中務大輔

可爲伺之通候

一右之通今朝備前殿宅ゟ差出置候處卽夕留守居之もの呼出御附札ヲ（以脫カ）伺之
通相濟御渡候

○八月十三日

一今日御役儀之誓詞ニ付六半時供揃申付（晒帷子麻上下）著用五時出宅御用番備前
殿宅ゟ相越取次之者案內ニ而大勝手ゟ相通
但誓詞扣共四通自分出宅以前留守居爲持公用人ゟ申談大目付名前等
彼之方ニ而書入出來候

一公用人呼出今日誓詞被 仰付候ニ付伺公仕候段申入候

一大目付土岐丹波相越居被參挨拶有之

一公用人ゟ申談席見置申候

一寺社奉行板倉周防守ニも爲誓詞被相越大書院ニ而誓詞被至候由

一無程公用人案內いたし小書院ゟ相越同所入口手前ニ而手水遣ひ公用人
差引ニ而同所ニ暫扣居罷在其內備前殿出席大目付も出席之上公用人致

案内候間刀扇子取置罷出下之間ニ而一寸膝を突夫ゟ上之間内ゟ入對座
ゟ余程下り備前殿方を受而著座
一給仕之者計筆硯等白木片木ニ載セ自分前へ持出差置
一夫ゟ公用人誓詞前書幷罰文宛所等迄讀候内手を突愼ミ罷在讀畢而誓詞
小蓋ニ載自分前ゟ公用人持參候間其節小柄ニ而花押之元ゟ血判致し候
と大目付土岐丹波罷越候間同人ゟ相渡之同人より備前殿ゟ入一覽ニ候
時誓詞被　仰付難有旨申述退座
　但彼之方ゟ出候針ハ不相用候
一右相濟直ニ退散立戻り取次之者へ昨日改名伺之通相濟候御禮申述口達
書差置候
　但誓詞ニ而ハ立歸御禮ハ無之事
一非番老衆ゟ廻勤昨日改名伺之通相濟難有旨取次之ものゟ申述置
一夫より直登　城坊主部屋ニ罷在候

一年寄衆登　城呼込ニ而羽目之間ニ罷出候
一廻之節羽目之間ニ出居年寄衆御出懸羽目之間ニ著座被致候間扇子取少
シ進ミ御機嫌相伺候と備前殿ゟ御機嫌克と被申聞候ニ付恐悅之旨申述
之且今朝御役儀之誓詞被　仰付難有段ト申述候其後ニ而時候之挨拶等
有之
　但右御禮申述候儀以前丹阿彌へ懸合置候
一備前殿ニ御右筆組頭ヲ以加藤惣兵衛左之通相伺候處伺之通可心得旨以
同人被申聞之
　此度侍從被　仰付位階之御沙汰無御座天保十一子年備前殿同断其後
　位階之御沙汰承り不申右例ニ寄從四位下と相心得可申哉
一左之心覺持出備前殿ニ以金阿彌相伺候處勝手次第可致旨以同人被申聞
之

心覺

御役儀被　仰付今日ニ而三日相立候間先格之通明日ゟ平服ニ相成可
申哉之旨御用番備前殿ゟ以金阿彌相伺可申事
一左之御書付備前殿以常阿彌御渡
本多美濃守ゟ
來正月　常憲院様百五十回　御忌御法事於東叡山　當十月御執行付
而惣奉行　紀伊守被　仰付候間可被得其意候
一御用も無之候ハヽ可致退出旨備前殿ゟ以常阿彌相伺候處勝手次第可致
旨被申聞候ニ付直退出歸宅九半時過
一御用番備前殿ゟ左之通以留守居使者相伺候處同夕御附札ニ而御差圖有
之
公方様ゟ
御太刀　一腰
縮緬　五卷
伺之通可爲献上候

御馬　代黄金拾両 一匹

右侍従之御禮申上候節獻上可仕候哉奉伺候以上

八月十三日　本多美濃守

公方様江

伺之通可為献上候

御太刀　一腰

御馬　代黄金拾両 一匹

右御役義之御禮申上候節献上可仕候哉奉伺候以上

八月十三日　本多美濃守

伺之通可被差上候

御臺様江

白銀　三枚

右御役儀幷侍従之御禮申上候節差上可申哉奉伺候以上

八月十三日　本多美濃守

白銀二枚可被差上候

私儀御役儀幷侍従之御禮申上候節　本壽院様江差上物之儀如何

可仕候哉此段奉伺候以上

八月十三日　　本多美濃守

贈物ニ不及候

私儀御役儀幷侍從之御禮申上候節　本壽院樣女中〻贈物之儀如
何可仕候哉奉伺候以上

八月十三日　　本多美濃守

伺之通可被相贈候御臺樣老女中〻ゑ贈物不及候

金五百疋ツヽ　御本丸老女中
金三百疋ツヽ　同　御表使衆
同斷　御臺樣老女中
同斷　同　御表使衆

右御役儀幷侍從之御禮申上候節
相贈可申哉奉伺候以上

八月十三日　　本多美濃守

例書　　　　本多美濃守

例書
公方様江
御太刀　一腰
御馬　代黄金十両一匹
右御役儀之御禮申上候節献上仕候
公方様
御太刀　一腰
緬縮　五巻
御馬　代黄金十両一匹

右侍從之御禮申上候節献上仕候右ハ嘉永四亥年十二月廿八日中務大輔殿所司代幷侍從御禮被申上候節献上物仕候由御座候以上

八月十三日　　本多美濃守

例書

御臺樣江

白銀　三枚

右御役儀幷侍從之御禮申上候節献上仕候右ハ天保十一子年二月廿一日御自分樣所司代幷侍從之御禮被　仰上候節被献候由ニ御座候以上

八月十三日　　本多美濃守

例書

金五百疋ツヽ　御本丸老女中

金三百疋ツヽ　同　御表使衆

右ハ天保十一子年二月廿一日御自分樣所司代幷侍從之御禮被　仰上

候節相贈

御臺様御附女中江者不及贈物候旨御差圖有之候由ニ御座候以上

八月十三日　本多美濃守

一大目付堀　伊豆守江左之伺書以留守居之者差出之

（書面之通脇坂中務大輔殿次ニ相心得可仕候）

諸席打込之節美濃守席順之儀如何相心得可申哉此段奉伺候以上

八月十三日　本多美濃守家來　川來助左衛門

一翌十四日附札相濟

○八月十四日

一昨日伺濟之通今日ゟ平服著用例刻登　城坊主部屋江罷出候

一年寄衆登　城之節羽目之間江罷出揃後御數寄屋へ引

一廻之節羽目之間江出居御機嫌相伺恐悦申上之

一中務殿江逢御用談

一御用之有無相伺退出歸宅九時過

一御用番備前殿ゟ左之奉書至來先格之通以留守居之者御請差出之

本多美濃守殿

堀田備中守
牧野備前守
久世大和守
內藤紀伊守
脇坂中務大輔

明十五日五時登　城御役儀官位之御禮可申上候以上

八月十四日

脇坂中務大輔
內藤紀伊守
久世大和守
牧野備前守
堀田備中守

本多美濃守殿

一左之手紙

御城ゟ差越返書差遣候

脇坂中務大輔殿加判ニ而今日より月番ニ而申合次第相勤候樣被　仰出候段備前守殿被仰聞候付依之此段御達申上候以上

八月十四日　田村伊豫守

本多美濃守樣

脇坂中務大輔加判ニ而今日より月番ニ而申合次第相勤候樣被　仰出候段備前守申聞候由令承知候以上

八月十四日　本多美濃守

田村伊豫守殿

○八月十五日

一今日御役儀幷官位之御禮申上候ニ付六時過供揃申付織熨斗目諸麻長袴括りいたし六半時出宅登　城直御數寄屋江相越見計休息所ニ而長袴括

リ御シ候

但中之口ニ而留守居之者献上之品夫々江相渡置候旨申聞之

一溜詰衆ニも被罷出候間今日之吹聴申述之先方ゟも歡被申聞之

一大目付御目付江罷出候段坊主ヲ以申遣候處池田筑後守貴志孫太夫承知之旨申聞

一御奏者番當番肝煎幷披露之兩人江後刻稽古等之儀以坊主賴遣候處當番松平伯耆守肝煎太田攝津守承知之旨申越之

一御目付參り習禮ニ寄候樣申聞候ニ付御白書院西御椽通り小溜江罷越御衝立際ニ罷在御奏者番被出居候間御禮之節宜と申述

一稽古之節肝煎誘引も無之候間見計罷出候尤御役義幷官位之御禮共都合兩度罷出相濟而御數寄屋江引

一水戸殿御登　城有之候ハヽ爲知候樣坊主江申付置候處無程御登　城有之候旨申聞候ニ付後刻御部屋江御吹聴申上候旨家老迄申遣置候

一程見計ひ御部屋前ㇾ相越同所ニ罷在候坊主へ會尺宜敷旨ニ而扇子取置入口ニ而時宜いたし下ゟ貳疊目ㇾ罷出結構御替被　仰付難有旨申上候と目出度旨御挨拶有之畢而引

一右御禮御部屋前ニ而家老太田丹後守へ無急度申述畢而御數寄屋殿ㇾ引

一年寄衆登　城之旨承り中之間ㇾ相越例席ニ罷在候

但今日ハ御禮日ニ付御衝立ハ無之

一御用番備前殿ㇾ罷出候段以金阿彌御届申達畢而御數寄屋ㇾ引

一御目付兩人被參候ニ付溜詰衆初一同休息所ゟ出居候處申上之段被申聞自分ㇾハ御禮書爲見候間得と一覽いたし候上致返却候跡ニ而相應挨拶おとひ又休息所ㇾ引

一御錠明キ承り小溜ㇾ相越御衝立之方御張附之際ニ寄著座罷在候

但先達而提物ハ箱ㇾ仕舞扇子ハ坊主ㇾ相渡置候

一無程御白書院　御一同　出御月次之御禮相濟夫ゟ肝煎誘引ニ而自分進

物金臺進物番持出疊目ニ置之御奏者番松平駿河守太刀目錄持出候間其跡ハ進ミ扣居御太刀目錄侍從之疊目ニ置披露席ハ披キ候と自分末圖之通罷出平伏披露相濟夫ハと　上意御疊之ゑりへ手を懸候程ニ進ミ候と御役儀之御禮申上候段御用番備前殿御取合有之畢而小溜ハ引取初之所ニ扣居候

一引續侍從之御禮金臺卷物進物番順ニ持出疊目ニ置之青山大膳亮御太刀目錄持出候間如初其跡ハ進居同人疊目ニ差置披露席ハ披キ候と自分罷出平伏披露相濟夫ハと

上意如以前進候と官位之御禮申上候段備前殿御取合有之而退出小溜ハ引直大廊下通り柳之間ニ而坊主ゟ扇子請取檜之間御目付部屋通り菊之間ハ相越雁之間之方御杉戸を後ニして著座扣罷在候

一御禮相濟山吹之間細廊下

通御之御樣子ニ付手を突愼ミ罷在　入御相濟細廊下之御襖坊主明候ニ

御白書院之圖

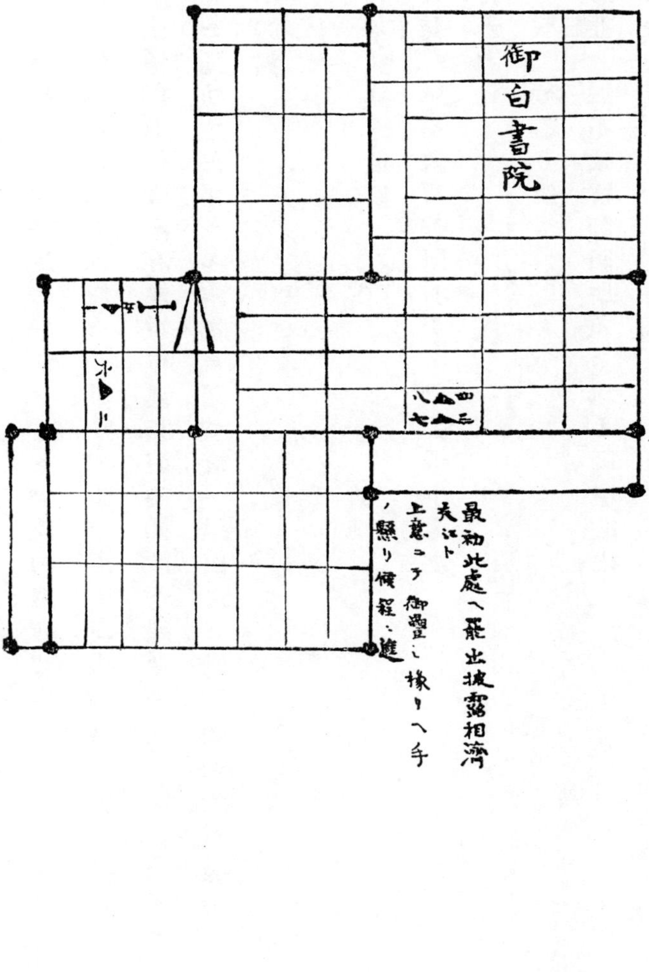
御白書院
最初此處へ罷出披露相濟
夫江ト
上意ニテ御疊之椽リヘ手
ノ懸リ候程ニ進

付細廊下ゟ山吹之間通羽目之間ニ相越例席ニ著座罷在
　但中奥之衆杯いまた並居らせ候へとも無構例席ニ著座
一年寄衆御引懸羽目之間ニ列座之節扇子取少シ進ミ御役儀幷官位之御禮
首尾克申上候難有仕合奉存候旨申述相濟而御數寄屋ニ引
一夫ゟ先格之通坊主部屋ニ而半𥜽ニ著替直ニ退出夫ゟ爲御禮老衆ニ廻勤
歸宅四半時過
○八月十六日
一風邪ニ付不致登　城候
　但今日登　城不致旨御同朋頭ニ以手紙申遣之
○八月十七日
一風邪ニ付登　城不致候
　但今日登　城不致旨御同朋頭ニ以手紙申遣之
○八月十八日

一風邪ニ付不致登　城
但今日不致登　城候旨御同朋頭ゟ以手紙申遣之
○八月十九日
一風邪ニ付不致登　城候
但今日登　城不致旨御同朋頭ゟ以手紙申遣之
○八月廿日
一例刻供揃平服著用登　城坊主部屋ゟ罷在候
一年寄衆登　城之節羽目之間ゟ罷在
一大和殿ゟ逢直達物致ス
一揃後御數寄屋ゟ引
一廻り引懸大和殿被逢候旨以金阿彌被申越候
一中務殿御逢
一廻り之節羽目之間ゟ罷出例之通り御機嫌伺相濟其儘扣居

一大和殿被出ロ　宣之奉書被渡候ニ付受取致時宜跡ニ而挨拶等有之被引
候奉書左之通

廣橋前大納言殿
東坊城前大納言殿

堀田備中守
牧野備前守
久世大和守
內藤紀伊守

本多中務大輔事爲從五位下之處今度從四位下侍從被
仰付候ロ
宣等之儀相調候樣尤候恐惶謹言

安政四巳
八月十一日

內藤紀伊守信親判
久世大和守廣周判
牧野備前守忠雅判
堀田備中守正篤判

廣橋前大納言殿

東坊城前大納言殿

一大和殿江先役中之儀ニ付取計向逢之儀及御相談候事

一中務殿江御逢之儀申述御用談いたし候

一御用有無伺退出歸宅九時過

一助御用番大和殿江左之書付以留守居差出之

公方様江

可爲先格之通　御扇子二十本　一箱

右例年十一月中從京都爲伺御機嫌以使札献上仕候先格之由御座候所司代御役中右之通献上可仕候哉奉伺候以上

本多美濃守

自拜幷献備不及候

私儀京都所司代被　仰付候ニ付上野　御宮幷惣　御靈屋江自拜仕御太刀一腰御馬代銀壹枚ツヽ献上仕候處　最樹院様　御靈屋

ニも御同様自拝且献備等仕候儀ニも可有御座候哉此段奉伺候以
上

八月廿日　本多美濃守

例書　本多美濃守

例書

私儀京都所司代被　仰付候ニ付上野　御宮幷惣　御霊屋ニ自拝仕御
太刀一腰御馬代銀壹枚ツヽ献備仕候處　最樹院様　御霊屋ニも御同
様自拝且献備等仕候儀ニも可有御座候哉此段奉伺候以上

十二月廿七日　脇坂淡路守

右ハ嘉永四亥年十二月廿一日中務大輔殿京都所司代被　仰付候節同

月廿七日御用番和泉殿江被相伺候處即夕以御附札御差圖有之候由ニ
御座候以上
八月廿日
本多美濃守
一右即夕御附札ニ而相濟
○八月廿一日
一例刻供揃平服著用登　城坊主部屋江出居候
一年寄衆登　城之節羽目之間江出罷在候
一揃後御數寄屋江引
一備前殿江以丹阿彌左之通進達
一薩劦國諏訪大明神神主本多加賀守上階之儀ニ付致承附候書付　壹通
但別紙五通
右一帶
一圓滿院宮より年頭御祝儀使者來ル午年ゟ戌年迄所司代御役宅江被差出度儀ニ付申上候書付　壹通
但圓滿院宮坊官差出候書付寫壹通
右一帶

一三寶院淳君門室相續御禮使者ニ付可被差向處無人ニ付來春迄延引被致度儀ニ付申上候書付　壹通

但三寶院淳君家司差出候書付寫壹通
右一帶

一廻り之節羽目之間江罷出例之通御機嫌相伺引續左之願書上包取判拝願ゟ中備前殿江直達一覽中ニ上包ハ御同人脇ニ差出候一覽畢而會尺有之時宜いたし候備前殿御書付御渡受取上段ゟ例之通時候之挨拶有之

私儀年來不如意有之此度京都江罷越候ニ付江戸幷從在所引越候儀差支候依之可相成儀ニ御座候ハ御金拝借之儀奉願候以上

八月廿一日　本多美濃守

一備前殿御渡御書付左之通

今度　御除服　宣下口　宣案被進候付爲御禮禁裏江御進献物　御使上京之上追而被相勤候樣可被致候尤右　御進献物幷關白殿始江被遣被下物等中務大輔所司代勤役中支度申付置候間可被得其意候

本多美濃守

相勤候者共御扶持方等之儀ニ付申進候書付當地御目付小屋模様替御建替御修覆中附切

七月六日至來

脇坂淡路守

淺野中務少輔

岡部備後守

中附切相勤候者共御扶持方等願伺當地御目付小屋模様替御建替御修覆

淺野中務少輔

岡部備後守

例書

覺

書面所司代同心一人町奉行組同心二人ハ三人扶持ツヽ、幷小者雇賃銀壹匁七分ツヽ何も勤日數ニ應し平扶持之積被下右米銀受取方之儀ハ先格之通可取計旨町奉行ハ可被達候事

一右之通壹結覺書添備中殿以丹阿彌御渡受取持歸ル

一御用有無以丹阿彌相伺退出歸宅九半時過
〇八月廿二日
一例刻供揃平服著用登　城坊主部屋ニ罷出候
一年寄衆登　城之節羽目之間ニ罷出揃後御數寄屋ニ引
一廻り之節羽目之間ニ出居御機嫌相伺恐悅申上之
一中務殿ニ逢之儀申込候處御用多ニ付斷之旨被申聞候
一明廿三日六時過之御供揃ニ而講武所ゟ濱御庭ニ被爲　成候間鈴木四郎
左衞門申聞候
一御用有無伺退出歸宅八半時過
〇八月廿三日
一今日六時過之御供揃ニ而講武所ゟ濱御庭ニ被爲　成候
一例刻供揃ニ而平服著用登　城坊主部屋ニ出居候
一年寄衆登　城之節羽目之間ニ罷出中務殿ニ御逢御用談致其後御數寄屋

江引
一京都町奉行江之紙封壹ッ今明日中ニ差立候樣表御右筆所江以坊主申遣候處神沼左太郎受取候趣申越
一一昨廿一日持歸候御目付小屋模樣替御修覆中相勤候者共御扶持方等之儀ニ付書付承付いたし
右備前殿江以常阿彌返達
一廻り之節羽目之間江罷出例之通御機嫌相伺候
一御用有無伺退出歸宅九半時過
○八月廿四日
一例刻供揃平服著用登　城坊主部屋江罷出候
一年寄衆登　城之節羽目之間江罷出揃後御數寄屋江引
筑前太宰府安樂寺權別當延壽王院被補正之別當候間差支無之哉之儀ニ而致承付候書付　壹通
但別紙壹通
右一帶

右大和殿ニ以常阿彌返達
一志賀金八郎ニ逢自分義是迄今切御關所手判心得居候然ル處此度御役替
ニ而ハ京地ゟりノ手判も出シ可申哉ニ而是迄之處ハ如何相成候哉含被
居候様噺候
一廻り之節羽目之間ニ罷出例之通御機嫌相伺候
一御用有無伺之上退出歸宅九時過
○八月廿五日
一例刻供揃平服著用登　城坊主部屋ニ罷出候
一年寄衆登　城之節羽目之間ニ罷出揃後御數寄屋ニ引
一廻り之節羽目之間ニ罷出例之通御機嫌相伺候
一御用有無之上伺退出歸宅九半時過
○八月廿六日
一例刻供揃平服著用登　城坊主部屋ニ罷出候

一初鮭　御進献ニ付女房之奉書至來今日持出候ニ付挾箱江入別ニ駕籠脇
壹人中之口迄爲附添候
一御賄頭江白木三方差出候樣以坊主申遣卽刻坊主持參いたし女房之奉書
中之口より坊主部屋迄刀番持參候間服紗之儘右三方ニ戴置之
一年寄衆登　城承白木三方坊主ニ爲持羽目之間江出自分脇ニ置之揃後坊
主ニ爲持御數寄屋へ引自分脇ニ置之
一中務殿御逢御用談
一廻り之節女房之奉書直達いたし候段以常阿彌御用番備前殿江申達之
一廻り前女房之奉書坊主ニ爲持羽目之間江出服紗を解上包より取出之白
木狀箱之儘三方ニ戴置之
一備前殿廻り引懸被逢候旨以金阿彌被申越候
一無程年寄衆被出御機嫌伺畢而初鮭御進献ニ付女房之奉書出候由ニ而差
越候間差上候旨申述三方之儘直達次ニ兩卿より奉札幷右等差上候儀申

上候書付壹通直達相濟其儘罷在無間ゟ備前殿被出書付被渡候間受取披
見候處拜借金被　仰付候ニ付御禮申述挨拶等有之被引候
本多美濃守
京都ゟ相越候ニ付拜借之儀被相願候付金壹萬兩拜借被　仰付之
一大和殿ゟ逢拜借金御禮申述之
一御用之有無伺之上退出夫より拜借金御禮として平服之儘年寄衆へ相越
玄關ニ而取次ゟ口上申置歸宅九半時過
但平服之儘相濟候事中務殿屋敷遠方ニ付廻勤斷ニ付留守居使者差出
候且御側御用人有之節ハ是又廻勤之事
○八月廿七日
一例刻供揃平服著用登　城坊主部屋ゟ罷出候
一年寄衆登　城之節羽目之間へ罷出揃後御數寄屋ゟ引
一備中殿備前殿大和殿逢之儀以金阿彌申込置候

一廻りニ付羽目之間ニ罷出例之通御機嫌相伺引續御手掛御用番備前殿ニ
逢拜借金被　仰付候御禮申述幷師範中務殿ニ逢申込御禮申述
一御勝手懸御勘定奉行月番呼出右吹聽幷證文等之儀懸合置候
一京都町奉行淺野中務少輔岡部備後守兩名之封書壹封京都表ゟ繼飛脚ヲ
以差越候旨ニ而藤井釜之助ゟ受取持歸
一御用有無相伺退出歸宅九半時過
〇八月廿八日
一月次御禮無之例刻供揃染帷子麻半袴著用登　城坊主部屋ニ罷出候
一年寄衆登　城之節羽目之間ニ罷出揃後御數寄屋ニ引
五ヶ所關所印鑑差出候儀申上候書付
本多美濃守
信州　福嶋
遠州　今切

江州　柳ヶ瀨

同　劍熊

同　山中

可爲伺之通候

右五ヶ所關所江中務大輔殿印鑑被差出候今度私所司代被
仰付候付先格之通印鑑差出候樣可仕候哉相伺申候以上

八月廿八日

右備前殿江以丹阿彌進達卽刻可爲伺之通旨御附札ニ而以金阿彌御渡
有之

一拜借金證文自分調印之上留守居之者持出御勘定所ニ而印形居り其上ニ
而自分江以坊主差出候ニ付直御勝手懸大和殿江以御同朋頭進達致候處
年寄衆裏書調印相濟以同人御下ニ付坊主留守居之者江相渡之

一御勘定所之印形如圖小サク卷上之角上包美濃紙クルミ卷

拜借金證文案　　本多美濃守

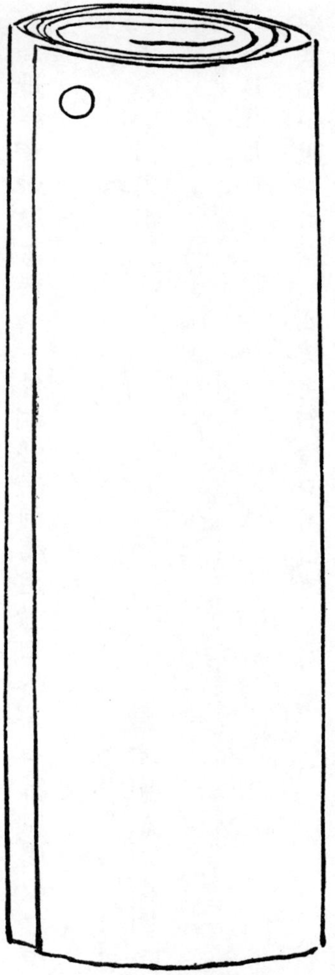

御裏書

表書之金壹萬兩可被相渡候斷ハ本文ニ有之候以上

中務印

紀伊印

大和印

備前印

病氣ニ付無加印
備中

一明細書持出分限帳掛伊澤美作ゟ相達之
一書状大坂御目付代京極左衞門ゟ　三通
一同二條在番ゟ之　壹通
一同大坂加番ゟ之　壹通
右表御右筆組頭岩佐伴右衞門ヲ以受取持歸ル
一御用有無伺之上退出歸宅八時前
一左之手紙御城ヲ以差越
本郷丹後守殿屋敷程遠ニ付歡幷諸御禮廻勤御斷ニ而御座候依之申上候以上
八月廿八日　鈴木四郎左衞門
本　美濃守樣
○八月廿九日
一例刻供揃平服著用登　城坊主部屋ゟ出居候

一年寄衆登　城之節羽目之間ゟ罷出中務殿ゟ逢左之書付入内覽候處存寄
無之旨ニ付御同人ゟ直達相濟御數寄屋ゟ引
發足頃合之儀相伺候書付

本多美濃守

寺社奉行加役とり所司代被　仰付大概五十日又ハ少餘之支度ニ而出
立仕候趣ニ相見申候依之來ル九月下旬發足之心得ニ可仕候哉御內慮
相伺申候

八月

一左之印鑑御用番備前殿ゟ以金阿彌進達

信州福嶋ゟ之印鑑　壹枚

印鑑○

本多美濃守

一廻り之節羽目之間ゟ罷出例之通り御機嫌相伺候

一御用有無伺之上退出歸宅九ツ時過

○八月晦日

一風邪ニ付不致登　城候

但今日登　城不致旨御同朋頭ヘ以手紙申遣之

一昨日呼出申遣候ヶ所留守居之者差出候ニ付江夘柳ヶ瀨井伊掃部頭留守居江夘釼熊松平甲斐守留守居遠夘今切松平伊豆守留守居江夘山中朽木縫殿助留守居ヘ印鑑壹枚ツヽ差出候ニ付家老ヲ以相渡之公用人侍座

○九月朔日

一月次御禮有之候處風邪ニ付不致登　城右ニ付御用番ヘ以留守居使者御屆申達

但御同朋頭ヘ例之通以手紙申遣之

一今日拜借金壹萬兩無相違留守居之者受取來候事

一右ニ付御用番ヘ左之通以留守居使者爲御屆差出之

私拜借金壹萬兩今日無相違受取申候右之段御屆申上候以上

九月朔日　本多美濃守

○九月二日

一例刻供揃平服著用登　城坊主部屋江罷出候

一年寄衆登　城之節羽目之間江罷出揃後御數寄屋江引

一備中殿出懸逢之儀金阿彌江申置被出候ニ付左之書付貳通壹帶直達幷拜借之御禮申上候

但御同人不快ニ付及今日

一禁裏御賄當巳六月分御入用差引書之義申上候書付　壹通

一禁裏御賄當巳六月分御入用差引書　壹通

右一帶

一左之書付差出大目付分限懸田村伊豫江以坊主達之

京都支配地役之面々分限帳先達而書出候通增減無之旨夫ニ書付都合

四通中務大輔殿所司代勤役中差出候處轉役ニ付遣之候事

一廻り之節例之通御機嫌相伺候事

一遠藤但馬殿ニ逢拜借金御禮申達

一御用有無相伺退出歸宅九半時過

○九月三日

一大和殿ニ登　城前逢之儀昨日留守居以使者申込候處承知之旨ニ付五時供揃服紗袷麻半袴著用大和殿宅ニ相越小書院ニ通り公用人呼出御用透之節御逢被下候樣相應申述候

一大和殿小書院ニ被出候間扇子取今般結構被仰付難有仕合之旨申述夫ゟ時候之挨拶等有之被入候樣申述候處罷出候樣被申聞取立候間刀持跡ゟ參り玄關式臺迄被送候間拭板ニ而被上候樣挨拶致シ式臺ニ下り向合ニ而挨拶いたし退散夫ゟ直登　城坊主部屋ニ罷出平服ニ著替いたし罷在候

一年寄衆登　城之節羽目之間ニ罷出揃後御數寄屋へ引
一中務殿ニ御逢御用談
一廻り之節羽目之間ニ而御機嫌伺例之通畢而備中殿御役知之書付御渡ニ
付披見之上御禮申上候と紀伊守殿御書付御渡有之
但備中殿紀伊守殿御書付御渡有之以前御同朋頭ゟ申聞候事
一御書付左之通り
所司代御役知物成之儀當八月分迄脇坂中務大輔ニ被下候間九月分と
り收納候樣可被致候
本多美濃守
右備中殿御渡
本多美濃守
當十月
常憲院樣百五十回御忌御法事御執行付而赦被　仰出候被存其趣死罪

赦又ハ遠島ニ可成程之者可被書出候其外前々御法事之赦被行候輕罪之者ヲ如例之致了管可被申付候右之段内藤豐後守戸田能登守江及可被達候

九月

右紀伊守殿御渡

一中務殿昨日龍之口屋敷へ引移歡御斷今日より諸廻勤被受候旨幷明四日日光御門跡御登　城服紗麻上下御登　城無之見舞斷之旨田村伊豫守申聞候

一明四日日光御門跡御登　城ニ付登　城可致哉之旨大和殿江御同朋頭ヲ以相伺候處登　城ニ不及候旨御同人同人ヲ以被申聞候

一御用有無相伺退出歸宅八時過

〇九月四日

一昨日伺之上今日日光御門跡御登　城有之候得共登　城不致候

一左之書付大和殿ゟ剪紙ヲ以至來

本多美濃守

今度　御除服　宣下之口　宣案被進候ニ付御用初爲宰領罷下候大御番山田岩五郎糟屋給三郎被下御暇上京候段町奉行御附へ奉書直達候間爲心得相達候

九月

○九月五日

一今日六時過御供揃ニ而中野筋江可被爲　成候處天氣相ニ付昨夜御延引被　仰出候事

一例刻供揃平服著用登　城坊主部屋江出居候

一年寄衆登　城之節羽目之間江罷出揃後御數寄屋江引

一廻り之節羽目之間江罷出例之通御機嫌相伺候

一大和殿御逢ニ而口　宣之御書付御渡有之

一中務殿御逢ニ而出立頃合之儀御書付御渡有之
一御用有無伺之上退出歸宅九半時過
○九月六日
一差向御用爲無之不致登　城
一今般御役被　仰付候間爲御禮登　城前逢之儀備中殿江昨日以留守居申込候處承知之旨答有之
一右ニ付五時供揃（服紗袷麻半襠）著用備中殿宅江相越小書院江通り刀ハ同所貳之間ニ差置公用人呼出し御用透之節御逢被下候樣申述候且御逢手續等總而去ル三日大和殿御宅江罷出候節之通り
一退散夫ゟ本郷屋敷江相越同所ニ而平服ニ著替いたし夫ゟ淺草屋敷江罷越歸宅七時過
○九月七日
一例刻供揃平服著用登　城坊主部屋江罷出候

一年寄衆登　城之節羽目之間江罷出揃後御數寄屋へ引
一左之心覺持出金阿彌江咄置

心覺

明八日上野　御參詣被　仰出候ハヽ爲　御目見登　城いたし候心得
罷在候旨御同朋頭江可咄事、

一廻り之節羽目之間江罷出例之通御機嫌伺候
一明八日上野　俊貞（明カ）院樣　御靈前江　御參詣ニ付御供揃五時と被　仰出
候旨大目付堀伊豆守申聞候
一御用有無伺退出夫ゟ松平讃岐守屋敷江相越歸宅夜五半時過
一退出後左之通御城ゟ以紙面申來

明八日東叡山　俊明院樣　御靈前　御參詣天氣相ニ付御延引被　仰
出候依之御達申上候以上

九月七日　　田村伊豫守

本多美濃守様

〇九月八日

一今日東叡山　俊明院様　御霊前ニ　御参詣被　仰出候處昨日天氣相ニ
付御延引被　仰出候
一例刻供揃平服著用登　城坊主部屋へ罷在候
一年寄衆登　城之節羽目之間ニ罷出揃後御數寄屋ニ引
一廻り之節羽目之間へ罷出例之通御機嫌伺候
一御用有無伺之上退出歸宅九半時

〇九月九日

一六半時供揃千種色小袖横麻長襠括り著用登　城御數寄屋ニ相越休息所
ニ而括り卸ス
一溜詰衆ニも被出例之通及挨拶
一年寄衆登　城之由承り羽目之間例席ニ出居候揃後御數寄屋ニ引

一大和殿ニ左之書付以丹阿彌進達

一淺野中務少輔名改之義申上候書付　壹通

但別紙一通

右一帶

一東海寺輪番ヘ御朱印相渡候義ニ付申上候書付　壹通

一御目付參候旨坊主申聞候間溜詰衆始自分御數寄屋入口溜詰之次ニ著座無程御目付兩人被參表宜旨申上候段溜詰衆ニ申達畢而挨拶等有之夫ゟ自分ニも同樣相濟何も又休息所ニ引

一申上之旨坊主爲知候如最前溜詰衆始並居御錠口明之段坊主爲知夫ゟ一同櫻之間小溜ニ相越候

但御白書院御緣頰ニ而御奏者番ニ及會尺候

一御三家方櫻之間ニ御出御床前ニ御著座其節一同御時宜いたし候

但溜詰衆ニ而ハ御三家方御挨拶ニ被出候得共自分ニ而ハ其儘罷在候

一無程御白書院江　出御御三家方如定例御祝義相濟候間溜詰衆壹人宛被出末之溜詰ゟ小溜御敷居際ニ而行違候程ニ自分罷出御禮申上又小溜り江退去

御禮之疊目ハ諸大夫疊目ニ少し上候程ニ有之

但扇子ハ小溜江取置且今日ハ披露無之

一小溜ニ而扇子差溜詰衆之跡ニ付大廊下通り大廣間江西御緣頰通相越同所御假椽江相廻り年寄衆ゟ間壹人丈明ケ置著座

一夫ゟ大廣間江　渡御有之年寄衆被相越御用番ゟ御下段御柱際非番年寄衆溜詰之衆御緣頰江如例著座夫ゟ四品以上壹人ツヽ出禮以下ハ五人ツヽ出禮金地院護持院罷出御下段御敷居內ニ而御禮相濟候間年寄衆次之間御襖被開之御次江一同　御目見之節扇子差候儘ニ而手を突罷在相濟年寄衆御襖被閉之

一入御溜詰衆年寄衆江恐悅被申上其節自分ハ構無之鴈之間詰へ年寄衆會

御白書院御禮申上候圖

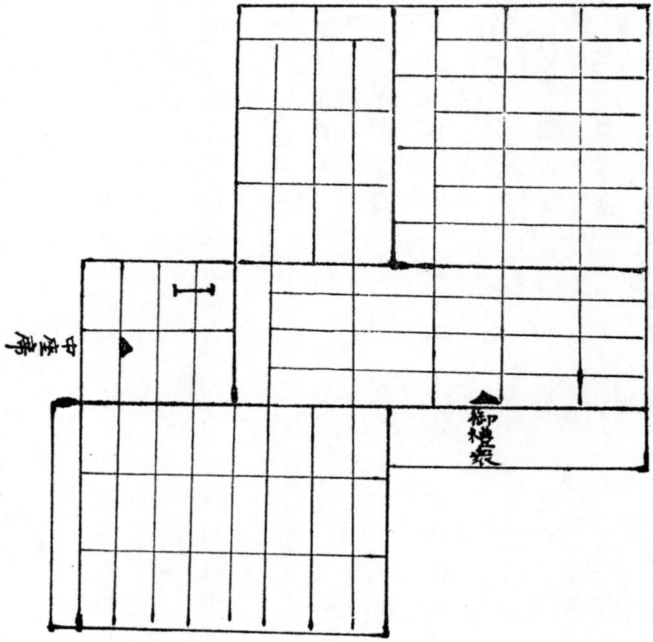

尺有之右之節も同斷夫ゟ年寄衆之跡ニ付御白書院裏ゟ直御數寄屋江相
越候
一今日ハ御用有無不相伺直長裃括いたし退出歸宅九半時過
○九月十日
一今日差向御用も無之不致登　城右ニ付例之通御同朋頭江手紙差遣ス
一左之手紙
御城より差越返書遣ス
上包
本多美濃守様　　　　　　　　御城
田村伊豫守
牧野備前守殿加判之列　御免溜詰格被　仰付候依之御達申上候以上
九月十日　　　　　　　田村伊豫守
本多美濃守様
上包
本多美濃守様　　　　　　　　御城
野々山鉦藏
明十一日中野筋江　御成御供揃五時前より被　仰出候依之此段申上候

以上

本　美濃守様

野々山鉦藏

〇九月十一日

一今日五時前御供揃ニ而中野筋ニ被爲　成候

一風邪ニ付不致登　城例之通御同朋頭ニ手紙差遣之

〇九月十二日

一風邪同扁ニ付不致登　城

但昨日之通御同朋頭ニ斷手紙差出ス

一此度自分所司代被　仰付候爲歡京地組與力古在彌五兵衞石川隼吉於小書院目見申付候ニ付家老共出席右兩人同所貳之間ニ罷出取次披露輕言葉遣之家老取合有之退座

但與力家老共ニ向禮申述初而目見言葉遣之候禮家老共とり申聞候

一右相濟如最前家老共出席公用人侍座與力呼出京都ゟ之暇遣銀子遣之段
家老申渡相濟料理二汁五菜遣之
但委細ハ公用人留ニ有之
○九月十三日
一風邪同扁ニ付不致登　城候
但昨日之通御同朋頭ゟ斷手紙差出ス
一左之手紙
御城より差越之
上包　本多美濃守樣　　御城　遠山隼人正
松平伊賀守加判之列被　仰付堀田備中守次ニ罷在候段被　仰渡候
一伊賀殿屋敷遠方ニ付歡斷覺書別紙を以御達申上候
一同人御勝手懸被　仰付候段是又別紙を以御達申上候以上
九月十三日　遠山隼人正

本多美濃守樣

御達之覺

御勝手御用向之儀備中守伊賀守大和守月番ヲ立取扱候間向々諸伺等
其心得ニ而差出可申候尤當月ゟ備中守來月ゟ伊賀守十一月ゟ大和守
月番相心得候事

御達之覺

伊賀守事屋敷遠方而已不成當時中屋敷假住居之儀ニ付歡幷御禮廻勤
等之儀都而及斷候事
但諸家ゟり使者差越候儀今日ニも不限儀ニ付追々差越候樣可達事

九月

〇九月十四日

一風邪同扁ニ付不致登　城候
但昨日之通御同朋頭ゟ斷手紙差出

○九月十五日

一月次之御禮有之ニ付六半時供揃服紗小袖麻半褄著用登　城直御數寄屋ゟ相越

一年寄衆登　城之節羽目之間へ罷出揃後御數寄屋ゟ引

一大和殿ゟ金阿彌左之通進達

一神階願之義ニ付申上候書付　壹通

但別紙五通

右一帶

心覺

別紙書付之趣町奉行御附之者へ奉書被相達候由右ハ大番頭ゟ達等ハ無之候哉差當先例も難相分候間可及引合事

一去ル四日大和殿ゟ以剪紙至來之御書付持出御右筆ゟ右之心覺ヲ以引合候處左之文言ニ相直先紙と引替呉候樣申聞候ニ付則先紙ハ加藤惣兵衞ゟ相戻

本多美濃守

今度　御除服　宣下之口　宣案被進候ニ付御用物爲宰領被下候大御番山田岩五郎糟屋給三郎被下御暇上京候段大御番頭町奉行御附ゟ奉書相達候間爲心得相達候

九月

一御目付參り表宜旨申上候段被申聞候

一御錠口明ニ而溜詰一同松溜ゟ相越御張附ヲ後ニ溜詰之次ニ著座

一水戸殿御出南御障子之方ニ御著座居形ニ而時宜いたし候

一御黑書院ゟ　出席水戸殿御出禮相濟御退散之節時宜いたし候次ニ溜詰

一同出禮夫ゟ御續柄之衆出禮末之出禮ヲ曲尺ニ扇子取置松溜中程ゟ進出扣居同人引候ヲ右ニ受御敷居内ニ而行違候程ニ罷出侍從之疊目少シ下り平伏御用番名披露有之而退去

一夫より御白書院江　出御月次其外御禮衆有之相濟御次一同御禮被爲
請候間其節振替年寄衆同樣手ヲ突罷在候右畢而被遊　入御候
一入御後溜詰衆御機嫌被相伺年寄衆ゟも溜詰衆江挨拶有之溜詰衆被引候
跡ニ付御數寄屋江引
一備中殿御引懸御逢ニ付羽目之間江罷出無程御同人御出左之御書付御渡
有之

ヒレ
本多美濃守江

近々亞米利加使節出府登　城　御目見被　仰付候節直垂著用登　城
候樣可被致候尤日限之儀ハ追而可相達候事

一御同人以丹阿彌左之書付御渡受取持參
禁裏御內之者御加增米被下候之儀ニ付申進候書付
七月十八日至來　脇坂淡路守
御附之者ゟ差出候書付

御黒書院
出禮之圖

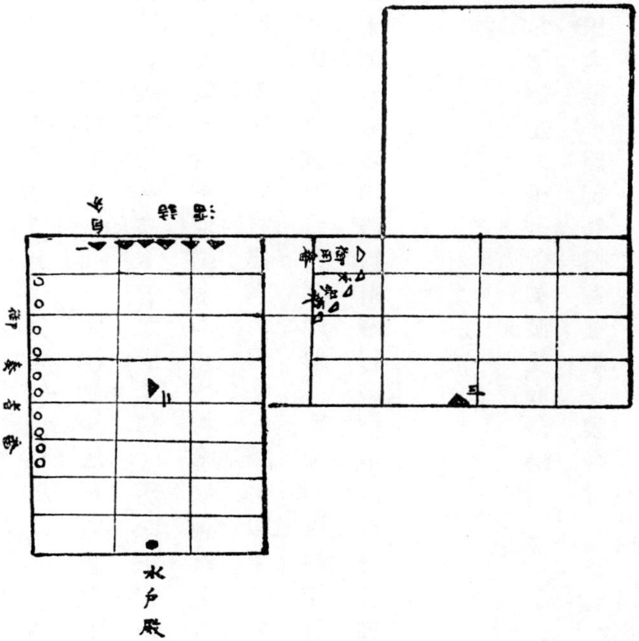

覺

禁裏修理職德山典膳儀此度御造營出精御用辨ニも相成且去ル寅年炎
上以來彼是精勤有之候間可然樣御沙汰之儀修理職奉行申立候付身分
御取立又ハ被下物ニ而も有之候樣傳　奏衆被相達候ニ付御附之者取
調書付差出候ニ付御取締懸江相達右懸取調之上書付寫共中務大輔所
司代勤役中差越之候右典膳江出格之譯ヲ以生涯御加増米二石　禁裡
御藏米之内を以被下候間其段傳　奏衆江可相達旨御附之者江被申渡
小堀勝太郎江も可申渡旨町奉行江被申渡右之趣御取締懸江も可被相
達候事

右三通壹結

一大和殿以常阿彌左之御書付御渡受取持歸
　江州勢田大橋小橋御修覆之儀申上候書付
　　八月四日至來
　　　脇坂淡路守

江州勢田大橋小橋御修復之儀ニ付伺書

淺野中務少輔

岡部備後守

覺

書面京都町奉行差出候書付中務大輔所司代勤役中差越候處右ハ吟味御入用銀拾五貫九百目ヲ以三ヶ年保御修覆之積尤出方之儀ハ先格之通御手當利金之内ヲ以仕拂且御修復中御扶持人棟梁壹人附切御扶持方雜用等ハ中井小膳定式勘定ニ結込候積其余都而伺之通可取計旨京都町奉行ヘ可被達候事

右之通壹結

一右同人以丹阿彌左之御書付御渡請取持歸

圓滿院宮より今朝御祝儀使者來ル午年ゟ戌年迄所司代御役宅ヘ差出度儀ニ付申上候書付

本多美濃守

圓滿院坊官差出候書付寫

覺

伺之通來午年より來戌年迄五ヶ年之間所司代御役宅ゟ被差出候樣可
被達候事

右之通壹結

一御同人以同人左之御書付御渡受取持歸ル

三寶院淳君門室相續御禮使者可被差向處無人ニ付來春迄延引被致度義ニ付申上候書付

三寶院淳君家司差出候書付寫

覺

伺之通可被達候事

右之通壹結

一御用之有無相伺退出歸宅九ツ時前

○九月十六日

一例刻供揃平服著用登　城坊主部屋ニ相越候
一年寄衆登　城之節羽目之間ニ罷出揃後御數寄屋ニ引
　　心覺
明十七日紅葉山　御宮ニ　御參詣ニ付爲　御目見罷出候段御同朋頭
ニ可咄置事
一右之心覺持出御同朋頭ニ引合
　　心覺
町奉行淺野中務少輔名改之儀去ル九日進達致置候右ハ如何之御模樣
ニ候哉御右筆組頭ニ口上ニ而可引合事
一右之心覺持出加藤惣兵衛ニ引合
一廻り之節羽目之間ニ罷出例之通伺　御機嫌相濟御數寄屋ニ引
一明十七日紅葉山　御宮惣　御靈屋ニ　御參詣ニ付御供揃五時と被　仰
出候旨大目付遠山隼人正申聞候

一右卽刻天氣合ニ付御延引被　仰出候旨同人申聞候事
一備中殿明後十八日ゟ表門玄關修覆ニ付北側門ゟ內玄關ニ而御取次御用
之外客對廻勤御斷之旨是又同人申聞候事
一廻り引懸中務殿御逢御用談致し候事
一所司代御用向書物被引送候間今八時罷越候樣昨日中務殿公用人ゟ此方
公用人迄以奉札案內有之尤平服ニ而可然旨被申越之
一右ニ付廻り後見合居見計ひ定例之通御用伺以多し其後退出中務殿宅江
相越取次案內ニ而小書院江罷通公用人呼出シ候處則罷出候間今日御役
中書物被引送候旨被仰越候ニ付致伺公候段申述畢而時候案否茂申述候
　但自分公用人壹人調役壹人麻上下著用ニ而罷出用箱持參いたし候
一暫在而中務殿被出案否相尋一ト通挨拶相濟今日所司代御書物類御引送
被下候ニ付厚賴ロ上申述夫ゟ公用人塗文庫二廣蓋ニ載セ持出候と中務
殿ゟ右ハ引送書物之由一ト通演說有之尤內壹ツハ手元之品故委細ハ無

程居間書院ニ而可申聞旨被申聞候間相應及挨拶一應一覽致し受取之畢
而右之內公用人所持ニ相成候分ハ其儘先方公用人江相渡自分家來江渡
呉候樣賴置
一右表立候引送物相濟內談向も有之由ニ付中務殿案內ニ而居間書院江罷
通茶煙草盆出夫ゟ猶又引送物幷過刻被相渡候書物入塗文庫等廣蓋ニ載
公用人持出候と御用向傳達又ハ心得等委細被申聞候而前々とりの引送
書付其外手留日記本箱二ツ貸被呉候間公用人江相渡前同樣爲取計候
但手留出來之上ハ手紙返却有之候樣被申聞之
一中務殿家來江逢度段申述候と同人被引公用人罷出候間萬端相賴家來共
不案內之儀是亦厚口上申述候
一時刻ニも相成候間一汁三菜之御料理出之近習之もの給仕致し候
但此節纔上下取候樣公用人ヲ以被申聞候ニ付白衣ニ而致食事候事
一右相濟中務殿ニも白衣ニ而被出尙又心得方等口傳有之候

一菓子皿盛薄茶等出候
一傳達事等先是迄之旨被申聞候間供之ものゝ相揃候樣公用人江相賴
一繼上下著中務殿江厚挨拶申述同人玄關式臺迄被送候間被上候樣申述直式臺迄下り時宜以為し退散六半時前
○九月十七日
一今日紅葉山　御參詣天氣相ニ付御延引被　仰出候ニ付例刻供揃平服著用登　城坊主部屋江相越
一年寄衆登　城之節羽目之間江罷出揃後御數寄屋江引
一廻り之節羽目之間江相越例之通伺　御機嫌相濟御數寄屋江引
一廻り引越中務殿江逢致御用談候
一御用伺例之通以為し幷明日御用も無之候ハヽ不罷出候旨以御同朋頭相伺候處御用無之ニ付勝手次第可致旨被仰聞候
一夫より退出歸宅九ツ半時過

○九月十八日

一差向御用ニ無之ニ付不致登　城

但今日講釋　御聽聞有之候得共不罷出候

一左之手紙　御城より差越之

上包
本多美濃守様　　　　　御城
遠山隼人正

明十九日紅葉山　御宮幷惣御靈屋ヘ　御參詣被遊候五時之御供揃ニ

被　仰出候依之御達申上候以上

九月十八日　　　　遠山隼人正

本多美濃守様

○九月十九日

一五時之御供揃ニ而紅葉山御宮幷　惣御靈屋　御參詣ニ付前夜ゟ　六半

時供揃申付織熨斗目麻半襠著用出宅登　城坊主部屋ヘ相越候

一年寄衆登　城之節羽目之間ヘ罷出揃後御數寄屋ヘ引

一左之心覺持出加藤惣兵衞江口上ニ而引合

心覺

町奉行淺野中務少輔名改之儀先般京地江直御下知相成候趣右ハ其儘ニ御居置ニ而手續等ハ拙者へ御下知之振合ニ御同様取直申度候間此度之御下知振內々承知以致し度旨加藤惣兵衞江口上ニ而可引合事

一御挾箱出御錠口明爲知候樣坊主江申聞置

一御挾箱出其後御錠口明之旨坊主爲知候ニ付直松溜江相越御床之方ゟ三疊目ニ御張付を後ニして著座

一無程御用番御先番ニ而　出御其節扇子取脇ニ置　通御其節　御目見以致し夫ゟ竹之御廊下之方へ被爲　成候其節筋違ニ直り手ヲ突罷在候

一御供之衆不殘通過扇子差西湖之間之方　御目見之衆不殘被引候間自分ニも同所とり山吹之間通坊主部屋へ引

一今日ハ御用有無伺ニ不及中通シニ而退出夫ゟ伊賀殿江爲歡相越玄關ニ

而口上申述夫ゟ茅町中屋敷ニ相越歸宅四半時

一左之手紙　御城ゟ差越之

上包
本多美濃守樣　　御城　堀伊豆守

久世大和守殿御渡候別紙御書付壹通御達申上候以上

九月十九日　　堀伊豆守

本多美濃守樣

本多美濃守

大坂御目付代長山裕之助先頃被　仰付候處病氣ニ付爲代城隼人被
仰付候旨町奉行御附ニ申達候
右之通今日飛脚相達候間可被得其意候

九月十九日　　津田美濃守
堀田豊前守

覺

堀田豊前守組
野間宇右衛門
津田美濃守組
武藤清右衛門

右両人跡殘役代合時節御坐候之間今朝此表出立仕其表江罷下申候依之此段申上候以上

九月二日

津田美濃守
堀田豊前守

右之通両人より書状ヲ以申越候

○九月廿日

一御役儀被　仰付候後初而上野江參詣いたし候ニ付五時過供揃熨斗目長袴著用出宅

但退出より直ニ參詣之節ハ宿坊又ハ寳光堂ニ而著替之例有之

一御宮江參拜御別當寒松院幷社家両人御階上左右ニ著座自分御唐戸之内江入拜禮扇子ハ御濱縁ニ取置退散之節御別當幷社家共送及會尺　御靈屋江相越ニ

天門ニ而下　勅額御門石檀下ニ而刀取夫ゟ内江入御水屋ニ而手水遣御唐門石壇上ニ而括ヲ卸シ御濱床出家出居候處ニ而扇子置御縁江下り夫ゟ埋敷居之内江入拜禮いたし夫ゟ退散御別當初メ參候節ゟ御唐門内廊下中程出迎居申候退散之節迄同所居候間及會尺初之處ニ而括ヲ上ケ退散夫ゟ内通り次之　御靈屋江相越拜禮次第同斷

但御宮　御靈屋江献備之御大刀馬代銀一枚宛今朝留守居之者ヲ以相廻し置

一夫ゟ御本坊江相越刀差候儘ニ而敷出し之上江上り口上取次江申置尤執當中迄宜敷と申御音物有之候御禮抔申述之直退散歸宅九時前

一左之手紙　御城より差越之

上包
本多美濃守様　　御城　遠山隼人正

松平伊賀守殿朝鮮人來聘御用被　仰付候段御吹聽尤歡斷之旨御達被成候依之此段申上候以上

九月廿日　　遠山隼人正

本多美濃守様

〇九月廿一日

一例刻供揃平服著用登　城坊主部屋ゟ罷出候

一年寄衆登　城之節羽目之間ゟ罷出揃後御數寄屋ゟ引

一左之心覺持出加藤惣兵衞ゟ相達

心覺

京都ゟ之御暇願幾日頃進達之義御問合有之候處右ハ廿三四日頃進達之積ニ候事

一廻り之節例之通御機嫌相伺候事

一備中殿頭痛水瀉ニ而今日登　城無之見舞御斷之旨大目付堀伊豆守相達候

一御用有無相伺退出歸宅九半時前

○九月廿二日

一例刻供揃平服著用登　城坊主部屋ゟ罷出候

一年寄衆登　城之節羽目之間ゟ罷出揃後御數寄屋ゟ引

一伏見殿御息所入輿ニ付御助勢金
　御再願之儀ニ付致承付候書付　壹通

　但別紙壹通
　右一帶

右大和守殿ゟ以常阿彌返達

一中井小膳遠慮届之儀ニ付申上候書付　壹通

　但別紙
　右一帶

右御同人ゟ以同人進達

心覺

京都町奉行ゟ之紙封物壹遣候間今明日中被差立候樣申達候事

九月廿二日

右之心覺表御右筆湯淺伴右衛門ゟ以坊主賴置候

一伊賀殿西丸下牧野備前守屋敷拜領之吹聽有之旨田村伊豫守申聞候

覺

來月東叡山　常憲院樣　御靈前ヘ御參詣之節御暇後ニ相成候ハヽ豫

參無之哉之事

右丹阿彌より受取持歸ル

一廻り之節羽目之間へ罷出例之通り御機嫌相伺候

一御用有無伺之上退出歸宅九半時過

○九月廿三日

一今日不時御禮有之年寄衆五半時登　城ニ付五時之供揃服紗小袖麻半襠著用登

城御數寄屋ヘ相越

一年寄衆登　城之節羽目之間ヘ罷出候

一准后里御殿ヘ被爲成候還御之儀申上候書付　壹通

一就山門勸學會勅使之儀ニ付申上候書付　壹通

一勅使之儀ニ付申上候書付　壹通

一八幡放生會ニ付參向之堂上方書付之儀ニ付申上候書付　壹通

但傳奏衆ゟ被差越候書付貳通
右壹帶

右大和殿〻以常阿彌進達

一無程御目付被相越表宜旨申上候段申聞候

一御錠口明承り自分松溜〻相越御床前圖之通　溜詰衆次ニ著座罷在候

一御黑書院〻　出御夫ゟ御禮衆出禮相濟年寄衆溜詰へ會尺有之竹之御廊下ゟり詰衆松溜中程〻被寄候其節自分右之方溜詰衆出禮相濟被引候跡へ繼上り圖之通罷在候

但詰衆人數次第御閾際迄繰上り候而も宜旨

一御上段ゟ西湖之間御椽通り　入御之節平伏夫ゟり年寄衆被入候間直ニ竹之御廊下通自分御數寄屋へ引

一御用有無相伺退出歸宅九時過

松溜著座之圖

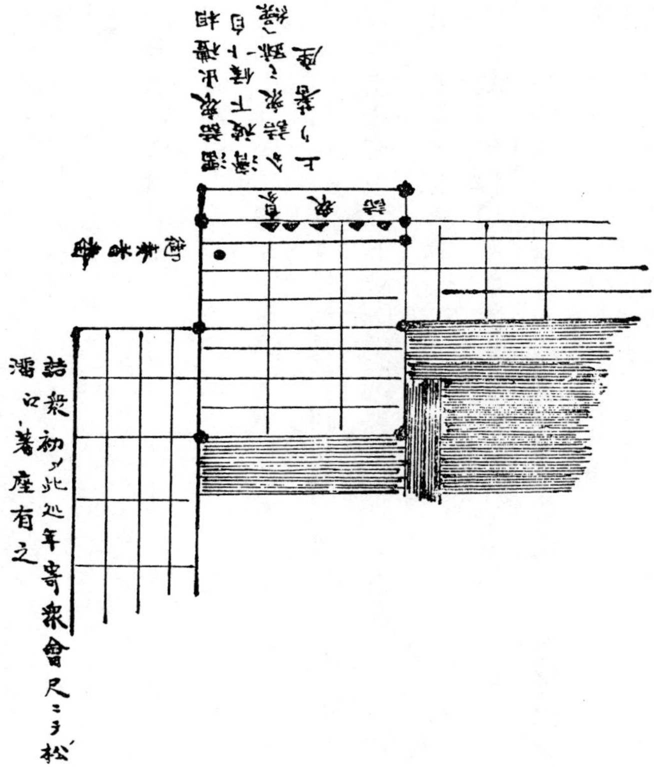

松溜 入御之節之圖

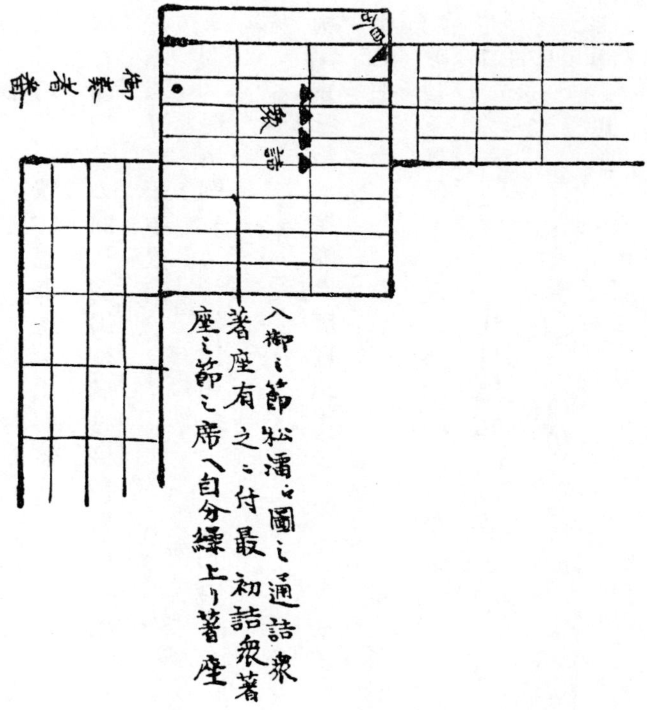

入御之節松溜之圖之通詰衆著座有之ニ付最初詰衆著座之節之席へ自分縁上り著座

○九月廿四日

一例刻供揃平服著用登　城坊主部屋〻罷出候

一年寄衆登　城之節羽目之間へ罷出御揃後御數寄屋へ引

一大和殿〻逢之義以丹阿彌申置候

一廻之節羽目之間へ罷出例之通御嫌機相伺夫ゟ大和殿〻左之貳通貳度ニ

直達以致し候

私儀御序次第京都〻之御暇奉願候以上

九月廿四日　本多美濃守

私儀近々御暇被下置候ハヽ左之通相心得可申哉

十月十九日　江戸出立

十一月三日　上　京

右之通相伺申候以上

九月廿四日　本多美濃守

右相濟挨拶等有之被引候
一御用有無伺之上退出歸宅九半時前
○九月廿五日
一今日差向御用も無之不致登　城
但例之通御同朋頭江以手紙申遣候
一九時供揃服紗小袖麻半袴著用いたし今般御役義被　仰付候爲御禮紀伊殿江相越是迄之通能通用人呼出し今般御役儀之御禮御吹聽伺公仕候旨口上申置退散夫ゟ尾張殿江相越玄關敷出へ取次之者出候間敷出シ江上り刀脫持扇子置前同樣口上申述退散夫より水戸殿江相越是迄之通御勝手江罷通り是亦前同樣口上申述直退散歸宅八半時
一左之手紙　御城より差越之
上包
本多美濃守樣　　御城 駒井左京
明後廿七日駒場野江爲　御鷹野　御成御供揃五時と被仰出候依之申

上候以上

九月廿五日　　駒井左京

本　美濃守様

○九月廿六日

一例刻供揃平服著用登　城坊主部屋江罷出候

但今日　日光御門主御歸寺御對顏有之候ニ付登　城不致由ニ候得共

中務殿江內談之儀も有之候ニ付登　城は致し候

一年寄衆登　城之節羽目之間へ罷出揃後御數寄屋へ引

一廻り之節例之通御機嫌相伺候

一左之書付中務殿御直渡

所司代江

先達而發足比合之儀被相伺候節十月中旬過發足被成拙者儀ハ同十六

日發足之積御達置候得共御用も有之ニ付發足日限相延十月下旬ニ發

足被成候樣ニと存候拙者義ハ十月廿五日發足之心得候尤御暇之儀ハ
最前御達置候通十月朔日之積ニ候事
一御用有無相伺退出歸宅九時過
○九月廿七日
一五時御供揃ニ而駒場野ニ爲　御鷹野被爲　成候
一差懸御用も無之ニ付登　城不致候
但御同朋頭ニ例之通以手紙申遣
一六半時供揃申付松平讃岐守ニ罷越歸宅夜四時過
○九月廿八日
一月次之御禮無之例刻供揃服紗小袖麻半袴著用登　城坊主部屋へ罷出候
一年寄衆登　城之節羽目之間ニ罷出揃後御數寄屋へ引
一左之心覺奥御右筆組頭加藤惣兵衛ニ引合
心覺

御座之間　召出之節之次第書明日頃差出可然哉之段奥御右筆組頭江
可引合事
一左之先例書相添御祝義頂戴之儀右同人江及引合候
例書
寛政元酉年六月七日
太田備中守
私義京都江之御暇相願置候ニ付嘉祥御祝義前御暇被下置候得ハ御暇
後ニハ御坐候得共右御祝義頂戴罷出申度奉存候此段奉伺候以上
六月七日　太田備中守
附札　可為伺之通候
右伺書御用番備後守殿江出之置候翌九日御附札御差圖有之
私義京都江　御暇相願置候ニ付御祝義前御暇被下置候得者御暇後ニ
御座候共右御祝義頂戴罷出申度奉存候此段奉伺候以上

九月廿八日　　　　　　本多美濃守

一廻之節羽目之間ゟ罷出例之通御機嫌相伺候
一御用有無相伺退出歸宅九時過
一茶屋四郎次郎幷手代之者目通申付候ニ付何も罷出候間御用向是迄之通可相勤旨以公用人申達候
一平服著用表座敷ゟ出座家老出席四郎次郎持參之進物紗綾貳卷給仕持出同人罷出公用人名披露御用向可入念旨言葉遣候と家老ゟ向禮申述退去進物給仕引之夫ゟ麻上下貳具大廣蓋ニ載給仕持出置引候而四郎次郎罷出候と上下遣候旨自分申聞如最初出候ト上下遣候旨自分申聞如最初家老ゟ向禮申述退去上下廣蓋儘給仕引之
一右相濟書院廊下ニおゐて四郎次郎名代小山藤吉大垣鐵藏笹川傳吉ゟ通懸目通申付取次披露言葉ハ不遣候
　但家老共初平服

○九月廿九日

一例刻供揃平服著用登　城坊主部屋ニ相越候

一年寄衆登　城之節羽目之間ニ罷出揃後御數寄屋ニ引

一大和殿ニ逢之儀以金阿彌申置候

一御同人ニ同人ヲ以左之書付進達卽刻藤井釜之助を以伺之通可心得旨ニ

而御戻し受取

御座之間御暇次第心得

罷出御緣頰ニ而平伏御用番御披露夫ゟ

上意有之御敷居際迄罷出御暇之　上意幷御道具之　上意有之御用番

御上段之方ゟ御刀御持參御敷居內ゟ御渡御敷居ニ而受取頂戴

但御柄ヲ私之方へ向御渡候得共其儘頂戴右ニ御渡被成候得ハ左ニ

取直頂戴之心得御座候

夫ゟ直御次ニ而拜領物被仰渡有之相濟直脇差を取拜領物刀を帶御

縁頬ゟ平伏御取合有之御馬之　上意又御取合有之而退去

一大和殿ゟ以金阿彌左之貳通進達

一従京都宿次船川渡證文私印紙差遣可申哉之段相伺候書付　壹通

可為伺之通候
一小堀勝太郎ゟ諸方へ渡方金銀受取手形之儀ニ付御證文同金銀米渡方之儀ニ付御證文之儀申上候書付　壹通

但別紙貳通右壹帶

一御同人ゟ以同人左之四通進達卽刻御同人以藤井釜之助御附札ニ而御下ケ持歸

禁裏ゟ

御太刀　一腰

綿　百抱

御馬　黄金拾兩

准后ゟ

蠟燭　三百挺

干鯛　一箱

〔可爲伺之通候〕

右之通京著爲御禮献上可仕候哉先格之通贈物可仕候哉奉伺候以上

九月廿九日　本多美濃守

〔可爲伺之通候〕

私義京都ゟ之御暇奉願置候ニ付御祝義前御暇被下置候得ハ御暇後ニ御座候共右御祝義頂戴罷出申度奉存候此段奉伺候以上

九月廿九日　本多美濃守

〔可爲伺之通候〕

此度上京之節從旅中兩度以飛札奉伺御機嫌候樣可仕候哉此段奉伺候以上

九月廿九日　本多美濃守

公方樣ゟ

干鯛　一箱

昆布　一箱

御樽　一荷

〔可爲伺之通候〕右之通京著仕候御禮以使者獻上可仕候哉奉伺候以上

九月廿九日　本多美濃守

一御勘定奉行川路左衛門尉ゟ左之書付相達之

此度京都ゟ相越候ニ付道中筋支配所有之御代官中音物ハ勿論馳走ヶ間敷儀無之樣御通達賴入候

九月

一道中奉行堀伊豆守ゟ左之書付相達之

東海道筋御料私領御代官名前領主地頭名前致承知度事

但本文宿々寺社領共村名小名等迄致承知度事

道中筋貫目御定致承知度事

一左之書付持出神沼左太郎ゟ及答

心覺

御所勘使買物使兼森泰次郎御證文京都ニ突合調出來ニ付差立方之儀
禁裏附宛ニ而被差立候歟又ハ自分ニ御渡相成候而宜敷候哉旨過日被
申聞候處右ハ何レニ相成候而も差支無之候得共可相成ハ御附札ニ而
被差立候樣致し度旨神沼左太郎ニ可及答事

一廻之節例之通御機嫌伺畢而大和殿左之書付直達いたし候

私儀近々御暇被下置候ハ左之通相心得可申哉

十月廿八日　江戸出立

十一月十一日　上　京

右之通相伺申候以上

九月廿九日　本多美濃守

一右相濟挨拶等有之被引候

一左之書付壹通大和殿以丹阿彌御渡

本多美濃守

三劦之内従西之方出候女關所手形差出候處向後土井大隅守差出候樣被仰付候其方差出置候判鑑ハ大目付江差戻候樣達候間可被得其意候以上

安政四巳九月

一御用有無相伺退出歸宅九時過

〇九月晦日

一口　宣頂戴之使者今朝歸府ニ付自分熨斗目麻半袴著用於小書院頂戴拜見以たし候

一右爲御禮五半時供揃申付服紗小袖麻半袴致著用御用番大和殿江相越左之通取次江口上申置

侍従被　仰付候ニ付口

宣頂戴仕難有仕合奉存候右爲御禮伺公仕候

一夫ゟ直登　城坊主部屋江相越平服ニ致著替候

一年寄衆登　城之節羽目之間ゟ罷出揃後御數寄屋ゟ引

一中務殿ゟ逢之儀申述逢有之御用談いたし候

一左之四通大和殿以常阿彌返達

一禁裏御内之者御加増被下
候之儀ニ付致承付候書付　壹通
但別紙壹通
右壹帶

一江刕勢田大橋小橋御修覆
之儀ニ付致承付候書付　壹通
但別紙壹通
右壹帶

一圓滿院宮より年頭御祝義使者來ル午年ゟ戌年迄
所司代御役宅ゟ被差出度義ニ付致承付候書付　壹通
但別紙壹通
右壹帶

一三寶院淳君門室相續御禮使者可被差向處無人
ニ付來春迄延引被致度儀ニ付致承付候書付　壹通
但別紙壹通
右壹帶

一中務殿ゟ以丹阿彌逢之儀申述被逢候ニ付左之書付直達之

上包美濃紙折懸無銘

御手前樣御京著之節傳　奏衆ニ被成御對話候者私新役之儀御座候間
心添給候樣御達被下候樣仕度奉存候以上

九月晦日　　　　　　本多美濃守

（上意之儀自分旅宿ニ而申渡候先格之通出席可被致候）

一上意被仰渡候節御手前樣御旅宿ニ而被仰渡候哉私儀も先格之通
出席可仕候哉之事二條殿御道具等御拜見之儀　上意被仰渡之節
可被成御目見候哉餘程御手間ニ懸り可申候間可被成別日候哉之
事

（此度ハ拜見致間敷候）

（可爲此通候）

一御手前樣二條御城ニも可被成御入候哉其節私義も御同道可申候
哉

（御自分京著之案內傳奏衆ニ此方ゟ可申達候初而參內日限傳奏初此方ヘ申來候ハヽ御自分へ可申達候）

一私義京著之案內傳　奏衆ニ御手前樣ゟ可被仰入候哉參　內之
日限も　傳奏衆より御手前樣ニ申參候譯ニ可有御坐候其節諸事
聞合等之儀私方ゟ傳　奏衆ニ可申入候哉
御朱印箱之砌町奉行持出之受取候樣可仕候哉

一私儀京著之當日且又參　内相濟候日其外ニも御手前樣ゟ宿次御（上京候ハゝ御自分ゟ宿次可被差立候其節書状差越可申候）立私書狀御賴申上候樣可仕候哉

右之通相伺申候以上

九月晦日　　本多美濃守

一右之通今日直達いたし候處翌十月六日御附札ニ而中務殿御直渡

一京都町奉行江之紙封壹持出今明日中ニ差立候樣表御右筆神沼左太郎江申聞候處今日直ニ差立候旨申聞

一廻之節例之通御機嫌相伺候

一左之書付大和殿以常阿彌御渡

本多美濃守江

中山道長窪宿日光道中今市宿人馬賃錢幷割增左之通可受取旨申渡

去ル子九月ゟ當巳八月迄中五ヶ年之間人馬賃錢都合四割五分增申付置候處　中山道　長窪宿

猶又當巳九月ゟ來ル戌八月迄中五ヶ年之間是迄之通四割五分增　日光道中　今市宿

右割增錢申渡間可被得其意候右之趣向々ニ可被相觸候

巳九月

右之通於當地相觸候間京地之面々幷內藤豐後守戶田能登守ニ為可相達候

一御用有無相伺退出歸宅九半時前

一今日後藤縫殿之助手代之者ニ目通申付候ニ付歸宅直表屋敷ニ出座家老兩人貳之間ニ出席公用人侍座縫殿之助罷出取次披露輕言葉遣候と家老ニ向禮申述退去

一右相濟廊下溜ニおゐて吳服師上柳彥兵衞為替御用達三井次郞右衞門為替十人組龜屋榮次郞且後藤縫殿之助手代加藤吉右衞門安藤喜三郞仲田善七ニ通り懸り目通申付取次披露言葉不遣

一縫殿之助ニ上下貳具遣之手代三人ニ上下一具ツヽ遣之何れも公用人為取扱之

一後藤縫殿之助より一種貳百疋上柳彦兵衞より一種參百疋龜屋榮次郎より手綱貳筋今日初而目通申付候ニ付差出候旨公用人申聞之受納

一退出後左之書付貳通以手紙差越之

御勝手御用向來月ゟ松平伊賀守殿月番御心得可被成處屋敷程遠其上假住居ニ付久世大和守殿御心得被成候旨被仰聞候依之御達申上候以上

九月晦日　田村伊豫守

本多美濃守樣

堀田備中守殿表門幷玄關其外修覆出來ニ付明朔日より客對廻勤被受候旨被仰聞候依之御達申上候以上

九月晦日　田村伊豫守

本多美濃守殿

一今夕御用番大和殿より左之奉書至來先格之通以留守居受取出

本多美濃守殿

堀田備中守
松平伊賀守
久世大和守
内藤紀伊守
脇坂中務大輔

御用之儀候間明朔日可有登　城候以上

九月晦日

脇坂中務大輔
内藤紀伊守
久世大和守
松平伊賀守
堀田備中守

本多美濃守殿

○十月朔日

一昨日之依奉書六半時過之供揃申付（服紗小袖 諸麻上下）著用登　城坊主部屋ニ罷在

候
一溜詰衆ニも被出候間今之吹聽申述先方ゟも怡被申聞候
一大目付御目付い以坊主罷出候段申達候
一御目付い以坊主今日羽目之間ニ而拜領物頂戴之節附御札後頂戴之品御
奏者番被引候而罷出御暇拜領物之御禮申上候段申達候處松平彈正承知
之旨申越候
一御腰物奉行い以坊主今日拜領之御刀琫堅く様心附吳候様申達候處小倉
式部承知之旨申聞
一年寄衆登　城之節羽目之間い出居候
一揃後御用番紀伊守殿い以丹阿彌罷出候段御屆申達候相濟御數寄屋い引
懷中物心附扇子提物足袋等取置候
一暫有之御目付ゟ羽目之間い罷出候樣申來候間直同所い相越居候
一夫ゟ紀伊守殿以金阿彌御用部屋い相通候樣被申越直同人先立ニ而時

計之間通相越御用部屋入口ニ而時宜致し左之方襖附壁を後ニして少シ
角懸ケ御用番之方を受ニ著座一同見廻シ挨拶時宜等いたし相應及答向
直襖ヲ後ゐたし居候と多葉粉盆出ル

一御座之間進退之儀此間申上置候通相違も無之候得共猶又爲念御用番紀
伊守殿ゟ打合候

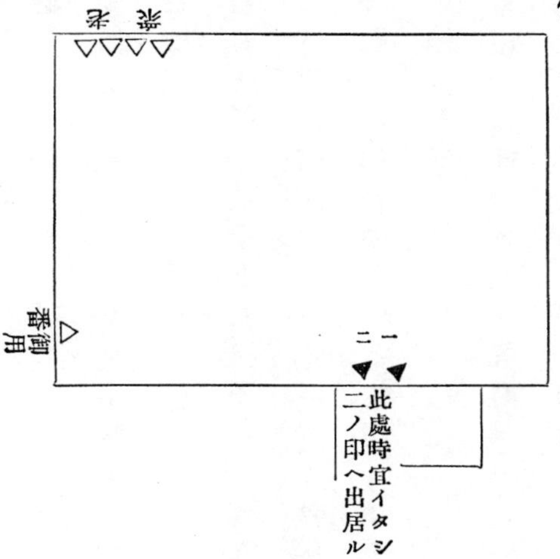

一無程御側衆被參
召出之儀被申聞候と年寄一同奥へ被出候ニ付自分及其跡ニ付相越　御
成廊下年寄衆之次三尺程明置著座
一夫より年寄衆當日之御禮被申上候樣子ニ而御入側へ被出候ニ付自分ハ
白鷺御杉戸際へ寄罷出若年寄自分脇ニ進ミ被居候
一夫より中務殿御暇之次第相濟若年寄誘引ニ而自分
御前へ罷出候手續左之通
御座之間御緣頰御閾外ニ而下ニ居內ニ摺込平伏御用番紀伊守殿披露
夫へと　上意有之御敷居際迄罷出御暇之　上意幷御道具被下旨　上
意有之御用番紀伊守殿起座御上段ゟ御刀持參御柄頭を自分左之方ニ
なし及方を自分之方へ向ケ被相渡候間其儘受取御同人被披候處ニ而
頂き右廻りニ立御刀ヲ持直ニ御次へ退き花籠御杉戸內御障子際へ著
座御刀ヲ脇ニ置少シ年寄衆之方を向候と御同人會尺被致候ニ付少シ

進ミ候と御同人拜領物被　仰付候旨被申渡平伏少シ跡に下り脇差を
脫脇ニ置候御刀を帶扣居候と御同人會尺ニ而御緣頰御閾外ニ而下ニ
居摺込平伏其節御道具被下拜領物之御禮紀伊守殿御取合有之候ト御
馬被下旨　上意又御取合有之而御閾外へ摺出御次に退き脇差置候處
ニ而差替拜領之御刀自分持之上之御錠口之方に罷出候と丹阿彌出居
候間御刀相渡自分ゟ山吹之間通り御數寄屋に引足袋用之扇子差之

但拜領之御刀請取ニ相越呉候樣前以丹阿彌へ引合置

一拜領物頂戴之節鶯御杉戸之所に披き罷在候心得之旨御目付に談置候

一御禮濟寄爲知呉候樣坊主へ申付置

一御禮衆濟寄爲知候ニ付菊之間に相越御杉戸內平常菊之間本間之衆被居
候通罷在候

一入御之節手ヲ突罷在相濟同所御襖明候と罷出同所細緣之角に著座

一年寄衆御引羽目之間に列座有之御奏者番出席有之候と拜領物時服羽織

黄金右臺進物番持出披き候と御目付之會尺ニ而山吹之間通罷出時服と黄金とゝ之間之邊ニ而著座頂戴拜領物仕難有仕合之段申述鶩奮之御杉戸外ゟ披き拜領物引御奏者番引候と御目付會尺ニ而再罷出年寄衆之間三尺程明ヶ京都ゟ之御暇被　仰出蒙　上意品々拜領物仕重疊難有仕合之旨御禮申上之夫とり御數寄屋ゟ引

但兩度罷出候段前以御目付へ懸合置候

一御暇後も御用有之節先格之通登　城可致哉之段御用番紀伊守殿ゟ以金阿彌申達候處其通相心得候樣以同人被申聞候

一御廣敷ゟ如先格之御禮可罷出哉御同道被下候哉御同人ゟ以同人伺候處御禮可罷出旨同道ニ不及不申候旨被仰聞候

一御廣敷ゟ罷出候ニ付案內之者被差出候樣御目付ゟ以坊主申遣候

一若年寄衆御用御取次之御側衆ゟ逢之義申込若年寄衆一同被出御用取次ニ不壹人被出候間羽目之間ニ而逢御禮吹聽申述候

一御廣敷ゟ先格之通罷出候ニ付宜時分爲知吳候樣御留守居ゟ以坊主申遣候

一御廣敷ゟ相越候而も宜旨御留守居より申越候ニ付直ニ退出

一御長屋御門通り相越御徒目付御小人目付案內罷出夫より御廣敷御玄關箱段ニ而刀取持上り刀取之者出居候間直ニ其者ゟ相渡御用人御留守居等出居候間乍立及會尺候

一夫より御廣敷上之間ゟ通り老女ト對座扇子取り御機嫌相伺挨拶有之候と恐悅之旨申述直ニ今日御禮申上夫ゟ紅白縮緬五卷白木臺ゟ載セ女中持出自分ゟ差置　御臺樣ゟ被下候旨申聞候節兩手を一寸添頂戴いたし臺引候と御禮申述扇子差シ罷在次之間迄老女被送候間時宜以爲し無程發足以爲し候折角御無事と申述初之通罷出御用人御留守居ゟ乍立及會尺候

但次之間ゟ表使女中等出居候得共一向不及會尺候

一夫ゟ最初之通直ニ退出年寄衆若年寄衆御用取次御側衆江爲御禮相越玄
關ニ而口上申置之歸宅八ツ時過
今日於　御座之間京都江之御暇被下置御懇之蒙　上意品々拜領物仕
從　御臺樣茂拜領物仕難有仕合奉存候右御禮伺公仕候
但中務殿江も罷通り同人京都江之御暇拜領物之歡等公用人江申置
候
一御馬預り諏訪彌三郎ゟ公用人江手紙ニ而別紙毛附之通紀伊守殿宅江爲
牽候樣申渡有之候由尤同人御預之御馬之旨茂申越御馬毛附左之通
本多美濃守
酉年南部　歳十四
松岡鹿毛　四寸
一歸宅前拜領之御馬御用番紀伊守殿とり以使者爲牽相越居候旨ニ付直玄
關江罷出馬役之者受取牽參り手綱ヲ家老江相渡候と家老とり相渡候間

御座之間之圖

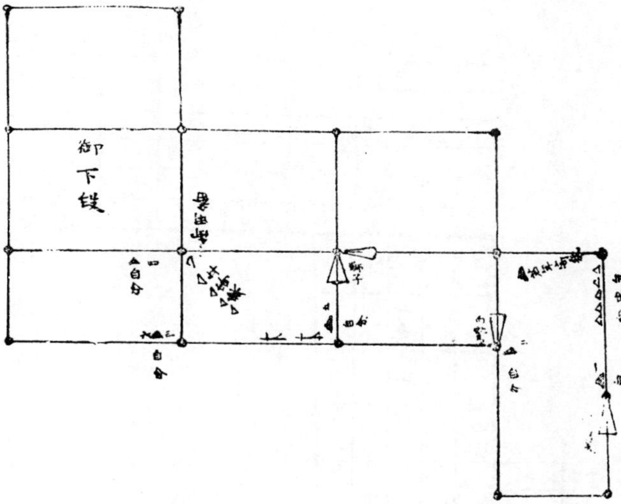

羽目之間拜領物之圖

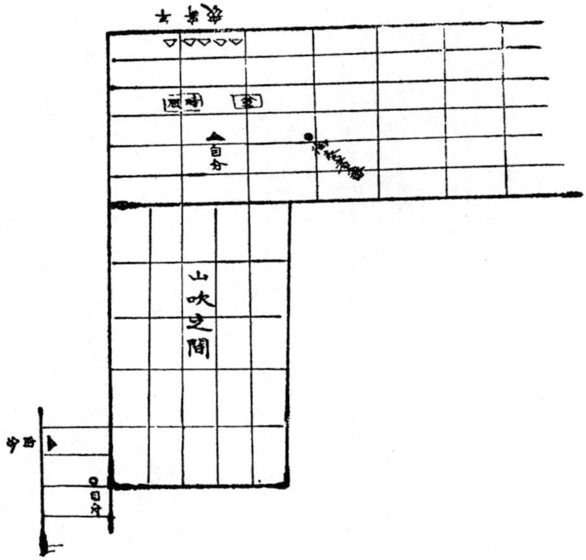

御廣敷之圖

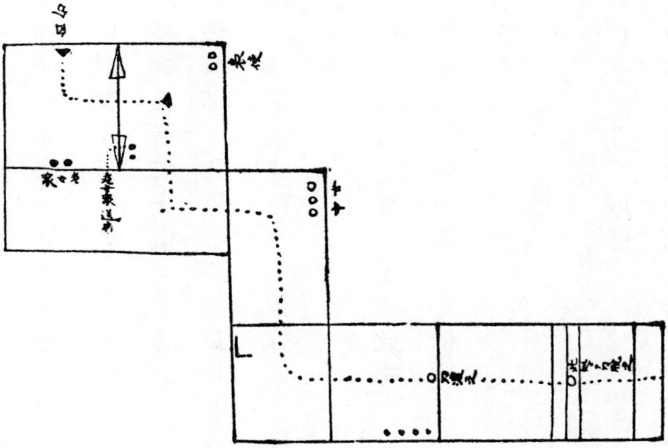

受取右手綱を戴き紀伊守殿使者薄縁へ出居候間乍立及會尺夫ゟ書院江著座紀伊守殿使者呼出留守居披露自分ゟ左之通申述之

拜領之御馬爲御牽被遣難有頂戴いたし候猶宜

但跡ニ而御使者御太儀と申述之

一右相濟直、出宅（著服同上）御用番紀伊守殿江相越玄關ニ而左之通口上申置歸宅

拜領之御馬御牽被遣難有頂戴仕候右御禮伺公仕候

○十月二日

一御暇後差向御用、茂無之登　城不致候

但御暇後ニ付御同朋頭等江も手紙不差出呼出坊主江留守居之者より以手紙申達之

○十月三日

一昨日同斷ニ付不致登　城候

但昨日之通以手紙留守居之者より申遣之且今夕玄猪御祝義ニ付登

城いたし候旨も端書ニ申遣之

一京都江之御暇被下置御暇後ニ御坐候得共玄猪御祝義頂戴罷出度段去ル廿八日大和殿江及伺置候處一昨朔日伺之通可爲旨御同人より以附札差圖有之右ニ付登　城可致之處風邪ニ付登　城不致左之通御用番紀伊守殿江以留守居使者御届申達候

私儀御暇後ニ而御座候得共玄猪御祝義頂戴罷出度段伺之通被　仰付候處風邪罷在候付今晩右御祝義登　城不仕候此段爲御届以使者申上候以上

十月三日

○十月四日

一風邪ニ付不致登　城候

但昨日之通以手紙留守居之者より申遣之

一左之書付加藤惣兵衞江問合候處紀伊守殿江伺吳候樣下ケ札之通相心得

候様以手紙申來ル

心覺

一當月於東叡山　常憲院様御法事濟　御參詣被　仰出候ハヽ私義京都ニ御暇後ニ付豫參之儀例不相見候ニ付如何心得可申候哉〔御豫參ニハ不及方〕

一右同斷御法事中爲伺御機嫌登　城仕候心得ニ而御坐候得共先例不相見候ニ付如何可仕候哉〔御登城御坐候方〕

一御暇後ニ而　御祥月　御參詣之節爲　御目見登　城不仕候先例ニ付此段も同様爲　御目見登　城不仕候心得御座候〔御先例之通御心得被成候方〕

右之趣相伺申候

〇十月五日

一風邪ニ付不致登　城候

但昨日之通以手紙留守居之ものより申遣之

〇十月六日

一常憲院様御法事初日ニ付爲伺御機嫌例刻供揃紋付繼上下著用登　城坊主部屋江罷出

一溜詰衆ニも被出居候

一年寄衆登　城之節羽目之間江罷出揃後御數寄屋へ引

一中務殿江逢御用談いたし候

一大和殿江以常阿彌左之通八通進達

一飛香舎御調度類調進料別段被進候御證文案差上候義申上候書付　壹通

一准后御殿江被爲成并還御之儀申上候書付　壹通

一東閣前宰相死去之儀申上候書付　壹通

一五辻右馬權頭死去之儀申上候書付　壹通

一上卿奉行職事被仰出候旨傳奏衆ゟ被申越候儀申上候書付　壹通

一伊勢例幣使發足之儀申上候書付　壹通

一勅許之義申上候書付　壹通

一六孫王祭禮ニ付警固被出候儀申上候書付

壹通

一廻りえ節羽目え間江罷出候
一年寄衆著座其節例え通御機嫌相伺候
但前以御法事ニ付相伺御機嫌候得共別段御法事と申廉ハ不申上平日
え通御機嫌相伺候旨大和殿江以丹阿彌申述置
一大和殿左え書面御直渡

廣橋前大納言殿
東坊城前大納言殿

堀田備中守
久世大和守
内藤紀伊守

中村出羽守事
從五位下諸太夫
被仰付候口
宣等え義相伺候樣尤候恐惶謹言

安政四巳
五月七日

内藤紀伊守
信親印
久世大和守
廣周印
堀田備中守
正睦印

姓名
中村出羽守

従五位下
安政四丁巳年五月七日
中村出羽守
藤原時萬

一左之書付中務殿以志賀金八郎御渡
所司代ニ（ヒレ）
此度自分京地ニ相越候ニ付於彼地旅宿ハ勿論其外二條御城向道橋等ニ寄取繕等之儀成丈手輕ニ一切費ケ間敷事無之候様可被申付候尤伏

見奉行奈良奉行江も其段可被申通候事
一神階願之儀ニ付申上候書付
別紙五通
覺書壹通等壹結
右大和殿以常阿彌御渡
一御用有無相伺退出歸宅九半時過
〇十月七日
一常憲院様御法事ニ付爲伺御機嫌例刻供揃紋付上下継著用登　城坊主部屋江
罷出候
一溜詰衆ニも被出居候
一年寄衆登　城之節羽目之間罷出揃後御數寄屋江引
一大和殿江以丹阿彌左之五通進達
一御扶持人棟梁跡式之儀ニ付申上候書付　壹通
但別紙六通
右一帶

一御所向御取締懸都筑駿河守組同心御褒美願之儀申上候書付　壹通

但別紙貳通
右一帶

一淺野和泉守組與力目付同心目付御褒美願之儀ニ付申上候書付　壹通

但別紙
右一帶

一勅許之儀申上候書付　壹通

一勅許之儀申上候書付　壹通

一廻り之節羽目之間ゟ罷出候

一年寄衆著座有之其節昨日之通御機嫌相伺候相濟御數寄屋ゟ引

一御用有無相伺退出歸宅八時少々前

○十月八日

一常憲院樣御法事御結願ニ付例刻供揃紋付繼上下著用登　城坊主部屋ゟ罷出候

一溜詰衆ニも被出居候

一年寄衆登　城之節羽目之間ヘ罷出揃後御數寄屋ヘ引

一御所之御料幷御除料御取箇取調之趣申上候書付　壹通

但別紙三通帳面五册
右一帶

右大和殿ヘ以金阿彌進達之

一上京之節桑名ニ有之候菩提所ヘ參詣之儀ニ付例書添御用番大和殿ヘ以金阿彌進達左之通

私儀今度京都ヘ罷越候節桑名驛川口町より右ヘ御崎通四町程菩提所淨土寺ニ先祖廟所御座候付參詣仕度奉存候此段御聞置可被下候以上

十月八日　本多美濃守

(駿河半切朱書)

例書

天保二卯年七月四日御用番大久保加賀守殿ヘ以御同朋頭進達

私義此度京都ヘ罷越候節箱題目堂ゟ左ヘ道法凡十二三町程豆州玉

澤妙法華寺ニ先祖之廟所御坐候ニ付參詣仕度奉存候此段御聞置可
被下候以上
七月四日　太田攝津守

一左之覺書神沼左太郎ゟ受取持歸ル別紙御證文案添
覺　神沼左太郎
別紙寫御證文案貳通御進達ニ付御下ヶ御坐候處中務大輔殿ヘ御舊名
御名ヘ當時ニ出來御坐候得共右ニ付宜敷御坐候哉一應爲念奉伺候事

一廻り之節羽目之間ニ罷出老衆著座其節昨日之通相伺御機嫌候相濟御數
寄屋ニ引

一御用之有無相伺退出歸宅九半時過

一紀伊守殿宅ニより留守居を以左之通相屆
私義今度上京之節繰合ニ而在所岡崎城內休泊相越候儀ㇵ可有御坐候
此段御屆申上候以上

十月八日　本多美濃守

可爲伺之通

私儀今度京都江罷越候ニ付幼年之娘當冬中引越候之様仕度奉存候此段奉伺候以上

十月八日　本多美濃守

翌九日御附札

〇十月九日

一御暇後差向御用も無之ニ付不致登　城候

但御暇ニ付呼出坊主江留守居之ものゟ申遣之

一左之通伊澤美作守より申來

上包

本多美濃守様　御城 伊澤美作守

久世大和守殿御渡候別紙御書付寫壹通御達申上候以上

十月九日　伊澤美作守

本多美濃守様

追啓久世大和守殿明朝上野御越ニ付御歸宅迄御用番代堀田備中守殿
御心得被成候旨被仰聞候依之御達申上候以上

久世大和殿御渡候御書付寫
大目付江

明十日東叡山　常憲院樣　御靈前　御參詣御供揃五時前候間豫參行
列之面々等其心得ニ而　御先江罷越候樣可被達候

但帶劍可仕事

十月九日

〇十月十日

一東叡山　常憲院樣御靈前江　御參詣有之候得共御暇後ニ付登　城不致
候

但昨日之通手紙留守居之ものとり差出

一九時供揃東叡山　常憲院樣御靈前江　還御後爲自拜直垂著用括りいた
し相越

○十月十一日

一常憲院様御法事濟惣出仕ニ付例刻供揃服紗小袖麻半襠著用登　城御數寄屋ゟ罷越候

一溜詰衆ニも被出居候

一年寄衆登　城之節羽目之間ゟ罷出揃後御數寄屋ゟ引

一大和殿ゟ以常阿彌逢之義申込置候

一御同人ゟ以同人左之通進達

一勅許之義申上候書付　壹通

一淺野和泉守岡部備後守組御取締懸同心ゟ銀被下候ニ付御禮申上候書付　壹通

一僉儀六ヶ月以上未濟書付戸田能登守差出候付申上候書付　壹通

但別紙壹通
右一帶

一京地御目付小屋模様替御達御修覆出來榮見分之儀ニ付申上候書付　壹通

但別紙壹通
右一帶

一小堀勝太郎忌服屆之義ニ付申上候書付　壹通
但別紙
右一帶

一赤城作五郎忌服屆之義申上候書付　壹通
但別紙
右一帶

一御同人ゟ以同人左之書付返達

一神階願之儀ニ付致承付候書付　壹通
但別紙五通
右一帶

一左之書付壹通幷別紙田村伊豫守ゟ相達之
京都支配地役之面々分限帳先達而書出候通増減無之旨夫々書付都合
四通差出候ニ付遣之候事

一左之書付壹通幷御證文案內寫貳通神沼左太郎ゟ相達之

覺　神沼左太郎

別紙寫御證文案貳通御進達ニ付御下ケ御坐候處中務大輔殿ハ御舊名

御名ハ當時ニ出來御坐候得共右ニ而宜御坐候哉一應爲念奉伺候事

御書面之趣御尤ニ候得共矢張別紙案分之通ニ而宜候事

一左之貳通奥御右筆組頭加藤惣兵衞へ引合之

心覺

別紙御扶持人棟梁池上五郎右衞門致死去候ニ付御用番江進達之有無取調候處在府中右樣之儀進達いたし候例も見當不申候得共京地町奉行共ゟ申越候儀ニ付進達いたし可然哉ニ候得共宜取計被呉候樣いたし度旨奥御右筆組頭江可引合事

一御扶持人棟梁池上五郎右衞門死去之儀申上候書付　壹通

一御目付御數寄屋江罷出表宜段申上候旨溜詰衆幷自分江も申聞候

一廻り之由承り羽目之間江出居候年寄衆被出候付扇子取少々進ミ御法事被爲濟候ニ付御機嫌被爲替候儀不被爲在候段筆頭より被申聞

一大和殿江左之貳通直達

一禁裏御賄當巳二月ゟ六月迄四ヶ月共七
ヶ月分御入用高書付之儀申上候書付　壹通
但別紙壹通
右一帶
一法華寺無住ニ付近衛左大臣殿末女五
十君相續之儀御内意之儀申上候書付　壹通

一中務殿左之書付御直渡有之存寄無之哉答申聞候樣被申聞候
一初而參　内之節於施藥院辨當拙者より差出候先格ニ候得共近格ハ御
互ニ自分辨當ニ相成候趣ニ付此度も右之通可致哉之事
初而之節ハ取次番士等も差出萬事拙者ゟ取計候由御暇參　内之節
ハ所司代ゟ取扱之趣ニ相見候此度も其通可相心得事
一於施藥院玄關上之間迄御出迎之先例候得共近格申合候間御出迎無之
樣相見候間此度も其通可致哉之事
一參　内濟之節御互ニ直勤之定例候得共御互ニ使者差出候近例も相見
候故是又其通可致哉之事
一京都旅館ニ而　上意申渡候節所司代御出之節料理菓子等可差出處近

格申合ニ而不差出趣相見候間此度も御互ニ其通可相心得哉之事
一伊賀殿今朝西下屋敷ニ引移諸廻勤被受候旨幷紀伊守殿御法事御用相勤候ニ付拜領物御吹聽之事
右田村伊豫守申聞
一御用有無相伺退出歸宅九半時前
〇十月十二日
一御暇後差向御用も無之不致登　城候
但御暇後ニ付呼出坊主ニ留守居之ものゟ以手紙申遣之
一左之書付大目付ゟ以手紙差越
明後十四日增上寺　文照院樣御靈前ニ　御參詣五時之御供揃之旨被仰出候
一明後十四日亞墨利加使節到著致候旨堀田備中守殿被仰聞候依之申上候
以上

十月十二日
本多美濃守樣
遠山隼人正

〇十月十三日
一御暇後差向御用も無之不致城　登候
但昨日之通留守居之者ゟ手紙差出
一今日於吹上公事裁許　上聽有之候由

〇十月十四日
一增上寺　文照院樣御靈前江　御參詣有之候得共御暇後ニ付登　城ハたさゝ候
但昨日之通留守居之ものゟ手紙差出
一左之書付御勘定奉行江以留守居差出之
御役知攝津國東城郡河内國水江郡茨田郡之内壹萬石御代官小堀勝太郎ゟ去月廿五日鄕村受取相濟候段、京地江差出候家來之ものゟ申越候

此段御届申達候以上

十月十四日　　本多美濃守

○十月十五日

一月次之御禮有之候得共御暇後幷差向御用も無之不致登　城候

但昨日之通留守居之ものゟ手紙差出

一五半時供揃申付筑土明神江參詣いたし候歸宅四時過

○十月十六日

一御暇後差向御用も無之登　城不致候

但昨日之通留守居之者ゟ手紙差出

○十月十七日

一例刻供揃平服著用登　城坊主部屋江罷出候

一年寄衆登　城之節羽目之間江罷出揃後御數寄屋江引

一去ル十一日中務殿ゟ直被渡候書付存寄無之趣申述御同人江返達

但書付面ハ委細十一日之所ニ有之

一左之書付持出奥御右筆組頭加藤惣兵衛へ引合

心覺

御座之間

召出之節之次第心得書何日頃ニ差出可然哉之段奥御右筆組頭江可引合事

一左之書付持出遠山隼人正江以坊主相達之

心覺

京地支配地役之面々分限帳先達ゟ書出候通増減無之旨夫々書付都合四通差出候付遣之候事

一左之通紀伊守殿江以丹阿彌進達之

一淀大橋懸直其外御修覆御用相勤候面々江銀被下候付御證文案差上候儀申上候書付　壹通

但別紙壹通

右一帶

一六ヶ月以上吟味未濟書付内藤豐後守差出候ニ付申上候書付　壹通
但別紙壹通
右一帶

一就山門法花會勅許之儀申上候書付　壹通

一所司代上屋敷風損ヶ所其外御修覆御用相勤候面々江銀被下候ニ付御證文案差上候儀申上書付　壹通
但別紙壹通
右一帶

一越前敦賀湊金銀出入取計方之儀ニ付申上候書付　壹通
但別紙壹通
右一帶

一京地江差置候家來之者ゟ申越候儀ニ付申上候書付　壹通

一左之奉書紀伊守殿以金阿彌御持歸ル

本多美濃守殿

堀田備中守
松平伊賀守
久世大和守
内藤紀伊守
脇坂中務大輔

武田安藝守事従五位下侍従被　仰付口　宣等之儀相伺候様傳　奏衆
迄可被申入候恐々謹言

安政四巳

九月廿八日

脇坂中務大輔 安宅印
内藤紀伊守 信親印
久世大和守 廣周印
松平伊賀守 忠優印
堀田備中守 正睦印

本多美濃守殿

姓名書　　武田安藝守

従五位下侍従　　元無位無官

安政四年丁巳九月廿八日

武田安藝守
源崇信

一左之書付御同人御渡持歸ル

銀貳拾七貫八百匁壹分三厘四毛

右ハ飛香舍御調度類調進料書面銀高別段被進之候間出納内藏權頭行事官内匠權助受取帳面職事廣橋頭大辨葉室頭ニ左中辨家來幷兩傳奏雜掌加印所司代就在府京都町奉行　禁裏附以奥印相渡候重而勘定可有候以上

安政四巳

八月

中務印

紀伊印

大和印

伊賀印

備中印

小堀勝太郎殿

一廻り之節羽目之間ニ罷出例之通　御機嫌相伺候

一御用之有無相伺退出歸宅九時過
○十月十八日
一例刻供揃平服著用登　城坊主部屋〈江〉罷出候
一年寄衆登　城之節羽目之間〈江〉罷出揃後御數寄屋〈江〉引
一大和殿〈江〉出懸逢之儀金阿彌〈江〉申置左之書付貳通直達
一禁裏御賄當巳七月分御入用差引書之儀申上候書付　壹通
但禁裏御賄當七月分御入用差引書　壹通
右一帶
一紀伊守殿〈江〉左之書付四通以丹阿彌進達
一傳　奏衆〈より〉被申越候儀申上候書付　壹通
一傳　奏衆〈より〉被申越候儀申上候書付　壹通
一堂上方止官差扣閉門蟄居被　仰付候旨御附之者〈より〉申越申上候書付　壹通
一圓滿院殿十七回忌相當ニ付近衞殿家司差出候書付之儀ニ付申上候書付　壹通

但別紙壹通
右一帶

一左之心覺御右筆組頭ニ及引合

心覺　別紙三冊
三通一帶

上林隼人病氣之處此上之樣子ニ寄養子鉚之助幼年ニも有之後見之儀
同姓幷外ニ後見可相賴相應之人體無之ニ付木村宗右衞門ニ後見之儀
相賴度段町奉行共內意申越候ニ付取調候處類例も無之儀ニ付願書爲
差出不苦候哉此段及御引合候事

一廻り之節例之通　御機嫌相伺候事

一御用有無伺之上退出歸宅九時過

一御用番紀伊守殿ニ左之伺書以留守居差出候

書面之通不苦候事

私儀於京都參　內之節布衣供召連候砌ハ先挾箱爲持歸候樣仕度不苦
儀御坐候哉此段御內意奉伺候以上

十月十八日　　本多美濃守

例書
閏四月廿日　　　　　　　　　間部下總守
案前同斷
○十月十九日
一差向御用無之登　城不致候
但御暇後ニ付呼出坊主ゟ留守居之者ゟ以手紙申遣之
一今度京都ゟ相越候ニ付而ハ未男子無之ニ付假養子願今朝進達いたし候
ニ付五時供揃服紗小袖麻半襠著用出宅御用番紀伊守殿宅ゟ相越小書院
ゟ罷通公用人呼出右願書進達ニ付罷出候段申述無程紀伊守殿出座之上
右願書直達いたし無滯落手被致候相濟退散送例之通夫より直松平讃岐
守方ゟ相越
但今朝逢之儀昨日留守居之ものヲ以申込候處承知之旨ニ而五半時迄
ニ相越候樣答有之依而右願書昨日留守居之者ヲ以入内覽置候且願書

〆封之儘進達いたし候
一退散歸宅夜四半時前
○十月廿日
一例刻供揃平服著用登　城坊主部屋ニ罷出候
一年寄衆登　城之節羽目之間ニ罷出揃後御數寄屋へ引
一左之書付紀伊守殿ニ以常阿彌進達之
一御召御裝束當地ニ差登候ニ付後藤縫殿助ニ人馬證文相渡候儀申上候書付　壹通
一宿次證文之義申上候書付　壹通
一御除服宣下之口宣案差添罷下候大御番組山田岩五郎糟屋給三郎上京御朱印返上之義申上候書付　壹通
一左之書付大和殿ニ以常阿彌進達之
一梅溪少將御助成金願之義ニ付申上候書付　壹通
但別紙貳通
右壹帶

一左之書付紀伊守殿ニ以常阿彌進達之卽刻伺之通ニ而宜旨以同人御渡
御座之間御次第心得
御緣頰ニ出如例平伏御用番御披露是ニト
上意有之一寸退御次ニ脇差ヲ取置罷出中座等無之　御上段前ゟ上ニ
摺上り候此節京都へ之上意被　仰含奉敬承下り候而御下段下とり一
疊目ニ著座直ニ御請申上
上意又御取合有之而退去
一中務殿出立後自分相談事等之義ハ御同人とり兼而紀伊守殿ニ談置被呉
候趣ニ付萬端問合候樣昨日被申越候ニ付紀伊守殿ニ逢申述在府中宜相
願候旨厚く申述之
一左之書付紀伊守殿ニ以常阿彌進達いたし候處卽刻別紙相濟御同人御下
ケ持歸ル
淺野和泉守組與力目付同心目付
御褒美願之儀ニ付申上候書付
本多美濃守

賣金取扱候者召捕候組之者御褒美奉願候書付

淺野和泉守
岡部備後守

覺

書面與力目付貳人ハ銀七枚ツヽ、同心目付一人ハ金五兩爲御褒美町奉行懸缺所金之内を以被下候間其段可被申渡候事

傳奏衆被差越候書付寫

法華寺無住ニ付近衞左大臣殿末女五十君相續之儀御内意之趣申上候書付

本多美濃守

覺

御内慮之通たるへき旨傳　奏衆ハ可被達候事

宿次證文之義申上候書付

本多美濃守

一備中殿以常阿彌左之書付御渡

覺

亞墨利加使節登　城　御目見被　仰付候節登城被致候樣先達被達置

候處京都へ之御暇被　仰出候ニ付登　城ニ不及候事

本多美濃守

一左之書付貳通大和殿御直渡

和泉田原村無宿非人仁三郎一件御仕置伺戸田能登守差出候處相當之例無之手限難及差圖候ニ付中務大輔所司代勤役中申越候則別紙を以相達候且右御仕置之儀ニ付大乘院門跡より奈良奉行江申入候趣茂有之候得共都而奉行所ニおゐて懸吟味御仕置之儀山法等可相用謂無之候處內實時々手數相懸候哉ニ相聞候間向後寺門心得方之儀達置候節如何可有之哉之旨是又申越候右ハ猿澤池ニおゐて魚を取候者ハ此度之仁三郎同樣御仕置ニ可相成とゝ之儀ハ自然其筋ニおゐて相心得候儀ニ付別段向後之心得方相達候ニハ不及候其趣ニ被相心得候樣ニと存候事

本多美濃守

戸田能登守懸

出所和州十市郡田原本村領
無宿非人　仁三郎

出所加賀國石川郡松村無宿
病死　彌吉

奈良町を構江戸拂可申付處非人之儀ニ付相
當之仕置可申付候旨申渡長吏ニ引渡可申候
存命ニ候得ハ
三十日手鎖

右之通御仕置ニ付申付候以上

十月

一廻り之節羽目之間ニ罷出例之通御機嫌相伺候

一御用之有無相伺退出歸宅九時過

○十月廿一日

一亞墨利加使節登　城いたし候得共昨日之御書付ニ付不致登　城候

○十月廿二日

一昨日依達例刻供揃服紗小袖麻上下著用登　城坊主部屋ニ罷出候

但御下知狀入御箱挾箱ニ入持參同所へ差置之

一年寄衆登　城之節羽目之間ゟ罷出揃後御數寄屋ゟ引
一御用番紀伊守殿ゟ以常阿彌罷出候段御届申達
一松平兵部大輔養方叔母佛光寺門跡へ貰
受婚姻相調度願之儀ニ付申進候書付　壹通
右奥御右筆組頭ゟ可引合候
一左之書付大和殿ゟ以常阿彌進達
一江嶋勢多大橋小橋附兩社御
修覆之義ニ付申上候書付　壹通
但別紙壹通壹册
右壹帶
一左之書付御同人ゟ以同人返達
一法華寺無住ニ付近衛左大臣殿末女五十
君相續之儀御内慮之趣致承付候書付　壹通
但別紙壹通
右一帶
一淺野和泉守組與力目付同心目
付褒美願之義ニ付致承付書付　壹通
但別紙壹通
右一帶
一左之書付紀伊守殿ゟ以常阿彌進達

一淺野和泉守儀改名ニ付印鑑差上候儀ニ付申上候書付　壹通
但別紙壹通印鑑貳枚
右一帶
一後藤縫殿助江人馬證文相渡候儀申上候書付　壹通
一堂上方被免差扣候旨御附之ものゟ申越候儀申上候書付　壹通
一京地ニ差置候家來之者ゟ申越候儀申上候書付　壹通

一御用番紀伊守殿より以常阿彌御用部屋江通り候樣被申越候ニ付直同人先立いたし時計之間通り相越御用部屋入口ニ而時宜いたし左之方柱之處へ角懸ニ著座御用番紀伊守殿を請而一同江及挨拶多葉粉盆出ル

一紀伊守殿江　召出之儀猶又打合候處心得之通ニ而宜敷旨被申聞

一無程御側衆被參　召出之旨年寄衆自分江茂被申聞一同會尺之上年寄衆笹之間通御成廊下ニ著座被致候ニ付自分ニハ少シ間ヲ明著座

一夫より御側衆被出年寄衆へ會尺ニ而一同　御前江被出候ニ付自分白鷺御杉戸際江寄罷在若年寄衆自分脇へ寄被居候

一無程若年寄衆誘引ニ而罷出御縁御閾内ニ入平伏御用番紀伊守殿美濃侯
と披露是ニと　上意此節御次ニ退き年寄衆例座之處より少々下り御敷
居内障子脇へ脇差脱し再罷出中座無之　御上段ゟ横疊貳疊目邊ニ罷出

御座之間
召出之圖

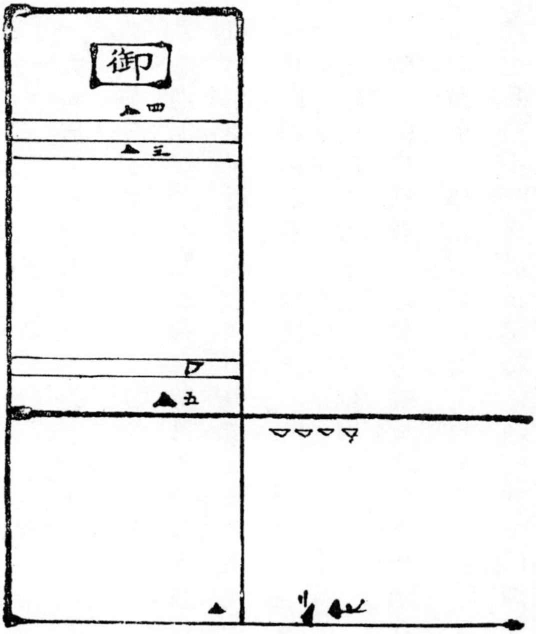

御上段壹疊目江摺上り平伏此時　禁裏　女御江之御口上被　仰含奉敬承又摺上り元之處ニ而立右廻りニ退き御下段下与り壹疊目左り江廻り著座自分直御請奉畏候旨言上候　上意有之紀伊守殿御取合有之而退去御次ニ而左り廻りニ著座脇差帶之時計之間通り羽目之間江罷出居

一暫在而御用部屋江再通候樣常阿彌申來直同人先立ニ而相越

但此間ニ足袋相用扇子ハ取置候

一御用部屋江出御用番之方を受一同見廻シ

於御座之間　御目見被　仰付御懇之蒙　上意難有旨御禮申述之

一御右筆組頭志賀金八郎罷出御用番与自分与之間江著座候間御下知狀覺書貳通共讀之其内手を突罷在讀終候節一寸平伏御下知狀共御右筆ゟ御用番江差出候与紀伊守殿右貳通共壹包ニ而被相渡候間進出請取之脇ニ差置引續　御意書幷式日を不定公事可承旨之御書取等被相渡其度々進出受取之相濟而後座見合退去直御數寄屋江引

但御下知狀幷　御意書等用意之箱山吹之間へ坊主ニ爲持參置候間是
ニ仕舞裏印之封紙自分ニ以たし御數寄屋へ持參爲致候

御下知狀讀
候節之圖

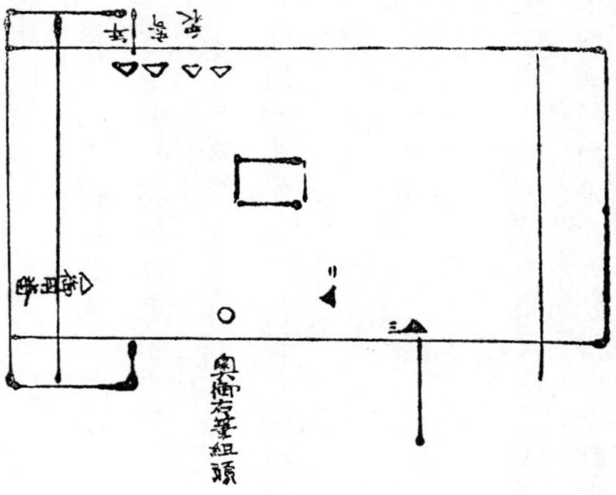

一今日　召出之御禮吹聽等若年寄御用御取次等江申達候儀無之事

一今日ゟ　召出ニ付　御目見いたし候間廻り之節不罷出候且先例ニ而退
出之伺無之事
一老若衆江廻勤ハ無之退出歸宅九時過
一御城より左之手紙幷御書付至來
上包　本多美濃守樣　　御城　田村伊豫守
堀田備中守殿御渡候別紙御書付壹通御達申上候以上
十月廿二日　　田村伊豫守
本多美濃守樣
本多美濃守江
古金銀文字貳歩判古貳朱銀文政度之文字金銀艸字貳分判五兩判貳朱
銀古壹朱銀共通用停止之分當巳十月迄引替候樣去辰年相觸候處今以
引替殘も多有之ニ付引替所之儀猶又來午十月迄是迄之通被差置候條
相心得右期月を限引替可申候

右之通御料ハ御代官私領ハ領主地頭より入念可被申付候右之通可被

相觸候

十月

右之趣相觸候間京地之面々并内藤豊後守戸田能登守江も可被相達候

〇十月廿三日

一重陽之御内書今日備中殿ゟ留守居之者江被相渡候ニ付持歸頂戴之

但御暇後ニ付備中殿退出後被相渡候

一右ニ付八時供揃服沙小袖麻上下著用出宅御内書頂戴之爲御禮備中殿江

相越取次江口上申置直歸宅

〇十月廿四日

一所司代被　仰付候後初而芝　御靈屋江爲自拜相越候ニ付五時供揃熨斗目

長袴著用出宅　台德院樣　御靈屋江相越　勅額御門外ニ而刀取り淸メ草

り履替御手水鉢ニ手水遣ひ御唐門薄緣之上ニ而括り卸シ御濱床ニ而扇

子取り置御濱縁内無目敷居之内壹疊目ニ而致拜禮夫より内通　文昭院樣　愼徳院樣御靈屋へ致自拜夫より又内通　有章院樣　惇信院樣御靈屋ニ自拜次第同斷何も退散之節御別當送り候間及會尺

但御靈屋ニ御大刀馬代銀壹枚獻備

一夫より宿坊徳水院ニ相越平服ニ著替いたし登　城坊主部屋ニ出居候

一年寄衆登　城之旨羽目之間ニ罷出揃後御數寄屋ニ引

一紀伊守殿ニ出懸逢之儀金阿彌へ申置被逢候ニ付左之書付直達

一無銘書付　壹通

但長屋左平太内願之義
別紙六通

一左之書付紀伊守殿ニ以金阿彌進達

一新朔平門院御忌日御法事之儀ニ付申上候書付　壹通

但別紙
右一帶

一藤林道壽五拾歳以上屆之義申上候書付　壹通

一堂上方被免差扣候旨御附之者ゟ申越候儀申上候書付　壹通

一常憲院樣百五十回御忌ニ付京地於養源院御法事致執行候儀ニ付申上候書付　壹通

一勅許之儀申上候書付　壹通

一勅許之儀申上候書付　壹通

一京地ニ差置候家來之者より申越候儀申上候書付

一左之書付大和殿江以金阿彌進達

一三條大橋小橋及大破候ニ付懸直之儀申上候書付

但別紙貳通帳面四册繪圖一枚

右一帶

一左之御書付紀伊守殿以金阿彌御渡

本多美濃守

禁裏御系圖久々參不申候間御自分京著之上先年之振合を以御差越有之候樣可被取計候尤紙品其外御手輕ニ御仕置有之候樣ニと存候事

一廻り之節羽目之間江罷出例之通御機嫌相伺畢而御數寄屋江引

一左之御書付備中殿御直渡

本多美濃守ゟ

京都御警衛井伊掃部頭始ゟ被下候陣屋地之儀ニ付町奉行共取調差出候書付繪圖面共御取締懸ゟ相達取調之上右書付寫等中務大輔所司代勤役中差越候右ハ諸屋敷幷寺院町屋等上地之上夫々振替被下可然と之趣ニ而彼是差支之筋も有之哉ニ相聞候ニ付鞍馬口邊ニ而凡五六千坪程も一園ニ致し被下候場所取調申聞候樣町奉行ゟ可被申渡候尤可成丈差障不相成樣厚く勘辨を加へ代地等之義をも委細取調申聞候樣可被達候

十月

一廻り後左之書付覺書添大和殿以金阿彌御渡

一京地御目付小屋模樣替御修覆出來榮見分之儀ニ付申上候書付　壹通

但別紙三通

右一帶

一廻り後左之書付覺書添加藤惣兵衞ゟ受取

一松平兵部大輔養方叔母佛光寺門跡へ貰受婚姻相整度願候儀ニ付申進候書付　壹通

但別紙三通心覺壹通
右壹帶

一御用有無相伺退出歸宅八ツ時過

一左之書付田村伊豫守ゟ以手紙差越

松平伊賀守殿御渡御書付寫

初對客日

十一月　三日

同　五日

同　七日

〇十月廿五日

一五半時供揃ニ而森川宿下屋敷江罷越夫ゟ直爲佛參誓願寺江相越歸宅
八時過

一紀伊守殿宅より左之手紙至來
　明廿六日四時　御城〻罷出被有之候樣ニと存候
　　十月廿五日　　　　　　　　　　　　　　　　　　内藤紀伊守
　　　本多美濃守様

○十月廿六日
一今日召出有之候ニ付四時致登　城候樣御用番紀伊守殿ゟ達有之候付例刻供揃平服著用登　城坊主部屋〻罷出候
一年寄衆登　城之節羽目之間〻罷出揃後御數寄屋〻引
一揃ニ而御用番紀伊守殿〻罷出候段御屆以常阿彌申達
一今日召出之節先格之通足袋相用候心得之旨御用番紀伊守殿〻以常阿彌申達
一紀伊守殿出懸逢之義常阿彌へ申置被出候ニ付左之書付壹通直達
　二條御殿預三輪嘉之助儀嘉永三戌年三月養父市十郎跡式無相違被下

置前々之通直ニ如養父時跡役被　仰付候條彌出精可相勤旨被　仰付
當巳年迄八年相勤罷在元祖七右衛門義　權現様以　思召慶長七寅年
二條御城出來之刻ゟ御殿預被　仰付其上格別蒙　御懇命右以來嘉
之助迄九代無滯連綿御役相勤天和貞享年中四代目市十郎在勤之頃ハ
城州葛野郡水尾村御領山有之致支配候趣ニ而年々山手銀取立候舊記
全部ハ不（脱アルカ）致候得共今以持傳右體先代之内御預山支配致し候儀も有之
候ニ付嘉之助儀御代官兼役致度兼々志願有之何卒相應之場ニ而少高
成共支配所被　仰付被下候様歎願之趣町奉行共迄申聞候嘉之助義元
來手堅生質ニ而行狀正敷格別出精相勵常ニ　御爲筋第一ト相勤組之
者共示方も行届氣請宜一同承伏罷在且同人も從來困窮之上知行所太
川筋邊ニ多分荒地幷近年度々之水難ニ付而も損毛打續彌勝手向差支
内實不容易難澁之由ニ有之候得共無油斷質素儉約相守家事嚴重ニ取
締他江對非分者勿論不依何事如何敷風聞等一切無之勤向格別出精罷

在候次第町奉行共ニも兼而見聞罷在候勿論御用立候人體ニ有之京地役之面々御代官兼勤いたし候儀ハ例も有之候間何卒品能御沙汰被成下候樣於町奉行共も相願候尤嘉之助ハ町奉行共支配ニ無之候得共身分ニ付候儀ニ付相願候旨中務大輔殿所司代御勤役中御內慮申上候處御轉役ニ付此段申上候宜御評議可被下候以上

十月廿六日

一左之書付大和殿ヘ以常阿彌返達

一京地御目付小屋模樣替御建替御修覆
出來榮見分之儀ニ付致承付候書付　壹通
但別紙貳通
右一帶

一左之書付紀伊守殿ヘ以常阿彌進達

一仁孝天皇十三回聖忌ニ付於宮中五ケ日懺法講
被致修行度旨傳奏衆ゟ被申越候趣申上候書付　壹通
但別紙四通
右一帶

一城隼人平岡鐘之助京著
之義ニ付申上候書付　壹通

一左之書付持出御右筆組頭加藤惣兵衞へ引合候處燒捨候樣紀伊守殿御沙汰之旨申聞候

去ル八日夜門表柱ニ張訴有之致一覽候處所司代御役邊ゟ抱候儀ニ無之全先勤寺社奉行中之心得ニ而張置候儀ニも可有之と存候且所司代參府中駕籠訴人取計方之義ニ付嘉永三戌年酒井若狹守勤役中相伺候處駕籠訴多有之節ハ各樣ゟ相伺御差圖可受旨張訴有之節ハ封之儘直ニ燒捨不及御屆段被仰聞候趣も有之候得共訴狀中不容易儀有之候間如何取計可申哉依之別紙訴狀壹通入御披見相伺之申候以上

十月

一左之心覺持出表御右筆神沼左太郎ゟ達候

心覺

京都町奉行ゟ之紙封壹遣候間今明日中被差立候樣申達候事

十月廿六日

一去十八日御右筆組頭ゟ及引合置候書面今日左之以覺書紀伊守殿ゟ以加藤惣兵衛御渡

覺

書面上林隼人養子鉚之助後見之儀表立相願不苦候旨可被申渡候事

一御用部屋ゟ罷出候樣紀伊守殿被申聞候旨金阿彌申來候間直同人先立ニ而いたし候ニ付御數寄屋ゟ扇子取置相越御用部屋入口ニ而時宜いたし内ゟ入左之方柱之處ゟ少シ角懸著座一同挨拶有之候間相應及挨拶多葉粉盆出ル

一無程御側平岡丹波相越自分へ　召出之旨被申聞直同人一同御成廊下白鷺御杉戸前三尺程明著座

但今日老若衆　召出無之

御側衆會尺ニ而直白鷺御杉戸内御障子之方へ脇差取置之御緣御敷居へ罷出平伏是ゟ与　上意御下段御閾際迄進ミ候ト内ゟ入候樣ニト　上意

御閾內ニ摺込候与御懇之　上意其外御用向被　仰含御尋之儀も有之御受申上之御閾を出直ニ段々御懇之蒙　上意難有仕合之旨御禮申上御緣御敷居際迄摺下り平伏いたし退去

一夫ゟ最初脱候處ニ而脇差帶之御杉戸外ニ御側衆被扣居候ニ付御懇之蒙　上意候御禮申述笹之間ゟ時計之間通直御數寄屋ニ引

一廻り前ニ付羽目之間ニ出居無程年寄衆被出自分前ニ著座候ゟ扇子取少シ進ミ　御座之間ニ被爲　召御懇之蒙　上意難有旨御禮申述之

但今日ハ　召出有之候ニ付　御機嫌ハ伺不申候事

一今日ハ御用有無不及伺退出歸宅八時

〇十月廿七日

一明日當御地出立ニ付例刻供揃服紗小袖麻上下著用登　城坊主部屋ニ罷出候

一年寄衆登　城之節羽目之間ニ罷出揃後御數寄屋ニ引

一左之書付紀伊守殿以丹阿彌進達

一千種少將被免差扣候旨御所之もの方申越候義申上候書付　　壹通
一新朔平門院御正忌日御法事之節導師等替之儀申上候書付　　壹通
但別紙壹通
右一帶

一左之心覺持出表御右筆藤井釜之助ゟ相達之

覺

京都町奉行ゟ之紙封壹遣候間今明日中被差立候樣申達候事

一左之書付備中殿御直渡

今度長崎表阿蘭陀通商御仕法替相成是迄脇荷と相唱候商法振合ヲ以長崎箱舘兩所ニおゐて交易御差許有之魯西亞ゟも同樣御開相成候右ニ付委細之儀追而可申進候得共先此段無急度傳奏衆ゟ可被達候事

本多美濃守

十月

一左之書付御同人以丹阿彌御渡

本多美濃守ｪ

御留守居
堀田土佐守與力講武所炮術世話心得

松井忠左衛門

江川太郎左衛門御鐵炮方附手代御
普請役格講武所炮術教授方出役

岩島源八郎

右之面々諸組與力同心炮術爲教授被差遣源八郎ｪ御用中與力格申渡
候間可被得其意候

本多美濃守ｪ

去ル廿一日亞墨利加使節登　城御目見無滯相濟之節差出候書翰之和
解壹冊使節口上之趣和解壹冊差進候間被入
叡覽候樣傳　奏衆ｪ可被達候尤御返答之儀ｪ御治定之上猶又可申進
候此段御心得申達候事

十月

一廻り引懸逢之義丹阿彌江申置
一廻り之様子ニ付羽目之間江出居無程年寄衆被出羽目之間自分前ニ著座候ト扇子取少シ進ミ出御機嫌相伺候旨申述候と御機嫌克ト御用番紀伊守殿被申聞恐悦之旨申上引續明廿八日京都へ發足仕候旨且地役人江御傳言之例之通相心得可申哉之旨申達候處其通可致旨紀伊守殿被申聞之
一年寄衆江逢之儀申込候處廻り後銘々被出候ニ付是迄段々厚世話ニ相成候禮暇乞等相應申述彼方よりも夫々挨拶有之候而被引候
但紀伊守殿ニ者中務殿發足後萬端相賴候儀ニ付右挨拶𛀁厚申述候且同人より同列方一同自分御役替歡可被參候處御用多ニ付延引被致候内最早發足𛀁被致候付無其儀候間一同被相越候處ニ心得呉候様被申聞候間念入候旨相應挨拶致候
一若年寄衆御用御取次之御側衆江も右同斷申述候處追々壹人ツヽ被出暇

乞申述候事

一今日ニ付(?)御用有無不及伺直退去夫より年寄衆若年寄衆御用御取次衆江相越暇乞口上玄關ニ而申置尤御用番紀伊守殿江明廿八日發足之段御届口上申述之御同人ニ而中務殿出立後萬端問合等いたし候ニ付罷通り右挨拶公用人江申置

但中務殿ニ而留守中ニ付罷通公用人呼出發足之段幷諸事傳達等世話相成候挨拶申述之

一右廻勤相濟歸宅七時前

所司代日記第三（自安政四年十一月十二日 至同年十二月晦日）

〇十一月十二日

一今暁丑刻大津驛出立羽織野袴著用

一三井寺門前より先拂稲荷山之山守

一山科ゟ茶屋四郎次郎名代之者罷出供頭披露

一諸羽大明神社前ゟ上下雑色兩人奴茶屋細田九左衞門罷出右茶屋四郎次郎名代之者披露いたし候

但駕籠之戸明不申是より雑色先ゟ立申候且雨天ニ候得ハ先格ニ付手傘指免候

一十禪寺門前ゟ聖護院永出世職住持罷出供頭披露

一四之宮村ゟ毘沙門堂御門跡坊官家司罷出供頭披露駕籠之戸明會釋是よ

り家司先立
一安禪寺門前ニ住持罷出供頭披露
一右三ヶ所ニ小堀勝太郎手代共罷出供頭披露
一奴茶屋西之方ニ毘沙門堂御門跡家司右四之宮より先拂之家司ニ而供頭
披露駕籠之戸明ヶ會釋
一藪下ニ出迎自分組與力五人同心二人供頭披露駕籠之戸明ヶ會釋
一右同所幷御廟野ニ上野代京年寄共下町代右四郎次郎名代之者披露駕籠
之戸明ヶ年寄共罷出候哉と申聞四郎次郎名代之もの申繼大勢ニ付三度
程も申繼
一八瀨百姓京車年寄山科郷之百姓共京割符年寄右所々ニ罷出居候得共披
露無之夫より四郎次郎名代之者ニハ二條御役宅ニ先達而罷越候事
一蹴揚茶屋小休此處ニ而服紗小袖麻上下著替
一同所ニ順々罷出町奉行兩組與力二人西岡乙訓寺誓願寺役者城州大山崎

社司角倉與一手代共何も供頭披露及會釋
一三條大橋東詰ゟ町奉行淺野和泉守岡部備後守右出迎候處ニ而下乘いたし及挨拶其節地役も罷出候段申聞候夫より兩人先ゟ罷越候段申聞候ニ付勝手ニ可致旨及挨拶候
一同所ゟ御門番之頭幸田金一郎小林半右衞門御殿預り三輪嘉之助御代官石原清一郎御鐵炮奉行御代官幷過出船御入木山支配御藏奉行同假役御大工頭御附支配御賄頭加茂川堤奉行御茶師御醫師　禁裏御醫師御連歌師御入用取調役御附支配勘使買物使兼右一同ゟ及挨拶
　但屋敷ゟ罷出候分是より先ゟ罷越候
一旅宿ゟ罷出候自分與力貳人堀川三條橋西ゟ右兩人罷出供頭披露駕籠脇左右ゟ付出迎候與力披露いたし候
一三條口柵外ゟ江戶表ゟ罷出候自分組與力貳人自分組外側破損方與力二人罷出

一上使屋敷前江　上使屋敷定番壹人罷出
一番場竹屋口脇ゟ猪熊之方北側江自分組與力同心共罷出
一上使屋敷門前江茶屋四郎次郎名代之者先格之通罷出候
一白洲五枚鋪出し餝手桶立番等差出之
一今曉丑刻大津驛出立を見請注進夫ゟ蹴揚白川橋堀川橋右三ヶ所見歩使逐々注進上屋敷白洲ニ而呼揚取次承之申繼待請之方々江ハ公用人ゟ申達白洲西之方江家老用人公用人罷出東之方江取次二人罷出式臺江伏見奉行大御番頭町奉行御附奈良奉行御目付迄出迎下座敷江三輪嘉之助佐々木金右衛門中井小膳出迎罷在
一九時京著先行列白洲左右江操入敷石中程ニ而下乘下座敷ニ而刀嘉之助金右衛門小膳之内江相渡夫より式臺ニ而一同出迎之面々江膝突及會釋町奉行先達右先江公用人壹人相立大書院上之方江著座白木三方熨斗勝手之方ゟ公用人持出自分手を附直ニ引町奉行取合有之

但右熨斗三方先格ニ右之振合ニ候所今日ニ　御日柄ニ付前以床ニ据
有之
一小書院ニ町奉行案内公用人先立小書院ニ著座此節刀近習之もの請取之
地役之面々揃候迄間も在之候間致休足候樣町奉行申聞候ニ付及會釋居
間ニ罷越此節公用人罷出中務殿家來ゟ傳達之帳面請取候段申聞之
一御役宅ニ唯今著いたし候段中務殿ニ案内取次使者ニ而申遣之
但此使者ハ小書院著座之時分差出候事
一傳　奏衆ニ著案内之儀ハ中務殿ゟ被申遣候ニ付此方ゟハ差出ニ不及
候
但右之通ニ候得共近格別段申出候ニ付此度も案内御所使を以申遣候
一地役之面々揃候旨町奉行ゟ公用人を以申聞候ニ付大書院ニ出座掛ヶ於
小書院中務殿家來公用人出淵勝右衛門調役進藤泰藏右壹人宛罷出公用
人披露家老取合相應及挨拶相濟夫より於手水之間後藤縫之助名代之者

通懸ヶ目通り申付之取次披露取合公用人夫ゟ大書院ニ出座例席横座内
藤豊後守堀田豊前守津田美濃守淺野和泉守岡部備後守大久保大隅守都
筑駿河守戸田能登守御目付城隼人平岡鍾之助右之面々一役宛罷出關東
御機嫌相伺候ニ付
御機嫌能旨申達并年寄衆傳言申達之
一幸田金一郎小林半右衛門　御機嫌之儀申達之
但年寄衆よりの傳言無之伏見奉行ゟ小林半右衛門迄此時上京歡申聞
相應及挨拶右相濟町奉行會釋有之一旦勝手ニ案内有之再
大書院ニ出座二之間北之方ニ町奉行御附出席地役之面々罷出町奉行取
合一々姓名申聞上京之祝儀申聞候
但御附支配之分ハ御附取合有之
一右相濟勝手ニ入懸ヶ於手水之間茶屋四郎次郎名代并内役之者通り掛目
通申付取次披露公用人取合夫ゟ於小書院年寄衆其外近親方之附使者取

次披露直答右相濟小書院二之間ニ三寶寺定職人鎰屋九衞門同虎萬之助
相詰通懸ヶ目通申付之取次披露公用人壹人出席
一待請之面々伏見奉行始メ一同一汁三菜之料理於上竹之間差出之公用人
及挨拶三輪嘉之助佐々木金右衞門中井小膳ニ者於下竹之間同斷料理差
出之右相濟何も退散
一大坂御城代同御定番町奉行在坂御目付ゟ今日京著之段書狀を以申遣之
右宿送りを以相達候樣町奉行ゟ剪紙を以申遣之
一中務殿ゟ支度宜旨案内使者來候間於大書院逢取次披露只今伺公可致旨
使者ニ直答卽刻出駕
但服紗小袖麻半袴著用且此供觸ハ兼而一左右次第ニ者申聞置使者來候
ニ者早速觸差出尤公用人駕籠脇計服紗麻上下
一使者門外ニ出暫過出門いたし候中務殿旅館ニ罷越玄關迄町奉行出迎嘉
之助小膳下座敷迄出迎町奉行案内ニ而書院ニ通棚之方後ニして著座町

奉行ニ而次之間ニ扣居候熨斗三方出用人罷出候間口上申述候
一無程中務殿被出候間自分扇子取り少々進ミ
御機嫌相伺候處　御機嫌能被成御座候旨被申聞候間恐悦之旨申之畢而
對話
一外之間席も無之直此處ニ而　上意被申渡候ニ付正面中務殿著座自分同
人右之方ゟ横ニ著座伏見奉行始メ御目付迄一役宛罷出中務殿　上意之
趣被申渡之何も自分之方を向御禮申伸之候間難有旨中務殿ゟ都度々輕
く手を突取合いたし右畢而御門番之頭初地役之面々一同罷出　御機嫌
之儀中務殿被申渡之一同退散
一中務殿直ニ自分を誘引居間ゟ罷通り暫御用談等いたし茶多葉粉盆菓子
出夫より相濟畢而退散式臺迄中務殿被送其外送り出迎通直歸宅
　但立歸ニ而中務殿上京怡申置
一御朱印長持町奉行ゟ與力附添來取次出迎下竹之間ゟ持込與力も同所ゟ

通置
一此方宜旨中務殿江案内使者差遣
一中務殿旅館江出宅附人壹人三條通西洞院江一人竹屋口江壹人右注進申
來公用人申聞之
一中務殿被參候節白洲江家老一人用人一人公用人壹人取次貳人罷出町奉
行式臺迄出迎嘉之助金右衛門小膳下座鋪迄嘉之助金右衛門小膳之內刀
受取之自分拭緣迄出迎公用人先立衝立際ニ而平伏大書院江誘引中務殿
入側之方自分襖之方江著座白木三方熨斗出之近習之者持出直引夫ゟ小
書院江同道茶多葉粉盆出之
　但兩所江刀掛緣通上ゟ三疊目江出し置
一御朱印箱持參可致旨町奉行江公用人を以申聞
一御朱印一箱非番淺野和泉守御定書一箱月番岡部備後守持出　御代替ニ
付渡殘　御朱印一箱非番和泉守持出諸向ゟ返納　御朱印御藥御仕置例

類集同類集等ハ類ニ付公用人持出備後守〻相渡右返上　御朱印一箱渡
殘御朱印一箱返納　御朱印一箱共自分前ニ差置御藥其外ハ入側之方ニ
指置御定書幷中務殿封印之分ハ其儘　御朱印之方ハ町奉行封印故和泉
守切解

一御朱印箱蓋を取上ニ置相改何枚有之候段同人ゟ申聞返上　御朱印之方
も是又和泉守相改返上何通有之候段申聞其外之品々夫々一通り一覽中
務殿被引渡候段演說有之自分受取候旨中務殿〻申述此節封印紙淸之間
口ゟ公用人持出自分前〻差置候〻封印可致哉〻町奉行申聞候ニ付相渡
之直　御朱印箱〻封印附ケ　御朱印和泉守備後守如最初持之竹之間〻
引其外之品ハ公用人罷出引之返却御目錄等ハ公用人受取之自分案內ニ
而居間〻誘引茶多葉粉盆菓子出ス
　但中務殿封印ハ公用人使者を以返却

一自分供廻り揃置

一嘉之助罷越　御城内宜旨申聞之中務殿被歸自分式臺迄送り町奉行始メ

一同被參候節之通り罷出

一自分服紗小袖麻半袴著用いたし引續出宅中務殿同道北之御門土橋ニ而下乗

一三輪嘉之助佐々木金右衛門中井小膳御門外ニ出迎先立大門扉開之

但鍵當朝東小屋ゟ與力受取置候事

御城内ニ公用人壹人駕籠脇不殘草履取傘挟箱貳ツ召連之供惣麻上下

一本文佐々木金右衛門義出迎後引續キ跡ゟ罷出候事

一御門内ニ自分組與力罷出平伏

一二之御門内ニ御門番頭御藏奉行出迎其末ニ御破損奉行出迎此所迄嘉之助小膳先立夫より御破損奉行先立

一本文御鐵炮奉行先例可罷出處金右衛門取持兼勤候付土橋迄罷出候間此處ニ不罷出候事

一足輕番所前大御番頭出迎夫より二之丸大番所ニ罷越候ニ付大御番頭ニ

ハ御臺所邊ゟ先ニ罷越組頭出迎之所ニ而會釋取合有之一同ニ上り組頭迄相揃　上意中務殿被申渡蒙　上意候段大番頭御禮申上相濟而送出迎之通夫ゟ元之道通北之御門ゟ御城出右御門內ニ而中務殿ニ萬端無滯相濟候挨拶等いたし自分ニハ少々見合中務殿乘輿相濟靜々罷出乘輿歸宅」

一今日諸事無滯相濟何廉被心添候爲挨拶中務殿旅宿ニ家老使者差遣之

一去ル七日出之宿次飛脚至來いたし候

一今夕江戶表ニ宿次飛脚差立候

〇十一月十三日

一今般上京ニ付傳　奏衆幷議　奏衆今日來臨ニ付白洲五枚鋪出門內外餝手桶立番人留足輕出之幷出宅竹屋口見歩使附置

傳奏

廣橋前大納言

東坊城前大納言

竹屋口歩使罷歸公用人貳人取次二人白洲敷出し外し罷出
一自分熨斗目長襠著用上溜前杉戸外迄出迎大書院江誘引例席江著座熨斗
三方出し直ニ引近習勤之傳　奏衆少々被進關東御靜謐を被申述候間
御機嫌能被成御座候旨申達夫より自分少々進ミ　御所々御機嫌相伺挨
拶有之恐悅之旨申述復座上京之歡被申述候間相應存挨拶兩卿持參之太
刀目錄公用人持出自分受取及會釋脇ニ差置公用人上勝手口より出引之
對話中二之間下ゟ一疊目江雜掌兩人ツヽ罷出取次披露初而と言葉遣之
退散之節中溜前迄送り公用人取次出迎之通り白洲江出ル

議奏

久我大納言

德大寺大納言

萬里小路大納言

坊城中納言

裏松大藏卿

右次第前同斷之內熨斗目半袴著用一同持參之太刀目錄取次披露自分請
取及挨拶公用人勝手口ゟ引送り中溜前迄送り
　但熨斗不差出
一右行向挨拶夜ニ入候得ハ翌日御所使之者差出候事
一今夕江戶表江宿次飛脚差立候事
〇十一月十四日
一別條無之
〇十一月十五日
一今日中務殿同道初參　內ニ付熨斗目麻半袴著用五時出宅供廻り惣麻上下
駕籠脇熨斗目著用施藥院江相越門ニ而下乘門內江施藥院出迎一寸及會
釋玄關下座敷左右江三輪嘉之助佐々木金右衛門中井小膳出迎乍立會釋
いたし刀ハ小膳江相渡嘉之助先立休息所江通ル

一右休息所入口ニ而嘉之助披キ夫ゟ自分先番之家來共相越居刀も小膳ゟ近習之者受取之
一同所江參著之旨御附江公用人奉札ニ而申遣之尤　御所御内玄關迄爲持遣
一休息所ニ而嘉之助初施藥院迄一同ニ逢相應及挨拶
一中務殿參著之上逢之儀申込承知ニ付表座敷江相越障子を後ニ著座此節も嘉之助案内刀も小膳近習之者ゟ受取自分後ニ置之夫ゟ中務殿被出對話今日之儀尙又相賴何角と申談候
一右對話中御附之衆相越候由ニ付中務殿正面襖を後ニ著座自分も同人之左之方江少角懸著座御附兩人出相應一同ニ及挨拶中務殿ゟ御附江今日之御次第相替り候儀も無之哉と被相尋候處相替り候儀無之旨答有之中務殿ゟ尙又宜と被申候間自分ニも宜と申述其外挨拶等有之相應申述候
一右相濟又休息所江引辨當相用候

一中務殿ゟ装束ニ被懸候旨案內有之自分も衣冠著之足袋脱之
一傳　奏衆より雜掌使者ニ而時刻宜候間參　內いたし候樣中務殿江向申來夫より如最前自分も表座敷江相越此度ハ中務殿と並候位ニ著座尤太刀持參後ニ置之雜掌兩人罷出中務殿公用人披露中務殿是江と被申雜掌兩人共敷居內江入時御口上之趣致承知只今可致參　內旨中務殿ゟ返答被申述自分ニも宜と申述雜掌退引
一供宜敷旨ニ而中務殿被出自分も引續太刀左之手ニ提之中啓右ニ持罷出尤嘉之助始今朝之通先立其外送り等出迎之通沓相用門外ニ而乘輿刀脇差ハ袋ニ入駕籠脇左右ニ爲持之候
一中務殿同道御唐門前ニ而下乘沓供頭直之太刀ハ駕籠中ゟ左ニ提出中啓右ニ持之中務殿之左之方ニ並少々下り候程ニ歩行右御門內ニ御附出居候ニ付及會釋夫より御車寄北之方ニ御內之者罷出居何も及會釋夫より右江平唐御門を入諸大夫之間階下ニ兩傳　奏雜掌出居右階下ニ而太刀

公用人ハ渡之沓脱之處ニ而脱縁上ニ非藏人出迎乍立及會釋是より自分
先ニ立中務殿一同鶴之間ハ通御障子を後ニ自分中務殿と申順ニ著座尤
非藏人先立案內いたし候
　但順之儀ハ自分ニハ　御口上有之ニ付右之通ニ候
一傳　奏衆ハ以非藏人中務殿ゟ被申込候尤此時非藏人ゟ歡等申聞候間相
應及挨拶候
一無程傳　奏兩卿被出今日美濃守同道參　內仕難有之旨中務殿被申述自
分ニ而難有之旨御禮申述夫ゟ中務殿取合ニ而自分少し進手を突左之通
彌御安全目出度　思召候此度私被差遣候付此段相心得宜申上旨被
仰出候
御口上申述候處可被申上旨被申聞畢而　御意有之段申候と兩卿下之方
ハ被退謹而被承候自分初より手を輕く突
彌御無事ニ可被在之と一段ニ被　思召候私被差遣候間可被申談候此

段宜相心得可申達旨　御意候
右之通申達相濟而兩卿復座挨拶有之此方ゟも相應及挨拶畢而退入
一議　奏衆被出挨拶有之是又此方よりも相應及挨拶候
一關東昵近之衆被出被相伺御機嫌夫ゟ挨拶等如前
一關東御由緒之衆被出次第同前
一傳　奏兩卿再被出　御口上之趣及言上候追付可有　御對面之由被申聞
候間中務殿一同伏承之夫ゟ御席內見いたし度趣中務殿より被申談自分
ニも相應申談候處直案內被致候
但右內見之儀ハ前以中務殿より非藏人江示談被置候自分ゟも申談置
候
一兩卿案內ニ而　小御所江相越中務殿江承り自分習禮いたし候兩卿ニも
萬端世話有之
一今日ハ關白殿ニハ所労ニ付參　內無之由兩卿被申聞候關白殿被逢候節

夫麝香之間ヘ申所之由右入口ニ而時宜以致し御挨拶有之内ニ入關東ニ
而御三家方ニ懸御目ニ候通手續之趣右之邊も中務殿ゟ傳達有之
一習禮相濟兩卿ニ夫御廊下ニ而相別候間厚挨拶等申述夫より中務殿一同
最前之通鶴之間ニ相越罷在候
一猶又兩卿被出誘引有之中務殿一同取合廊下ニ移り候前之廊下ニ扣罷在
夫より兩卿誘引有之取合廊下ニ入北之方ニ中務殿一同並扣居候
一小御所兩廂東之方ニ傳　奏衆出座甘露寺ゟ輕く會釋有之自分中啓を以
罷出南廂御拭板中央　御見通之邊ゟ前ニ而下ニ居夫ゟ膝行御中段ニ上
り二疊目ニ手之懸り候程ニ進ミ中啓前ニ置相伺傳　奏衆申次奉拜　龍
顏畢而膝退南廂初下ニ居候邊ニ而左り廻り起座取合廊下ニ引中務殿之
次ニ著座
一中務殿自分之御禮御太刀目錄持參貫首申次南廂被拜　龍顏右之内ニ自
分獻上之御太刀目錄非藏人持參自分受取目錄を一寸改前ニ置此目錄關

東ゟ違字頭ヲ手前ニ以為し尤中啓ハ座之傍ニ置之
一中務殿退引之後自分ニも自分之御禮又甘露寺ゟ輕く會釋有之此時ハ兩
卿共南廂下之方ニ列座直自分御太刀目錄を持罷出最初之處より膝行御
中段際ニ而御太刀目錄を御中段一疊目之下ニ置夫より御障子際迄膝退
貫首中次奉拜　龍顏左之方江膝退如初御廊下江復座右膝退之節兩卿被
居候間少し前江進なから膝退
一中務殿於御中段　天盃頂戴有之相濟而又甘露寺より自分江輕く會釋此
時ゟ中啓ハ置如最前御中段江進御長柄之口ニ載有之　天盃を取少し向
直り戴又向直り鳥渡御酒を受頂戴之又銚附ニ而都合三獻頂戴又々向直
り御土器を左之手ニ載平伏右之手を添膝退初之通御廊下江引
但御土器ニ殘り候御酒ハ掌中江滴ミ頂戴之土器ハ非藏人江相渡夫よ
り自分家來江渡呉候
一夫より兩卿誘引ニ而中務殿一同鶴之間江退座尤是ゟハ中務殿上座自分

下座兩卿ハ御廊下ニ而相別候
一議　奏衆一同被出挨拶有之相應申述夫ゟ兩卿ニも對座其節中務殿少し
被進奉拜　龍顏天盃頂戴仕重疊難有之旨御禮被申上候間自分も少し
進同樣難有之段御禮申上之夫ゟ兩卿ニ而　准后御殿江被參候趣ニ而挨
拶有之退入
一供宜趣非藏人より申聞中務殿一同諸大夫之間ゟ退散非藏人其外共送り
等出迎之通會釋等ㇵ出迎之節之通太刀も提出御唐門外ニ而乘輿
一中務殿一同　准后御殿江參入御門外ニ而下乘太刀提出沓用之御車寄敷
石ニ而沓脫之是より自分先ニ立太刀ハ提候儘且御附御車寄上迄出迎一
寸下ニ居及會釋直案內中務殿一同御客之間江罷通太刀ハ後ニ置之並居
尤自分上席ニ罷在
一傳　奏衆出會相應及挨拶
一上﨟出會御乳人年寄附添被出中務殿一同及會釋候与熨斗昆布小廣蓋ニ

載女房持出置上﨟被挾候間自分中啓を持進出手ニ受戴復座懷中いたし
中務殿ニも同樣濟夫ゟ中務殿取合有之自分少し進關東ゟ之　御口上申
述復座上﨟挨拶有之退入
但　御口上振等　禁裏御同樣申述之
一上﨟更ニ出席　御口上之趣申上候處　御返事ハ追而可被　仰入之由被
申述之自分少し進出伏承之相濟復座之節中務殿与入替自分下座夫より
上﨟挨拶等有之退入
一兩卿被出候間中務殿一同少し進今日之御禮申述夫より今日彼是心添之
挨拶自分之御禮吹聽等厚申述之中務殿一同退散最初出迎之所迄兩卿被
送候間尙又及挨拶御車寄より退散其外送り等出迎之通太刀提出御門外
ニ而乘輿
一中務殿同道尙又施藥院ニ立寄施藥院初出迎等今朝之通書院二之間ニ而
中務殿ニ逢段々心添之挨拶首尾能相濟候吹聽等厚申述之夫より休息所

ニ引

一熨斗目長袴ニ著替其後今朝之通嘉之助始ニ逢無滯相濟候吹聽等相應申述之

一中務殿退散後自分退散嘉之助初先立送り等最前之通門外ニ而乘輿

一關白殿ニ相越門前ニ而下乘夜分ニ付開門無之潜りより入玄關中央之敷出より上り式臺際之敷出しニ諸大夫等出迎居何れも乍立及會釋此處ニ而刀取之提罷通玄關上ニ御附罷出候間下ニ居一寸及會釋夫より廊下曲り角と衝立之脇ニ而長袴括りを解諸大夫案内ニ而表座敷衝立之内ニ著座刀ハ後ニ置之右諸大夫ニ口上左之通

今日初而參　内拜　龍顏　天盃頂戴　准后ニも參入仕難有仕合奉存候且彌御安全之事目出度奉存候旨申述之關東ゟ御傳言有之段も申述之

一夫より席内見之儀御附ニ申談諸大夫案内ニ而御附ニも相越内見いたし

候
一關白殿御逢可被成旨諸大夫案内ニ而罷通入口衝立之外障子際ニ扇子置
扣居諸大夫會釋いたし候間二之間鋪居外ニ出座時宜いたし是ニ与御挨
拶有之閾內ニ摺入角掛罷在候得ハ尚進ミ候樣御挨拶ニ付少し進候と關
東御靜謐と被仰候間益　御機嫌能被成御座候　御傳言可申上旨申述尙
又進出此時關白殿ニ茂御進
彌御無事ニ可被有之一段ニ被　思召候私被指登候付被　仰遣候宜相
心得可申達旨被　仰出候
右之通申述候處直御返答被仰述候間關東ニ可申上旨申述之復座如最初
角掛罷在夫ゟ自分之怡時候挨拶有之候ニ付相應及御答
一口祝挾賜候間帶劍之儘進出拜受之復座懷中夫ゟ吸物等出相伴御挨拶有
之御酒一獻御受右土器三方ニ載給仕自分之前ニ持參土器を取戴キ一獻
給候と肴挾賜候間是又帶劍之儘ニ而進出拜受之懷中ニいたし加候而又一

獻給候と是ハと御挨拶有之候間時宜いゑし殘酒吸物之中ハ玄ゑみ土器
三方ニ載給仕ハ渡關白殿ハ勸土器被取上候節尙又時宜いゑし一獻被受
候と進出御肴臺之儘進上之時宜いゑし復座尤帶劍加候又一獻被受候後
御挨拶有之濟而其土器御附ハ賜肴も挾賜右土器諸大夫ハ遣納之膳部等
給仕撤之夫より中納言中將殿被出座口祝賜之御附ハも同斷御挨拶等有
之相應申述相濟而關白殿ハ段々之御禮等申述之御挨拶等も有之而退座
諸大夫案內ニ而最初之表座敷ハ引
一諸大夫ハ段々御丁嚀御祝等被下忝旨御禮申述之左之口上書渡之
今日脇坂中務大輔同伴參　內仕候處奉拜　龍顏　天盃頂戴　准后ハ
も參入仕難有仕合奉存候且初而伺公仕緩々御對話忝奉存候
右旁伺公仕候
一右相濟退散最初長袴括り解候處ニ而括之御附始送り出迎之通會釋等も
右同斷刀も初取候處ニ而帶之門外ニ而乘輿夫より大閤殿相越門前ニ而

下乘尤夜分ニ付開門無之潜りゟ入玄關中央之敷出より上り式臺際之敷出しは諸大夫等出迎何も乍立及會釋此處ニ而刀取之提罷通玄關上ニ御附罷在候ニ付一寸下ニ居及會釋夫より廊下御衝立之脇ニ而長裃括りを解諸大夫案内ニ而表座敷衝立之内ニ著座刀ハ後ニ置之右諸大夫は關白殿之通り口上申述夫より太閤殿御逢有之關東御尋且關東ゟ之　御傳言其外萬端關白殿は相越候節之通ニ付爰ニ略右相濟太閤殿は段々之御禮等申述之御挨拶等有之退座諸大夫案内ニ而最初之表座敷は引

一諸大夫は段々御叮嚀御祝等被下忝旨御禮申述左之口上書渡之

今日脇坂中務大輔同伴參　内仕候處奉拜　龍顏　天盃頂戴　准后はも參入仕難有仕合奉存候且初而伺公仕緩々御對話忝奉存候

右旁伺公仕候

一右相濟退散最初長袴括解候處ニ而括いたし送り等出迎之通會釋も右同斷刀も初取候處ニ而帶之門外ニ而乘輿

一夫より傳　奏衆江廻勤何も申置ニ而取次之者江左之口上書渡之
傳　奏衆江
今日脇坂中務大輔同伴參　內仕候處奉拜　龍顏　天盃頂戴　准后江
も參入仕難在仕合奉存候且又於宮中何角御會釋忝存候右旁致伺公候

關白殿對
面之圖

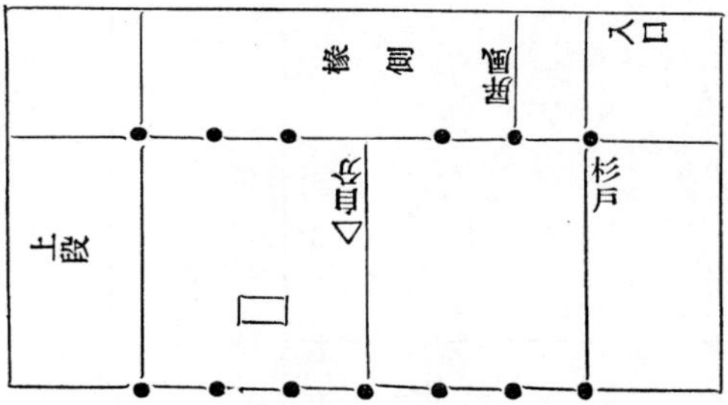

一退散歸宅

太閤殿對面之圖

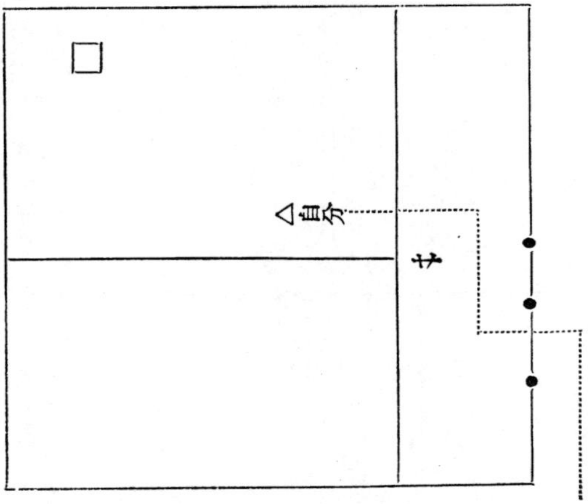

〇十一月十六日

一今日　御返答幷中務殿御暇ニ付熨斗目麻半袴著用五時出宅施藥院ゟ相越出迎
其外共昨日之通相替候儀無之

一參著案内昨日之通御附江公用人ゟ差出之
一取持幷施藥院江も一同逢昨日之通相濟
一中務殿參著之上於表座敷面會是又昨日之通替り候儀無之
一御附入來昨日之通中務殿一同表座敷ニ而逢今日之御次第相替り候儀無
之旨御附ゟ答有之
一中務殿打合辨當相用衣冠著用尤下襲無之足袋脫之
一傳　奏衆ゟ雜掌使者ニ而時刻宜候間唯今參　内可致旨申來中務殿一同
表座敷江罷出此方公用人披露及直答尤今日ハ自分ゟ御口上之趣致承知
候追付參　内可致宜敷与答申述中務殿ゟも宜敷与被申候
一中務殿同道衣冠ニ而施藥院出門御唐門ニ而下乘沓供頭直之太刀自分持
參御門内江御附出迎御車寄北之方江御内之もの罷出平唐御門内諸大夫
之間階下ニ兩卿雜掌緣上ニ非藏人出迎同所ニ而太刀公用人江相渡之
一中務殿自分同伴參　内、鶴之間江罷通中務殿上座自分下座

一自分ゟ以非藏人傳　奏衆江申込
一傳　奏衆被出候間中務殿一同少シ進今日　御返答幷中務殿御暇可被
仰出旨ニ付同伴參　內いゟし候趣自分ゟ申述可被及言上旨被申聞夫ゟ
相應挨拶等有之退入
一議　奏衆昵近之衆兩度ニ出會相應及挨拶中務殿ニも暇乞等被申述退入
一傳　奏衆再被出被及言上候處可有　御對面之由申聞候
一小御所　出御之後傳　奏衆鶴間之方江出席誘引中務殿自分　小御所取
合廊下北之方江列座
一傳　奏衆申次中務殿於中段被拜　龍顏
一中務殿自分御禮貫首申次壹人ツヽ於廂拜　龍顏
一中務殿自分虎之間著座傳　奏衆出席　御返答之趣中務殿江被申述之自
分ニも手を突謹罷在候
一中務殿歸府之御暇拜領物之事申渡

一拜領物ハ六位藏人持出置座上中務殿頂戴畢而非藏人引之
一於鶴之間御禮申述退出
一自分ニも奉拜　龍顏候御禮申上之候
一兩卿ニハ此方共ゟ先ニ　准后御殿ニ被參候由挨拶有之退入夫より程合宜敷供ゟ宜趣非藏人申聞中務殿一同退散送り等昨日之通相替り候儀無之
一中務殿一同　准后御殿ニ參入太刀提上り御附案内御客之間ニ罷通尤中務殿上座自分下座
一傳　奏衆出會對座相應及挨拶夫より上臈出會御乳人年寄附添被出中務殿自分ニ口祝有之中務殿ニ　御返答之趣申述中務殿被進出伏承之歸府之上可被申上旨被申述自分ニハ少し進ミ手を突罷在候
一中務殿ニ拜領物之事上臈被申渡拜領物女房持出置座前中務殿頂戴畢而女房引之

一賜菓酒之旨兩卿被申渡中務殿一同伏承之女房配膳兩卿相伴各盃三獻頂戴濟膳部撤之

一上﨟初挨拶有之退入

一中務殿被進出拜領物幷賜物幷賜菓酒候御禮兩卿江被申上自分も同樣進出前文御禮申上之候

一中務殿一同退散送り等出迎之通太刀提出御門外ニ而乘輿夫より中務殿同道施藥院江罷越出迎等惣而今朝之通相替儀無之

一中務殿江表座敷ニ而面會今日之歡且萬端無滯相濟彼是心添之挨拶厚申述歸府之上同列衆江之傳言も相賴同人旅宿江暇乞兼而申合之通不罷越候間直暇乞等をも申述同人よりも彼是之挨拶暇乞等被申述相濟休息所江引

一熨斗目半袴ニ著替取持幷施藥院迄一同逢相應及挨拶

一中務殿退散有之自分ニも退散夫より爲御禮關白殿太閤殿傳　奏衆迴勤

何も玄關ニ而申置左之口上書取次ニ相渡之

關白殿

太閤殿ニ

今日脇坂中務大輔同伴參　內仕候處私儀奉拜　龍顏酒饌頂戴仕

准后ニ茂參入仕難有仕合奉存候右爲御禮伺公仕候

十一月十六日　　本多美濃守

傳

奏ニ

同文言致伺公候

一退散歸宅ゝ

一去ル十日出之宿次飛脚到來いたし候

一今夕江戸表ニ宿次飛脚差立候事

○十一月十七日

一今曉中務殿江戸表ニ出立ニ付旅宿ニ爲見立公用人使者指遣し候

○十一月十八日

一今巳刻頃東本願寺自分上京ニ付關東伺　御機嫌且自分江爲祝詞被行向候ニ付出門見歩使差出置歸り候ニ付熨斗目長袴著用大書院裏江出居三條口見歩使罷歸公用人壹人取次貳人熨斗目麻上下著用下座敷迄出迎本願寺下座鋪際迄乘輿公用人先立自分杉戸外迄出迎大書院江誘引例席江著座本願寺內緣之方ニ著座關東　御機嫌被相伺且自分江祝詞被申述對話中右坊官家司壹人ツヽ衝立脇ゟ二之間下壹疊目江罷出取次引連披露初而と言葉遣し畢而本願寺退散中溜前迄送之

一去ル十二日出之宿次飛脚至來いたし候

○十一月十九日

一別條無之

○十一月廿日

一別條無之

〇十一月廿一日

一去ル十五日出之宿次飛脚至來いたし候

〇十一月廿二日

一寒入ニ付關東爲伺　御機嫌五ツ半時頃ゟ町奉行御附入來ニ付自分平服
著用大書院例席ゟ出座二之間入側衝立際ニ罷在候町奉行ゟ及會釋候与
町奉行御付一役宛被出關東　御機嫌被相伺候間其節自分御機嫌能被成
御座候段達之畢而自分ゟ之挨拶有之候ニ付無御障も哉与及挨拶衝立際
之町奉行とり會釋有之自分勝手ゟ入

一引續小書院例席ゟ著座御附相通し是ゟ与申候と少し被進候間自分も對
座位ニ進ミ出扇子取之寒入ニ付　禁裏　准后奉伺　御機嫌候段申伸候
与　御機嫌能旨被申聞候間恐悦之旨申伸之畢而復座御附ニも復座之上
自分之安否被尋候間相應及挨拶夫とり御用談いたし相濟退去自分勝手
ゟ入

一大御番頭初地役之面々寒入ニ付爲見舞被相越候由ニ候得共先例之通逢不申若大番頭ニ逢候得ハ小書院之由ニ候得共多分逢無之樣相見候

〇十一月廿三日

一今巳刻淸閑寺權右中辨同道同大夫元服爲御禮被行向候ニ付見步使差出置白洲三枚敷出立番差出公用人壹人取次貳人敷出ニ罷出

同道　淸閑寺權右中辨

同　大夫

右出宅案內ニ而自分平服竹屋口見步使ニ而杉戸內迄出迎大書院ニ誘引自分例席ニ著座權右中辨大夫內緣之方ニ著座元服御禮被申述時候挨拶等相濟退散之節上溜前迄送之

〇十一月廿四日

一今巳刻ゟ未刻迄之中諸家方初入ニ付被行向候間出宅幷竹屋口見步使附

置白洲敷出門内外餝手桶出シ公用人貳人取次貳人白洲に出迎先立チ送リ例之通
但三位以下ハ公用人壹人取次貳人敷出に罷出候事

杉戸外迄出迎
中溜前迄送ル

三條西中納言
野宮宰相中將
所勞 桑原新三位
所勞 久世三位

杉戸内迄出迎
上溜前迄送リ

堀川三位
梅溪少將
所勞 池尻左兵衛權佐
士御門右兵衛佐
三條西侍從
所勞 愛宕右京權大夫

所勞　清岡大學頭
日野西右衛門佐
烏丸大夫
梅園太夫
所勞　長谷美濃權介
所勞　入江越前權介

右一分行向

右出宅案内ニ而自分熨斗目半袴著用竹屋口見歩使案内ニ而出迎大書院ヘ誘引自分例席ヘ著座何も同縁之方ヘ著座關東　御靜謐之旨被申述　御機嫌能と相應及挨拶畢而自分京著歡被申述候間是又相應及挨拶續而銘々持參之太刀目錄取次書院衝立脇ゟ持參差出之自分請取會釋いたし右之方ニ差置

但太刀目錄上之口ゟ公用人出引之

中山大納言
花山院三位中將

杉戸外迄出迎
中溜前迄送

右花山院ニ被集同伴行向次第同前

杉戸内迄出迎
上溜前迄送り

倉橋治部卿
東坊城少納言
五條大夫

右倉橋家ニ被集同伴行向次第同前
右相濟退散
但對話中被行向候故落合相成候節ハ上溜ニ通し置送り濟候而自分迎席ニ出候上公用人案内いたし候
〇十一月廿五日
一今巳刻ゟ未刻迄之内諸家方初入ニ付被行向候付出宅幷竹屋口見歩使附置白洲敷出門内外餝手桶出シ公用人貳人取次二人白洲ニ出出迎先立送

り等例之通

但三位以下ゟ公用人壹人取次貳人敷出ニ罷出候

杉戸外迄出迎
中溜前迄送ル

所労断

正親町三條中納言

五條前中納言

西洞院左兵衛督

愛宕三位

大宮三位

藤谷三位

清水谷三位

錦織中務大輔

高松近江權守

北小路越後權介

高丘兵部大輔

杉戸内迄出迎
上溜前迄送ル

岩倉侍従
〔觸〕橋左馬頭
樋口右馬權頭
勘ヶ由小路中務少輔

所勞斷

六條大夫
竹屋左衛門佐
壬生修理權大夫
園池右京大夫
押小路大夫

右一分行向

右出宅案內ニ而自分熨斗目半袴着用竹屋口見步使案內ニ而出迎大書院江誘引自分例席江著座何も內緣之方江著座關東　御靜謐之旨被申述御機嫌能ゝ相應及挨拶畢而自分京著歡被申述候間是又相應及挨拶續而銘々持

參之太刀目錄取次書院衝立脇とり持參差出之自分請取會釋いたし右之方ニ差置

但太刀目錄上之口ゟ公用人出引之

所勞斷　豐岡三位

同斷　錦小路大和權介

杉戸内迄出迎
上溜前迄送ル

右錦小路ゟ被集同伴行向次第同前

冷泉相宰

山科少將

杉戸内迄出迎
上溜前迄送リ

右冷泉家ゟ被集同伴行向次第同前

壬生官務

押小路大外記

押小路新大外記

出納内藏權頭

右兩局就初入中溜屛風圍ニ通し取次口上承之自分熨斗目半袴着用大書院正面ニ著座公用人案内ニ而衝立際ゟ罷出同間ニ入直披露言葉遣之退散之節二三歩送之公用人取次式臺迄送

非藏人惣代　大賀尾張
卿附非藏人惣代　藤嶋紀伊
知行非藏人惣代　松室筑後

右次第同斷
但二之間敷居際ニ罷出直披露言葉幷送りも無之公用人取次式臺迄送ル

一去ル十九日出之宿次飛脚至來いたし候

〇十一月廿六日

今巳刻坊城侍從同道同大夫元服爲御禮被行向候付見歩使白洲三枚敷出立番差出公用人壹人取次貳人敷出ニ罷出

同道
坊城侍従
同　大夫

右出宅案内ニ而自分平服竹屋口見步使ニ而杉戸内迄出迎大書院江誘引自分例席江著座侍従・大夫内緣之方江著座元服御禮被申述時候挨拶等相濟退散之節上溜前迄送之

一兩傳　奏衆ゟ左之通以使者達有之
其許儀自今襪　御免候從明日參　內可有著用　御沙汰候仍而申達候

廣橋前大納言
東坊城前大納言

本多美濃守殿

一右ニ付傳　奏衆江爲御禮直勤可致候處痰氣ニ付御所使之者を以御禮申

遣候
一去ル十九日出之宿次飛脚至來いたし候
〇十一月廿七日
一關東ゟ御進獻之御茶口切ニ付被爲　召參　內ニ付午刻供揃置衣冠著用
唯今參　內いたし宜旨御附ゟ案內有之卽刻出門御唐門ニ而下乘太刀携
之御車寄ニ而太刀公用人ゟ相渡之階下ニ而沓脫之上り非藏人出迎居乍
立及會釋夫より鶴之間著座非藏人を以傳　奏衆ゟ申込候處則出會有之
其節少し進ミ　御機嫌相伺之被爲　召候御禮幷昨日穢　御免被　仰出
難有旨御禮申上復座夫ゟ相應挨拶有之可被申上旨ニ而退入
一議　奏衆被出關東御靜謐之旨被申聞候間　御機嫌克旨及挨拶今日被爲
召候御禮幷昨日穢　御免之御禮申伸退入
一傳　奏衆被出可被遊　御對面處臨期少々　御風氣ニ付　出御無之旨被
申聞夫より直誘引ニ而伺公之間ゟ相越如例著座

但太刀ハ伺公之間ニ而公用人ゟ取次ニ而相渡候由ニ而著座之後ロニ指置

一御乳人出會　御機嫌相伺被爲　召候御禮幷昨日饗　御免之御禮をも申
仲之夫ゟ口祝有之進出右之手ニ受戴き復座いたし畢而　御膳之御下御
料理出傳　奏衆相伴盃事有之左之通り初獻自分廣橋東坊城挨拶有之自
分ゟ廣橋ニ遣之返盃東坊城へ遣之返盃之上御附ニ遣返盃往返之節相互
ニ肴挾之

二獻廣橋自分東坊城

三獻東坊城自分廣橋

一御拳之鶴御本汁之節ハ本膳御附持出

一盃納ル本膳等不殘撤之御菓子出ル此節口切之御茶御附持出之頂戴相濟
後菓子薄茶出畢而兩卿暫對話有之見計ひ自分進ミ出今日被爲　召關東
より　御進獻之御茶幷　御膳御下御料理頂戴仕難有旨御禮兩卿ニ申上
之猶又挨拶等厚申仲之畢而兩卿退入

一右相濟自分休息所江相越熨斗目麻半袴著替いたし候
但衣冠之儘退散御禮廻勤いたし候而も勝手次第之事
一夫ゟ御內玄關通り罷出退散御附其外送り等例之通御附江式下ニ居會釋
清所御門より退出
一夫ゟ關白殿太閤殿幷傳　奏衆江廻勤御禮口上書持參玄關ニ而取次之者
相渡之歸宅
口上書左之通
關白殿江
太閤殿江同文言
今日被爲　召參　內仕候處從關東御進獻之御茶幷　御膳御下頂戴
仕且昨日穢　御免被　仰出難有仕合奉存候右御禮伺公仕候
十一月廿七日　本多美濃守
傳奏衆江

右同文言致伺公候

一去ル廿一日出之宿次飛脚至來いたし候

一今夕江戸表ゟ宿次飛脚指立候

〇十一月廿八日

一自分上著ニ付地下之面々參賀公用人取次熨斗目上下著用其外廣間向綿小袖上下著用立番餝手桶差出參賀之面々公用人對話自分熨斗目半袴著用大書院正面ゟ著座公用人衝立脇ゟ地下之面々順々繰出二之間東之方ゟ二疊目ゟ罷出直披露

但言葉無之

撿非違使

堀川彈正少忠

高木若狹守

後院

右後院同間ヘ入直披露言葉遣之迄無之公用人取次式臺迄送

速水越後守

世續甲斐守

近衛府
調子左近將曹

所勞
行事官
行事官內匠權助

樂人惣代
多美作守

御車役人

吉田彌一

藤木仙納

岩佐主税

阿邊兵庫

右相濟勝手ヘ入

一今四時過稻葉長門守加藤越中守被相越上溜ヘ取次案內ニ而相通公用人

罷出候處逢度旨被申述右ニ付自分平服著用大書院例席に出座長門守越中守罷出關東　御機嫌被相伺畢而時候安否被相尋候ニ付相應及挨拶退散之節長門守え杉戸外迄送越中守え衝立外迄送之

〇十一月廿九日

一別條無之

一去廿二日出之宿次飛脚至來いたし候

〇十一月晦日

一御除服　宣下ニ付九條關白殿鷹司太閤殿に被遣物家司呼出相達候付今辰刻自分（服紗小袖麻半袴）著用大書院正面著座壹人宛取次引披露是にて及會釋進ミ候節左之通申渡御目錄相渡之

御除服　宣下ニ付從　關東御目錄之通被遣之此段可申上候

九條關白殿　家司

鷹司太閤殿　家司

右同趣文言

一右同斷ニ付　御使被相勤候傳　奏衆以下ハ爲被下物傳　奏衆今朝以書付相達

一御除服　宣下口　宣案內被進候爲御禮　御使相勤候ニ付今巳刻出門之積供揃置御附ゟ唯今參　內いたし宣旨案內有之衣冠著用卽刻出門唐御門ニ而下乘沓供頭直之太刀ハ自分持參

但雨天ニ候得ハ深沓用之

一御門內雨落際迄御附出迎及會釋御車寄北之方ヘ取次御內之者罷出平唐御門階下ニ雜掌階上ヘ非藏人出迎非藏人案內ニ而鶴之間ヘ通り著座

但太刀ハ階下ニ而公用人ヘ相渡

一傳　奏衆出會　御口上左之通申述之

禁裏御機嫌克被成　御座目出度被　思召候今度　御除服　宣下口宣案被進之忝被　思召候依之如御目錄被遊　御進獻候

白銀　　三百枚

右御口上申述傳　奏衆退入

一傳　奏衆言上之後出席可有　御對面之由を被告

一出御之後傳　奏衆出席誘引自分　小御所取合廊下北之方に著座　出御之後　御除服ニ付而之　御進獻御目錄傳　奏衆披露自分於中段奉拜龍顏夫より自分之御禮貫首申次於廂奉拜　龍顏畢而於虎之間　御返答傳　奏衆被申述幷自分拜領物被申渡六位非藏人持出置座上頂戴畢而非藏人引之夫より鶴之間に相越兩卿に御禮申述直退散

一夫より關白殿太閤殿傳　奏衆に爲御禮相越口上書を以申置左之通

關白殿に

太閤殿に

今日參　內　御除服　宣下口　宣案被進候御禮從　關東　御使相勤候處奉拜　龍顏拜領物仕難有仕合奉存候右爲御禮伺公仕候

十一月晦日　　　　　　　　　　本多美濃守

傳奏衆ゟ

右同文言致伺公候

一右御除服　宣下ロ　宣案被進候爲御禮從　關東　御進獻物有之候ニ付

女房奉書幷書札傳　奏衆持參ニ付自分　御使相仕廻歸宅之段兩卿雜掌

ゟ公用人ゟ案內手紙指出之

一右ニ付自分服紗小袖麻半袴著用竹屋口見步使歸候と杉戶外迄出迎大書院ゟ誘

引例席ゟ著座兩卿ニも少シ上之方ゟ著座雜掌兩人女房之奉書幷書札持

出兩卿ゟ差出退月番傳　奏衆口上被申述女房奉書被相渡自分少進此時

公用人女房奉書入箱臺ゟ載勝手上之口ゟ持出自分右之方ゟ差置退受取

早速　關東ゟ可差上旨及挨拶箱ゟ仕廻畢ゐ非番之傳　奏衆口上被申述

書札被相渡受取同樣及挨拶右臺之上ニ差置此節公用人勝手口ゟ罷出右

女房奉書臺之儘上段ニ差置自分復座兩卿ニ而例席ゟ退座時候挨拶等有

之直ニ退散例之通中溜前迄送之

　但送之時公用人壹人罷出右女房奉書守り居候事

一自分引掛右女房奉書披見之上公用人江仕廻之儀申付候

一見步使敷出立番等例之通申付候

一公用人取次出迎先立送り等是又例之通

一今夕江戸表江宿次飛脚差立候事

○十二月朔日

一例月之通大御番頭初地役之面々當日之爲祝儀五時頃ゟ入來揃候旨ニ付自分（服紗小袖麻上下）著用大書院江出座掛手水之間ニ而後藤縫殿助茶屋四郎次郎名代並罷出取次披露公用人取合一寸膝を突目出度と輕言葉遣夫ゟ大書院例座江出座大御番頭一役宛被出當日之祝儀被申聞候ニ付目出度旨申之安否被尋候ニ付從是も御無事と及挨拶

　但布衣以上之面々江ハ無御障と及挨拶候事

一右不殘相濟町奉行入側衝立之脇より會釋有之退座
一去月廿五日出之宿次飛脚至來いたし候
○十二月二日
一別條無之
○十二月三日
一別條無之
一去月廿七日出之宿次飛脚至來いたし候
○十二月四日
一別條無之
一去月廿八日出之宿次飛脚至來いたし候
○十二月五日
一小堀勝太郎養子願之通被　仰付右申渡候ニ付勝太郎今四ツ時呼出之儀
昨日達置右ニ付自分平服著用大書院二之間正面ニ著座淺野和泉守岡部

備後守北側ニ出席

小普請組阿部兵庫支配隼人次男小堀義次郎儀願之通聟養子被　仰付之

小堀勝太郎

右巾渡難有旨御禮和泉守取合申述勝太郎退座和泉守ニ書付相渡之同人元席ニ復座之上自分勝手ニ入

一禁裏ニ鹽鮭　御進獻ニ付女房之奉書來候ニ付自分平服著用大書院例席ニ著座女房奉書入候長箱小机ニ載之公用人持出右之方ニ置之雜掌兩人二之間末襖際ニ罷出尤名披露無之是ニゟ及會釋兩人側ニ進ミ奉書箱封之儘差出候付請取之封解キ印形相改奉書取出し此方長箱ニ入封印元之箱入紐結ひ差戻之相濟而女房奉書被指越關東ニ相達可申旨及返答雜掌兩人退去小机奉書箱公用人引之自分退入

一江戸表ニ宿次飛脚差立候事

○十二月六日

一今日組與力同心初而目通申付候ニ付四ツ時服紗小袖麻半袴著用大書院上之間正面ニ著座家老壹人二之間南之方本間中程ニ出席其外用人公用人二之間内縁ニ出席取次同本間南之方ゟ二之間柱前ニ罷出候

小野太左衛門
柳下彦右衛門
古在彌五兵衛
大野市右衛門
伊藤權左衛門
大岩清五郎
粟飯原克之進
戸田利根五郎
山口達右衛門

富田作太郎
波多野伊織
小菅伴右衛門
飯室莊右衛門
加藤儀三郎
佐竹七之助
竹內盛之進
吉田嘉兵衛
横田作內
柳下仙藏
石崎八郎
大野應之助
宮本勘次郎

並川小太郎
安井繁太郎
大塚猪藏
加藤兵左衞門
高岡禮次郎
奥村勇助
廣瀬鋼之助
大塚修藏
佐藤鉚三郎
岡田常彌
安藤捨之丞
森山民三郎
戸田鉄太郎

星野鐵太郎
石川隼吉
神應元太郎
田中團三郎
吉田萬藏
蘆谷直次郎
岡田直五郎
赤林劍藏
大嶋安太郎
山口雄太郎
星星マヽ茂藏
安藤伍一郎
佐合森助

戸田三子七
伊藤直矢
大野正次郎
小菅富之進
古在卯之助

右壹人宛銜立之方より出唐紙際ニ而平伏取次名披露初而と言葉遣之家老取合與力北之方唐紙明置候所ゟ引右順々不殘相濟家老用人公用人上溜向ゟ出席同心一同中溜内縁ニ並居支配與力下溜邊ニ相詰罷在自分上溜向通掛御組同心共と取次披露上溜通り勝手ゟ入

○十二月七日

一御附兩人被相越自分平服著用小書院ゟ出座於同處御用談いたし相濟相應及挨拶勝手ゟ入

○十二月八日

一別條無之
一去ル朔日出之宿次飛脚至來いたし候事
一去ル四日遠州掛川驛ニ而中務殿ゟ被差立候宿次飛脚至來いたし候
○十二月九日
一今日巳半刻大宮三位同道大宮大夫元服爲御禮行向候處自分指懸り痰氣ニ付面會不致右ニ付於上溜公用人ニ被申置候
但例之通見歩使白洲三枚敷出立番差出公用人壹人取次貳人白洲ニ罷出候
一今夕江戸表江宿次飛脚差立候事
○十二月十日
一別條無之
○十二月十一日
一別條無之

一去ル五日出之宿次飛脚至來いたし候
○十二月十二日
一別條無之
一去ル六日出之宿次飛脚至來いたし候
○十二月十三日
一自分上著ニ付爲御禮知恩院大僧正五ツ時被參候ニ付出門之附人二條口江見歩使差出置右二條口之注進ニ而公用人壹人取次貳人下座敷迄罷出公用人先立ニ而上溜江案內いたし通置自分熨斗目長袴著用大書院衝立際迄出迎夫ゟ同所例席江著大僧正內緣之方ニ著座挨拶相濟家老用人公用人內緣江出席三之間襖開之役者幷山役者迄壹人宛本間壹疊目江出禮取次披露言葉無之相濟而襖閉之此節家老初退座大僧正退散之節衝立外迄送之公用人取次下座敷迄送之
一今巳刻藤谷三位同道冷泉大夫元服爲御禮被行向候ニ付見歩使白洲三枚

敷出立番差出公用人壹人取次貳人白洲江罷出

同道

藤谷三位

冷泉大夫

右出宅案内ニ而自分平服著用竹屋口見歩使ニ而杉戸内迄出迎大書院江誘引自分例席江著座三位大夫内縁之方江著座元服御禮被申述候ニ付關東江可申上旨及挨拶夫より時候挨拶等相濟退散之節上溜前迄送之

一御茶師江逢候ニ付平服著用大書院例席正面江出座上林巳之三郎二之間江出席家老用人公用人内縁江罷出

御物御茶師　拾壹人

御袋御茶師　九人

御通御茶師　拾三人

右順々銜立際江罷出御禮申上之巳之三郎披露之不殘相濟巳之三郎二之

間二疊目ニ罷出茶師共禮請候禮申述之退去
但公用人操出しいたし候
一自分上著ニ付爲御禮今日五山之寺院始町人九ツ半時ゟ罷出候ニ付仲目半袴
著用大書院中央上段際ニ著座家老用人公用人内縁ニ罷出三之間襖中央
貳枚開之五山東福寺迄同間ニ罷出初而と及挨拶右退散引續五山一派之
僧罷出
但差合ニ而名代出候得ハ不及挨拶右畢而茶師名代之者三人同所ニ罷
出取次披露三之間襖閉之
一右畢而内縁衝立之内南之方ニ取次著座公用人茶屋四郎次郎出席可致之
所右四郎次郎儀病氣ニ付上京不致候間出席無之衝立之内北之方ニ著座
上雜色上町代壹人ツヽ衝立際より出禮取次披露之相濟衝立北之方ニ披
之取次三枚杉戸敷居南之方ニ著座同處北之方ニ公用人四郎次郎右四郎
次郎前同斷出席無之著座西寺内町代東寺内町人壹人宛取次披露之相濟

自分立座下雜色ゟ取次披露之夫ゟ上溜之間向南之方取次著座同所北之方公用人四郎次郎右四郎次郎前同斷出席無之著座通り掛下町代出居取次披露之右相濟直ニ上溜之間ゟ勝手江入

一今夕江戸表江宿次飛脚差立候事

〇十二月十四日

一自分上著ニ付爲御禮江州山門惣代寺院幷本寺本社末寺末社之面々罷出且妙滿寺繼目兼罷出候ニ付（熨斗目麻半袴）著用大書院中央上段際著座家老用人公用人內緣江罷出三之間襖中央開之山門惣代之寺院罷出御禮申上候節初而与及挨拶相濟引續本寺本社之面々順々罷出御禮相濟襖閉之勝手江入

同日夕

一大書院中央上段際江著座家老用人公用人內緣江罷出本寺本社之面々朝五時ゟ罷出末寺末社之分九ツ時ゟ罷出三之間襖中央開之順々御禮罷

出相濟

右二之間敷居際に罷出直披露初入幷繼目之禮申述退去　妙満寺

但言葉無之　妙満寺役者

右三之間に罷出取次覗披露畢而襖閉之勝手に入

一去ル八日同四日之宿次飛脚至來いたし候

〇十二月十五日

一例月之通大御番頭始地役之面々當日之爲祝儀五ツ時頃より入來揃候旨ニ付自分(和巾小袖麻半袴)著用例之通り相受候

一角倉與一悴多宮に初而逢候ニ付平服著用可致之處當日ニ付(服紗小袖麻半袴)之儘大書院正面に著座町奉行北之方襖際に出席

與一悴　角倉多宮

右衝立之方ゟ與一召連二之間ニ罷出町奉行取合有之初而と及會釋又同人取合相濟與一多宮退去勝手ニ入

一中井小膳倅保三郎ニ初而逢候ニ付是亦平服之所前同服之儘大書院正面ニ著座町奉行北之方襖際ニ出席

御作事奉行支配御大工頭
小膳倅
中井保三郎

右衝立之方ゟ小膳召連二之間ニ罷出町奉行取合有之初而と及會釋又同人取合相濟小膳保三郎退去勝手ニ引

一勘使買物兼森泰次郎自分上京之節不參ニ付今日逢候ニ付服紗小袖麻半袴著用大書院上之間正面ニ著座御附兩人二之間北側ニ著座泰次郎二之間ニ罷出御附兩人二之間北側ニ著座泰次郎二之間ニ罷出御附取合上著祝儀申聞及會釋又御附取合有之自分勝手ニ入御附泰次郎退引

一今巳刻廣橋頭左大辨同道大夫元服爲御禮被行向候ニ付見歩使白洲三枚

敷出シ立番指出公用人壹人取次貳人敷出ニ罷出

廣橋頭左大辨

同　大夫

右出宅案内ニ而自分平服著用可致之所當日ニ付服紗小袖麻半袴之儘竹屋口見歩使ニ而杉戸内迄出迎大書院ニ誘引自分例席ニ著座頭左大辨大夫内縁之方ニ著座元服御禮被申述候ニ付關東ニ可申上旨及挨拶ニ夫ゟ時候挨拶等相濟退散之節上溜前迄送之

一去ル九日出之宿次飛脚至來いたし候

〇十二月十六日

一自分上著爲御禮鄕士中嶋武八郎同人悴勝次郎木村要人吳服師銀座朱座爲御替之もの古筆長崎糸割府年寄御用達諸職人御扶持人棟梁醫師聖中惣代京都根生町人諸大名用達共相揃候旨茶屋四郎次郎名代之もの公用人ニ申聞折本差出之宜旨公用人申聞候ニ付自分熨斗目半上下著用大書院中央

上段際江著座家老用人公用人内縁江著座三之間襖中央貳枚開之郷士中
嶋武八郎悴勝次郎木村要人二之間壹疊目取次引披露其外順々罷出取次
三之間覗披露御禮申上之相濟襖閉之勝手江入
　但今日道正庵罷出候處當病ニ付不罷出候
（以下三行原朱）
一右道正庵罷出候得ハ前文之通り自分熨斗目半袴著用大書院中央上段際江著
座家老用人公用人内縁江著座三之間襖中央貳枚開之道正庵二之間三疊
目江罷出直披露夫ゟ郷士中嶋武八郎罷出
一自分上著ニ付爲御禮養源院幷役者職撿校十老可罷出候處養源院病氣ニ
付代僧罷出候職撿校十老等ハ吟味中ニ付不罷出且其外町人共罷出候ニ
付自分伸目半襠著用大書院例席江著座家老用人公用人内縁江罷出候三之間
襖中央貳枚開之養源院代僧二之間壹疊目江罷出取次披露相濟退散
一右相濟襖開之銜立取之上下京地役河原町大佛邊地役坂弓矢町年寄三本
杉戸敷居際江罷出御禮申上之右相濟公用人中溜同縁北之方著座上溜之

間通掛ヶ取次中溜向角之方内縁ニ罷出傾城町年寄共廣間杉戸前ニ罷出
新町六町之者共と披露右相濟上溜之間とり勝手ニ入
一（以下十行原朱）養源院罷出候得ハ尤自分熨斗目麻半襠著用大書院例席ニ著座家老用人
公用人内縁ニ罷出三之間襖中央貳枚開之養源院同間ニ罷出挨拶對話中
役者二之間ニ罷出取次披露相濟退散之節少送
但養源院僧正ニ候得ハ少シ送り候得共當時權僧正ニ付先例之通送無
之退引之節下モ之方ニ少し膝を向候事之由
一職撿校罷出候節ハ右養源院相濟引續罷出候ニ付自分大書院正面ニ著座
右職撿校罷出候節職事兩人兩手引罷出職撿校と取次披露職事兩人と二
之間内縁衝立際ニ而平伏職事与披露十老罷出候節ハ職事片手を引出忩（ママ）
禮取次披露
但著服ハ養源院ニ逢候節之通且家老用人公用人内縁ニ出席無之
○十二月十七日

一今日著後初ゟ金地院知恩院養源院ゟ参詣いたし候ニ付四ッ半時供揃烏帽子直垂著用金地院ゟ相越
但備物御太刀一腰御神馬代銀壹枚今朝介添之者持参いたし候
一門前ニゟ下乗此所ゟ取持之者出迎門内ゟ役者出居先立案内いたし候淺野和泉守出居脇ゟ付被参櫻門ゟ駕籠脇之者計尤公用人召連草履取も召連候
一御鳥居ゟ金剛草りもき替御水屋ニゟ致手水候
一御透垣御門檀下薄縁ニゟ刀を取取持之者ゟ渡括を解
但供之刀番取扱之
一御次縁階下ゟ末廣を置夫ゟ御拜殿閾之内疊之上ニゟ拜禮
一拜禮濟直ニ御縁頰通左之方附廻り役者先立ニゟ廊下通案内御本地堂ゟ相越是又拜殿内疊之上ニゟ拜禮夫より元之如く立戻
但御宮御正面通行之節中禮いたし候

一御正面階下迄下り初之處ニ而括揚ヶ帯刀いゐし罷出直ニ金地院ゟ立寄
檀を上り刀を取三輪嘉之助中井小膳罷出居候ニ付小膳ゟ刀相渡書院ゟ
通掛板ヽニ而見計括りを解圖之通り著座町奉行如圖著座いゐし候
一役者罷出町奉行取合及會釋
但南禪寺罷出候節も同間ニ而挨拶いゐし候
一三方昆布役者持出鳥渡祝ひ直ニ引
但金地院在府中ニ付三方役者持出在山ニ候得ハ同院持出候由
一御祝赤飯緣高ニ而差出之少シ頂戴いゐし候
一神酒差出之土器ニ而頂戴いゐし候
一吸物口取二種菓子濃茶後菓子薄茶差出之何れも町奉行相伴いゐし給仕
ハ僧罷出候
一饗應等相濟内玄關より退散廊下之下迄町奉行相送候ニ付一寸下ニ居及
會釋嘉之助小膳幷役者等送り最初出迎之通り

一夫ゟ知恩院江相越
一東照宮江御太刀一腰御馬代銀一枚且増上寺方　尊靈様方江銀壹枚ツヽ相備申候尤今朝介添之もの持參いたし候
一知恩院中門外本堂脇ニ而下乘此處江嘉之助小膳出迎門外迄山役者兩人出居式臺迄役者出迎候箱檀ニ而刀取小膳江渡玄關上江町奉行淺野和泉守出居及會釋役者案内ニ而本堂江取附之廊下ニ而手水遣ひ此處ニ而括り解申候
　但和泉守近道より先江相越居嘉之助小膳ニ而跡より相越候
一本堂西檀御影堂ニ而　權現様　傳通院様　台德院様右之通御順ニ付則御座順之通拜禮いたし尤役者誘引有之
一夫より大方丈取付廊下ニ又手水出居遣ひ此處ニ方丈出居及挨拶直先立いたし同斷　尊牌前拜禮尤末廣入口ニ置內江入方丈案內之處ニ而拜禮いたし候

但御一同ニ拝禮いたし候

一夫より小方丈拭板迄方丈案内是ゟ庭通り

但天氣悪敷候節ハ先格之由ニ而
此小方丈角ニ而遙拝いたし候由

御神殿江相越候ニ付落縁ニ而括りいたし夫ゟ庭ニ下り役者案内町奉行嘉之助小膳跡ニ付先番之公用人も跡より參り候外供之もの參不申候石檀上中門外ニ而括り卸右内手水出居候間遣ひ御濱下ニ而末廣を置夫より御拝殿内ニ而拝禮左之通

御神殿

權現様

台德院様

右御銘々拝禮尤役者案内いたし候夫ゟ元之通之場所ニ而括り上ケ小方丈江相越右落縁ニ而初之通括り卸拭縁迄役者出迎夫ゟ座敷江通著座刀を小膳江渡自分後ロニ置之

但上段を右ニ請貳之間正面ニ著座町奉行自分之左り之方同座下之方ニ著座いたし候
一方丈自分向ニ出及挨拶夫より弟子共罷出取合同斷
一口祝昆布役者持出及會釋多葉粉盆茶持出夫より雜煮吸物出町奉行相伴
一大僧正与盃事有之此方ゟ盃をしめ大僧正肴挾ミ返盃有之加ニ又大僧正ニ遣し肴挾ミ納候
一料理貳汁七菜菓子茶先格之通り出是又町奉行相伴被致候且嘉之助小膳え於次之間料理等出候趣ニ候
一右之通相濟退散之節町奉行其外初之通送り有之一寸下ニ居及會釋夫ゟ直養源院ニ相越
大猷院様奉初上野方
尊靈前ニ白銀壹枚宛獻備介添之者持參いたし候
一養源院門前石階下ニ而下乘此處ニ嘉之助小膳出迎附入候玄關式臺ニ權

僧正出迎

但權正出迎初而參詣之外ハ式臺迄ハ出不申玄關上迄出候由且刀ハ玄關上り候節小膳ヘ相渡候

一玄關上ニ町奉行出迎居候ニ付一寸膝を突及會釋候

一夫より權僧正案内ニ而手水出居候所ニ而括り卸し手水遣ひ夫より尊牌前ヘ權僧正案内敷居外拭緣ヘ末廣を置内ヘ入膝著之上ニ而拜禮いたし候尤　御一同拜禮いたし候

一右拜禮相濟書院上之間ニ而熨斗目麻上下著替夫ゟ書院ヘ通り上之間を右ニ二之間之正面ニ著座嘉之助小膳町奉行ニハ自分左之方下座ニ著座權僧正ハ右之方廊下ヘ出及挨拶

一御祝昆布權僧正持參茶多葉粉盆出其後盛交菓子薄茶指出

一暫噺等いたし供宜敷旨ニ而直ニ退散送り等出迎之通門前ニ而乘輿歸宅

但近習之者兩人先番ニ差遣置候

金地院席圖

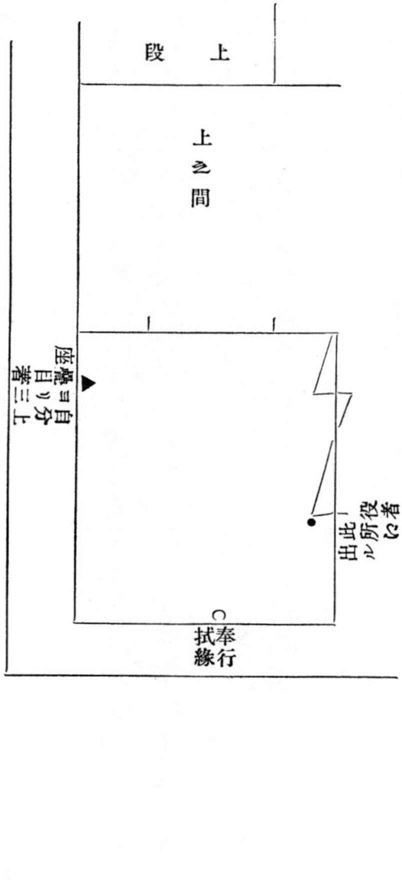

一今夕江戸表ゟ宿次飛脚差立候事

〇十二月十八日

一自分初入ニ付先頃可被行向候所所勞ニ付被行向無之此節全快ニ付今巳刻被行向候ニ付出宅幷竹屋口見歩使附置白洲敷出門内外ゟ餝手桶出之公用人壹人取次貳人熨斗目麻上下著用白洲ゟ出迎先立送り例之通

杉戸内迄出迎
上溜前迄送　豐岡三位

右同斷　錦小路大和權介

右出宅案内ニ而自分熨斗目麻半袴著用竹屋口見歩使案内ニ而杉戸内迄出迎大書院ニ誘引自分例席ニ著座何も内緣之方ニ著座關東御靜謐之旨被申述御機嫌克与相應及挨拶畢而自分京著歡被申述候間是又相應及挨拶畢而銘々持參之太刀目錄取次書院衝立脇ゟ持出自分受取會釋いたし右之方ニ指置相濟一同退散例之通送り勝手ニ入

但太刀目錄上之口より公用人引之

一去ル十二日出之宿次飛脚至來いたし候

〇十二月十九日

一今日辰半刻寒中爲　御尋從　禁裏　准后致拜領物候從　禁裏　御使土山右近將監相越右ニ付御臺所口ニ見歩使附置白洲敷出門内外ニ餝手桶出之立番人留等指出御臺所口より之見歩使罷歸候ニ付熨斗目長袴著用大書

院廊下ニ而待合　御使ゟ少前ニ拜領之御品來候ニ付敷出ニ而徒士受取之取次附添上溜前杉戸外迄持參同處ニ而給仕方受取公用人附添大書院上段ニ兼而出し置候盤臺之上ニ餝之北之方廊下ニ扣罷在竹屋口見歩使罷歸白洲東之方江取次貳人西之方江用人壹人公用人貳人罷出家老一人敷出端江出迎公用人壹人先立案内いたし上溜前廊下ニ刀被置自分杉戸外迄出迎膝突輕く會釋此時案内之公用人土山右近將監殿与披露夫より大書院例席北側江著座會釋いたし候　御使自分向江著座ニ付扇子取少シ進ミ候と長橋局ゟ之御口上被申述之退座自分上段際江進ミ拜領之御品頂戴之畢而復座御受可申上旨及會釋　御使初之如く著座有之自分進ミ左之趣御受申述之

　益御機嫌克被成御座恐悅奉存候寒中御尋以　御使一種頂戴仕難在
　仕合奉存候此段長橋局迄宜御沙汰賴入候

右之通申述被歸候節式臺迄送之家老用人公用人取次最初之通白洲江罷

出ル
但　御使被歸候而北之方廊下ゟ退罷在給仕方早速上段之拜領物小書
院床ゟ持參見番いたし候
一從　准后　御使淸水因幡守を以拜領物有之候ニ付半袴著用
但引續　御使被參候ハヽ長襠之儘
一杉戸內迄立向被歸候節中溜前迄送之　御使上﨟方ゟ之口上被申述候付
御受も上﨟方迄賴入候旨申述外次第同斷
但　御使被參候節見步使罷歸白洲敷出東之方ゟ取次貳人西之方ゟ用
人壹人公用人貳人罷出家老壹人下座敷ゟ出迎公用人壹人先立案內い
たし被歸候節送り同斷
一禁裏御使對話之內引續　准后ゟ之御使一緒ニ被參候歟或ハ拜領物ゟ先
ゟ　御使被參候節ハ上溜ゟ通し置拜領物等大書院床ゟ餝相濟候而出迎
いたし候

一今日拜領物之御禮幷初入ニ付（仲目半襠）著用九時供揃關白殿太閤殿傳　奏衆
江相越左之通口上書を以申置
　關白殿
　太閤殿　江
　今日從　禁裏　准后御方寒中爲御尋以　御使拜領物仕難有仕合奉
　存候右爲御禮伺公仕候
　　十二月十九日　本多美濃守
傳奏衆江
　右同文言致伺公候
一前文御禮廻勤計ニ候得ハ著服（服紗小袖麻半袴）著用可致候處初入ニ付前文服ニ
而相越候
東坊城前大納言（上京口上同斷ニ付被行向候挨拶）
同　少納言侍從（同斷）

上京口上同断ニ付被行向候挨拶　廣橋前大納言
上京口上計　同　左大辨
上京口上同断ニ付被行向候挨拶　裏松大藏卿
上京口上計　同　右少辨
上京口上計　坊城一位
上京口上同断ニ付被行向候挨拶　同　中納言
上京計　同　侍從
上京口上同断ニ付被行向候挨拶　萬里小路大納言
上京計　同　左少辨
上京口上同断ニ付被行向候挨拶　久我大納言
上京計　同　左少將
上京口上計　德大寺前內大臣
上京口上同断ニ付被行向候挨拶　同　大納言

上京口上計　同　右少將

一不殘廻勤相濟歸宅
一右拜領物之儀御附ゟ以使者申遣ス
一兩御所　御使ゟ干鯛壹折金三百疋宛以使者遣之
一去ル十三日出之宿次飛脚至來いたし候

〇十二月廿日

一今巳刻風早大夫同道姉小路大夫元服爲御禮被行向候ニ付見歩使白洲三枚敷出シ立番指出公用人壹人取次貳人敷出ゟ罷出

姉小路大夫
同道　風早大夫

右出宅案内ニ而自分平服著用竹屋口見歩使ニ而杉戸内迄出迎大書院ゟ誘引自分例席ゟ著座兩大夫内緣之方ゟ著座元服御禮被申述候ニ付關東ゟ可申上旨及挨拶夫ゟ時候挨拶等相濟退散之節上溜前迄送之勝手ゟ

入
一町奉行被相越平服著用於小書院御用談いたし相濟相應及挨拶勝手江入
〇十二月廿一日
一今日　御所之御内之者初見并寂光寺繼目之禮請且組與力同心殘り之分
初而目通申付候ニ付（伸目半襦）著用大書院中央上段際ニ著座大久保大隅守都
筑駿河守出席　禁裏御所　准后御殿取次始御扶持人御醫師迄順々衝立
際ゟ二之間江罷出　御所之御内之者罷出候節ハ御附役名申之自分ニ而
名前申之初而ハ挨拶御附取合有之右相濟

御書師
鶴澤探眞

所勞
狩野縫殿助

右二之間江鶴澤探眞罷出直披露初而ハ挨拶右相濟大隅守駿河守退去
（以下二行原朱）
但狩野縫殿助罷出候節ハ三之間襖左右江開之取次狩野縫殿助召連二

之間江罷出披露之言葉無之襖閉之大隅守駿河守退去

一右相濟大書院入側江家老用人公用人出席後詰有之自分上段際正面江著座

大久保大隅守組與力　長尾左平太

都筑駿河守組與力　窪田文平

右衝立際ゟ二之間東之方ゟ壹疊目江壹人宛罷出取次披露初而と挨拶

一右相濟自分熨斗目半襠之儘大書院正面江著座家老用人公用人内緣江出席三之間襖左右江開之

但自分平服之處初見ニ付本文之通り著用

寂光寺

右二之間江罷出直披露繼目之禮申述退去

但言葉無之襖閉之

一右相濟組與力同心初而目通申付候ニ付服紗小袖半襠著用可致之處右引

續ニ付（熨斗目半襠之儘）大書院上之間正面ニ著座家老壹人二之間南之方本間中程ニ出席其外用人公用人二之間内縁ニ出席二之間末北之方襖壹枚開之取次同本間ニ罷出

戸田利根五郎
富田作太郎
加藤三郎
奥村勇助
廣瀬鋼之助
佐藤鉚三郎
戸田鉄太郎
佐合森助
大野正次郎

右壹人ツヽ衝立之方ゟ罷出唐紙際ニ而平伏取次名披露初而と言葉遣之

家老取合何れも北之方襖明置候方ニ引右順々不殘相濟家老用人公用人
上溜向ニ出席同心一同中溜内縁ニ並居支配與力下溜邊ニ相詰罷在自分
上溜之間通掛ヶ御組同心共ゟ取次披露之上溜之間ゟ勝手ニ入
一去ル十一日出之宿次飛脚至來いたし候
一今夕江戸表ニ宿次飛脚差立候事
○十二月廿二日
一愼德院樣御當日ニ付知恩院參詣可致候處御用多ニ付參詣不致候
○十二月廿三日
一今日辰半刻寒中爲伺　御機嫌御由緒之方ゟ被獻物使者幷梅溪少將被
行向有之

伏見殿　伏見入道宮
一條殿　一條中納言中將殿
萬津宮　鷹司殿

鷹司右大臣殿　　鷹司中將殿
鷹司殿政所　　龜君
近衞殿　　近衞大納言殿
一乘院門跡　　廣幡靜君
眞心院　　有栖川宮
帥宮　　妙勝定院宮
岸君

右被獻物ハ大書院上之間南緣ニ毛氈敷並置之自分平服著用正面例席に
著座右使者壹人宛罷出取次引披露畢而自分前に進ミ口上申述目錄差出
候ニ付請取　關東に可申述相濟勝手に入
但目錄被獻物箱之內に入候分ハ口上計申述候

梅溪少將
御所御用ニ付名代
梅溪大夫

右巳刻被參候ニ付自分平服著用竹屋口見步使罷歸り候ニ付杉戸内ニ出迎誘引大書院於例席　關東　御機嫌被相伺候間相應及挨拶被歸候節上溜前迄送之

一今巳刻一乘院門跡入寺得度相濟候ニ付　關東ニ被獻物使者被指出候

一乘院門跡

右被獻物ハ大書院上之間南側ニ毛氈敷並置自分平服著用大書院正面例席ニ著座右使者罷出取次引披露畢而自分前ニ進ミ口上申述目錄差出候ニ付請取之　關東ニ可申上旨申述之右相濟勝手ニ入

○十二月廿四日

一關東ゟ　御進獻之御藥種藤林道壽持參可致之處病氣ニ付名代山脇道作持參大書院入側ニ指置毛氈敷道作傍付いたし相濟候旨公用人申出候ニ付自分平服著用大書院ニ出座公用人出席道作出居候ニ付輕及會釋見分いたし夫々道作申聞相濟如例入念候樣申達退座其後　御藥種詰上候旨

公用人を以申聞候間先例之通又々出席見分いたし相濟勝手江入
　但道作江下竹之間ニ而一汁三菜ニ而支度差出候
○十二月廿五日
一去ル十五日出同十九日出并同夜同廿日出之宿次飛脚至來いたし候
一今夕江戸表江宿次飛脚差立候事
○十二月廿六日
一月次爲伺御機嫌參　内いたし候ニ付四半時供揃服紗小袖 麻半袴著用出宅清處ヽ
御門外ニ而下乘御内玄關ゟ參　内同所江取次出迎刀取り乍立及會釋玄
關上江御附兩人出迎一寸下ニ居及會釋直ニ案内ニ而伺公之間江罷通刀
夫後ロ不差置之
　但茶多葉粉盆出ル
一御附を以傳　奏衆江申込候所無程兩卿出會其節自分扇子取少シ進ミ御
機嫌相伺候旨申伸畢而復座時候之挨拶等有之可被申上旨ニ而兩卿退入

一夫ゟ御菓子出ル頂戴之兩卿再被出　御返答幷御機嫌能被成　御座候段被申聞候間自分少シ進ミ伏承之恐悦申上之復座夫ゟ暫時對話有之尚挨拶之上退入

一御菓子頂戴之御禮御附江相賴置供之儀是又御附江承合候處宜旨ニ付直退散御附初送出迎之通

一夫より　准后御殿江參入御車寄ゟ上り御附取次等出迎御附江者一寸膝を突及會釋其外江者乍立會釋刀者提ケ上り御附案内ニ而御客之間江通刀者後ニ置夫より茶多葉粉盆出候

一御附江申込無程御乳人出會自分扇子取り少し進ミ　御機嫌相伺候旨申述候と可申上旨ニ而退入

一御菓子出頂戴之夫より御乳人再被出　御返答幷益　御機嫌克旨被申述候間少進伏承之恐悦之旨申述之且御菓子頂戴之御禮も申述畢而御乳人退入右相濟直ニ退散送り出迎之通御門外ニ而乘輿歸宅

一御儒者林大學頭御目付津田半三郎此度爲御用上京ニ付九半時大學頭半三郎追付可致同道旨町奉行とり公用人迄申越候趣ニ付勝手次第被相越候樣爲及返答置無程大學頭半三郎町奉行同道被相越直上竹之間ニ被通大學頭半三郎儀ハ初而ニ付上溜ニ被通町奉行淺野和泉守ゟ勝手之儀申込候ニ付勝手次第之旨爲及挨拶上竹之間ニ被通

一御朱印等持參被致候旨和泉守とり公用人を以申聞之

一年寄衆ゟ地役之面々ニ傳言有之右一同相揃候上自分平服著用大書院例席ニ出座此時白木三方勝手口ゟ公用人持出自分右之方ニ差置

御儒者　林　大學頭

御目付　津田半三郎

右公用人案内ニ而大學頭　御朱印持出同間ニ入引續半三郎ニ茂罷出大學頭自分側ニ進ミ　御朱印差出之同人少し下り扣居預り置候旨申達夫ゟ大學頭半三郎ゟ年寄衆とりの傳言演說有之安否等申聞相應及挨拶畢

而町奉行江會釋ニ而大番頭始御目付迄順々罷出年寄衆ゟ之傳言右兩人ゟ申達忝旨申述引右兩人退座夫ゟ直小書院例席江著座公用人を以逢之儀大學頭半三郎江申達右兩人罷出對話之上町奉行御附ニも出席之儀公用人を以申達一同罷出御用談いたし相濟孰も退座自分勝手江入

○十二月廿七日

一今日爲御用談四時過御儒者林大學頭御目付津田半三郎町奉行淺野和泉守岡部備後守御附大久保大隅守都筑駿河守被相越候ニ付自分平服著用於小書院御用談いたし相濟孰も退座自分勝手江入

但時刻ニ相成候ニ付一同江支度差出候

一今夕江戸表江宿次差立候事

○十二月廿八日

一禁裏　准后江歳暮之爲御祝儀子籠鮭三尺宛自分見分之上以御所使進獻いたし候

一歳暮之爲祝儀大御番頭始地役之面々追々入來有之
　但伏見奉行內藤豐後守ニ而不快之由入來無之
一揃之上自分熨斗目半袴著用出掛ヶ手水之間ニ茶屋四郎次郎幷後藤縫殿助名
代之もの出居取次披露一寸膝を突目出度旨輕く言葉遣之公用人取合い
なし候
一夫より大書院例席江出座大御番始一役宛順々被出歳暮之祝儀被申述候
間目出度旨申之安否被尋候向江而無御障哉之旨及挨拶御門番之頭ゟ以
下ニ而目出度与計申之安否被尋候向江而御無事与及挨拶都而月次之禮
ニ相變儀無之候相濟引掛ヶ小書院例席江著座猶又大御番頭始町奉行御
附右一役宛逢歳暮之祝儀幷年中之挨拶等有之從是も相應及挨拶右相濟
畢而自分勝手江入
　〇十二月廿九日
一今度御儒者林大學頭御目付津田半三郎爲御用上京いなし右ニ付今午刻

傳奏衆爲御用談來臨ニ付例之通白洲五枚敷出門外ニ餝手桶立番等指出幷出宅竹屋口見歩使附置右見歩使罷歸公用人貳人取次貳人白洲敷出外し罷出

一自分平服紋付著用手水之間迄出迎小書院ニ誘引近習之者茶多葉粉盆差出兩卿ゟ挨拶有之夫ゟ自分多葉粉盆近習之者持出一ト通り挨拶等相濟夫ゟ林大學頭津田半三郎御附兩人一同出席御用談いたし候

但御用中左之雜記壹通傳　奏衆ニ相渡

禁裏　御系圖久々參り不申候間先年之振合を以江戸表ニ御指越有之候樣尤紙品其外共御手輕ニ仕立有之候樣与之儀

一右御用相濟一旦自分勝手ニ入林大學頭津田半三郎ニも退座夫ゟ兩卿ニ二汁七菜之料理差出御附兩人ニ而廊下之方ニ扣居

一中酒指出候与自分爲挨拶罷出相應申述直勝手ニ入尤右給仕ハ近習之者役之

一兩卿江ハ濃茶薄茶等差出候

一兩卿江指出候器ハ都而瀬戸物膳部等木具今日ハ兩卿初而爲御用談來臨ニ付白木多葉粉盆ニ候得共此後ハ塗多葉粉盆ニ而可然旨申付置候

一御用談中兩卿小用等之節手水公用人役之

一林大學頭津田半三郎御附江茂料理指出候

一兩卿雜掌近習壹人ツヽ被召連候ニ付右四人江茂料理中酒等差出候

一右相濟尙又自分初最初之通小書院江出席御用談いたし相濟兩卿退散之節中溜前迄送直ニ自分勝手江入其外送出迎之通り

一今夕江戸表江宿次飛脚差立候事

○十二月晦日

一相替儀無之

所司代日記第四（自安政五年八月十六日 至同年九月二日）

○八月十六日

一今曉京都ゟ發足ニ付七時過供揃申付六時過出立羽織野袴著用

但拜領之羽織御馬用之

一見立被參候衆ゟ面謁老衆使者ゟ及直答其餘附使者共及直答候先例之處當住居向甚手狹ニ而間席無之付兼而及斷置其儀無之尤附使者有之向ゟハ其段家來より斷爲申述候

一品川驛小休手前ゟ諸家より之附使者ハ音物等有之通行之節使者宿前へ鋪物いたし留守居披露駕籠戸爲引及會釋候右之內廉立候向ハ本陣ニ而及直答候

一同所へ後藤縫殿助名代茶屋四郎次郎名代茶屋長與名代幷吳服師共爲替

拾人組三井組惣代之者罷出取次披露輕く言葉遣之
但諸家ゟ之贈物幷後藤茶屋差出物先例有之ニ付受納
一懇意之坊主爲見立相越是又一統ニ逢申候
一同所ゟり先例之通供立略之
一御料所之分御代官小林藤之助ゟ手代先拂等出刀番披露駕籠之戸引及會
尺候
一六郷川船
一川崎晝休ニ八ツ時過著
一同所ニ茶屋四郞次郞名代之者罷出候ニ付出京懸取次披露言葉無之
但薫物一器差出先例ニ付受納
一泊神奈川驛ニ薄暮著
一同所本陣へ松平讃岐守ゟり使ヲ以書翰音物有之先格之通受納返書遣之
一大坂御加番歸稻垣攝津守今晩程ヶ谷驛止宿明朝當驛通行ニ付　御機嫌

可被相伺候處風邪氣ニ付其儀無之以使者　御機嫌被相伺候旨被申聞候間　御機嫌被爲替候御儀無之旨公用人ヲ以申達之

○八月十七日

一今朝六時神奈川驛出立

一御代官小林藤之助手代先拂等出徒頭披露及會尺

一休藤澤驛ゟ九ツ時著

一同驛手前ゟ御代官江川太郎左衛門手代先拂等出會釋同斷

一馬入川船

一宿平塚驛ゟ六時過著

一京都ゟ之宿次至來

一江戸幷京都ゟ之宿次差立之

○八月十八日

一今朝六時平塚驛出立

一大久保加賀守領分家來所々ニ出徒頭披露及會釋
一米倉丹後守領分右同斷
一酒匂川涉
一同所幷小田原驛入口ニ加賀守家來罷出會釋前同斷
一小田原驛通行ニ付領主加賀守ゟ案内使者差遣之
一晝休同驛ニ四半時著
一同所大手前ニ家老番頭等出居取次又ハ徒頭披露家老ニハ御太儀之旨及會尺其余領中所々ニ家來出　但加賀守ニハ在府中
一畑小休へ大坂御加番歸小笠原信濃守ゟ以使者當所通行付　御機嫌可被相伺候處風邪ニ付其儀無之以使者　御機嫌被相伺候間　御機嫌不被爲替候旨以公用人達之
一同所ニ京都ゟ之宿次至來
一同所ニ箱根權現別當ゟ以使今日參詣可致哉之段相尋候付　御中陰中ニ

付參詣不致旨申遣之
一右社前通行之節別當出居例之通札守差出之
一箱根御關所通行ニ付案内使者差出之
一御關所通行之節番士下坐いたし候ニ付駕籠之戸明及會釋
一泊箱根驛ニ六時前著
一同所ニ加賀守ゟ以使者一種被相贈之先格ニ付受納且家老番頭等爲用聞
罷出此方ゟも以家老相應及挨拶
一同所へ石川若狹守よりゟ今度罷下候付　御機嫌相伺可申處忌中ニ付其儀
無之旨以使者申聞之
○八月十九日
一今朝六時過箱根驛出立
一御料取ゝ之分江川太郎左衛門手代先拂等出徒頭披露及會釋
一水野河内守領分家來先拂等出會釋右同斷

一休三嶋驛ニ九ツ時著
一同所ニ京都ゟ之宿次至著
一三嶋明神社前ニ神主罷出徒頭披露及會尺如先例札守差出之
一大久保長門守領分前同斷
一沼津驛止宿ニ付領主水野河内守ニ案内使者差遣之
一同人領分所々ニ家來出大手前ニ家老其外共罷出取次又ハ徒頭披露及會
尺家老ニハ御太儀之旨及挨拶　但河内守ニハ在府中
一泊沼津驛ニ七半時著
一江戶表ゟ之宿次至來
一同所ニ河内守家老番頭等爲用聞罷出從是も以家老及答
〇八月廿日
一今曉京都ゟ之宿次至來
一今朝江戶幷京都ニ之宿次差出之

一今朝六時沼津驛出立
一今朝ゟ河内守家來出役有之取次又ハ刀番披露都而昨日之通
一原宿へ京都ゟ之刻付宿次至來
一休吉原驛ニ九ツ時過著
一御代官江川太郎左衛門ゟ手代先拂等出ル
一うるい川橋有之
一富士川舟渡
一同處ニ御代官大草太郎左衛門手代等出ル
一泊由比驛ニ七ツ時著
一駿府御城代室賀美作守ゟ以使者旅中爲見舞贈物有之先例之通ニ付受納
且先格之通り關東　御機嫌伺之儀左之通公用人共迄申來ル右ニ付明後
廿二日朝出立懸定例之通り大手先町家ニ立寄可申旨爲及答候
一駿府町奉行鵜殿民部少輔同御定番村上信濃守ゟ以使者音物有之先格ニ

付受納
大手先町屋ニ御立寄之砌前々ハ御吸物等差出候處近來殿方樣ニも
御斷差出不申候處今度茂右之通り相心得被申候
一江戸幷京都ニ宿次差立之
○八月廿一日
一今朝六ツ時由比驛出立
一御代官大草太郎左衞門手代先拂等出ル
一由比川渉橋掛有之
一興津川渉橋掛有之
一休江尻驛ニ九ツ時前著
一右休へ驛府加番津輕本次郎本多修理阿部隼人以使者音物有之先例ニ付
受納
一駿府町奉行鵜殿民部少輔ゟ組與力同心等出ル取次披露及會尺

一府中驛入口ゟ御城代始加番等之使者出乘物戸明及會尺
一同驛宿へ七ッ時著
一同驛止宿ニ付案内使者差出之
一明日駿府大手前茶屋おゐて　御機嫌　伺之儀御城代室賀美作守ゟ以使者出立刻限相尋候ニ付曉六ッ時出立之旨申遣且　御機嫌伺之面々名前書左之通差出之請取置

御城代
室賀美作守
御加番
津輕本治郎
本多修理
阿部隼人
町奉行
鵜殿民部少輔
御定番
村上信濃守

勤番組頭
小栗庄右衞門
御武具奉行
寺山喜内
御代官
大草太郎左衞門
御醫師
鹽谷桃庵

右何れも奉伺　御機嫌候以後左之通り罷出ル

在府ニ付罷出不申候

室賀美作守

以上

八月廿日

○八月廿二日、

一今曉江戸ゟ刻附宿次至來

一今朝六ッ時供揃申付置昨日相達候通り大手前町屋ニおゐて　御機嫌伺有之御定番村上信濃守ゟ以使者案内申越候ニ付羽織常之袴著用卽刻出立

但出立前室賀美作守ゟ以使者同人義先刻ゟ痂積腰痛ニ而難罷出依之

諸事村上信濃守ゟ可申聞旨申越

一大手前町屋江相越右町屋門前ニ而下乗敷出江信濃守出迎有之

但雨天之節ハ出迎無之

右之處ニ而刀脱一寸膝ヲ突輕ク及會尺同人案内ニ而罷通玄關拭板へ町奉行出迎候間是又同様一寸膝を突及會尺玄關上之間ニ加番之衆並居是又同様致會尺此處へ刀取り之者出居候間刀相渡坐敷正面江著坐

一信濃守被出　御機嫌伺之面々名前差出候間請取左之通

當病ニ付罷出不申候
室賀美作守

美作守當病ニ付
爲名代罷出申候
村上信濃守

當病ニ付罷出不申候
津輕本治郎

本多修理

當病ニ付罷出不申候
阿部隼人

鵜殿民部少輔

村上信濃守
小栗庄右衛門

右伺ニ為奉伺　御機嫌候以後左之通り罷出候

寺山喜内
鹽谷桃庵

○八月廿二日

一信濃守ゟ直一同差出可申哉之段申聞候ニ付差出候樣申候
但右之內御定番ハ勤番組頭と代リ合後刻罷出候先例ニ候得共今日ゟ
無其義一同ニ罷出候右ハ　御城代美作守在城有之故之義と相見候

一直信濃守始一同被出信濃守ゟ　御機嫌伺候段申聞候間　御機嫌不被爲
替段申達一同退

一從夫引續閾外へ喜內桃庵罷出候と信濃守ニハ間內へ入伺　御機嫌候旨
申之自分　御機嫌不被爲替旨申達信濃守取合有之一同退去

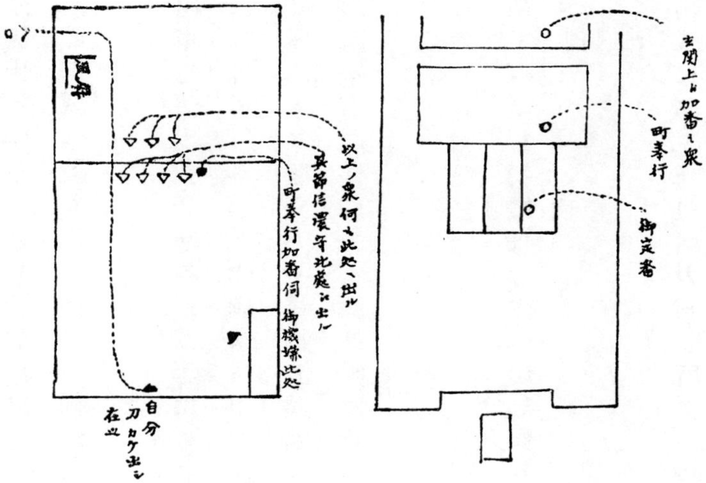
以上ノ衆何も此処へ出ル
兵部信濃守此處ニ出ル
町奉行加番伺
御機嫌此処
自分
刀カケ出シ
在ル
玄関上ヶ加番ゝ衆
町奉行
御定番

一夫ゟ自分横坐ニ罷在候ゟ茶煙草盆出之
但定例此節御城代熨斗三方持出相祝候例ニ候得共御中陰中ニ付其儀無之
一信濃守幷町奉行罷出對話薄茶煎茶等出る
一見計供揃候哉町奉行へ承リ相揃候旨申聞候間及挨拶町奉行退去夫ゟ如初信濃守案内ニ而罷立刀ハ最初渡候處ニ而受取町奉行ハ式臺迄送信濃守ハ敷出迄送有之候間夫々膝ヲ突及會尺最前下乗之處ニ而乗輿いたし候
但加番之衆ハ先例送無之
一ゐへ川手前ニ町奉行鵜殿民部少輔出居候ニ付二三間手前ニ而下乗及挨拶相濟而乗輿
一安倍川歩行渉
一宇津谷ニ鵜殿民部少輔組與力同心所々ニ罷出刀番披露及會釋

一藤枝止宿ニ付田中城主本多豐前守ゟ案内使者遣之
但豐前守ニハ在府中之且右領分所々へ家來先拂等出刀番披露及會尺
一岡部驛休ゟ九ツ時著
一同所ゟ京都ゟ之刻附宿附至來
一藤枝大手前へ家老始役人罷出取次又ハ刀番披露及會尺家老ゟハ御太儀
と及挨拶
一宿藤枝驛ゟ七半時著
〇八月廿三日
一今朝江戸表ゟ之宿次差立之
一今朝六時藤枝驛出立
一今朝ゟ本多豐前守家來所々ゟ出ル
一瀨戸川假橋有之
一太田備中守西尾隱岐守領分ゟ家來等所々へ出ル

一御領所之御代官手附所々ニ出ル
一三軒屋小休へ京都ゟ刻附之宿次至來
一大井川渉
一休金谷ニ四ツ半時著
一同處ニ太田備中守ゟ以使者音物有之
一同處ゟ江戸表ニ之刻附宿次差立之
一掛川城下止宿ニ付案內使者差出之
一右領分所々へ馳走役人出追手前ニ家老罷出候付御太儀之旨及挨拶
一泊掛川驛へ七半時著
一本陣ニ太田備中守ゟ家老役人等爲用聞罷出從是ㇾ以家老及挨拶
一備中守ゟ以使者今日當驛止宿ニ付爲伺　御機嫌可相越之處不快ニ付無
其儀旨申越之
○八月廿四日

一今曉京都ゟ之刻附宿次至來
一今朝六時掛川驛出立
一太田備中守ゟ所々へ家老等被差出
一於同所大坂在番歸京極周防守今日行逢相成候付伺　御機嫌度旨途中へ以使者申越候ニ付承知之旨相答置候處臨期不快ニ付其儀無之旨尙又以使者被申越之
一休見附驛ニ九ツ時過著
一御代官今川要作ゟ以使者通行ニ付爲伺　御機嫌可相越候之處不快ニ付無其義斷申來
一同人より手代先拂等出之
一天龍川舟
一濱松驛止宿ニ付城主井上河内守ゟ案內使者差出之　但河內守ニは在府中
一宿濱松驛へ七時過著

一旅宿ニ河內守ゟ以使者音物有之且家老其外役人等爲用聞相越從此方も
以家老及挨拶
一江戸表ゟ之宿次幷京都ゟ之宿次至來
○八月廿五日
一今曉江戸表へ之刻附宿次差立之
一今朝六時濱松驛出立
一今朝ゟ伊豆守家來役人等出居刀番披露及會釋
一御代官今川要作手代所々ニ出る
一新居渡船自分乘船伊豆守ゟ差出之右渡前同人家來罷出取次又ハ刀番披
露及會尺
一新居御關所通行案內使者差出之
一御關所前ニも伊豆守家來罷出其外番士等何も刀番披露駕籠之戸明及會
釋

一休新居驛ゟ九ツ時著
一同所休へ宇布見村郷士中村源左衞門中村善左衞門罷出指出物有之立掛
目通申付取次披露言葉無之
一泊白須賀驛へ七ツ時過著
一本陣へ松平伊豆守ゟ以使者旅中爲見舞音物有之
一京都ゟ之宿次差立之
○八月廿六日
一今曉七半時白須賀驛出立
一今朝ゟ伊豆守ゟ馳走役人出ル
一今川要作御代官所ニ付手代先拂等出ル
一吉田驛通行ニ付松平伊豆守へ案內使者遣之
一同驛小休ゟ中島與五郎ゟ以使音物有之
一松平伊豆守ゟも以使者旅行見舞として音物有之

一同驛大手前へ家老始役人罷出ル取次又ハ刀番披露家老へハ御太儀と及挨拶其外領中所々へ出役有之
一吉田橋破損ニ付舟渡ニ相成
一休御油ニ八ツ時過著
一同所江京都ゟ之宿次至來
一泊岡崎驛ニ五時過著
一本陣ニ本多美濃守ゟ以使者旅中見舞被申越之從此方も止宿之案內以使者申遣之

〇八月廿七日

一今曉七ツ半時岡崎驛出立
一今朝も本多美濃守家來所々ニ出居夫々及會尺
一同驛ニ京都ゟ宿次至來
一同驛宿內ニ土井大隅守家老其外共出居駕籠之戸明及會尺家老ニハ御太

儀ヽ及挨拶
一於大濱大坂在番林肥後守今日行逢相成候ニ付於途中　御機嫌伺度申込有之候ニ付承知之旨相答置候處臨期不快ニ付其儀無之旨斷被申越候
一休池鯉鮒驛ゟ四ツ時過著
一鳴海驛小休之處　勅使行逢相成候ニ付瑞泉寺ゟ立寄相扣　勅使通行相濟候上致出立
一右小休ゟ鳴海大神宮神主罷出先例之由ニ而御秡大麻御神酒持參
一尾張殿領分通行ニ付案內使者差出之
一鳴海驛前ゟ尾張殿領分所々ゟ馳走役人出居取次又ハ刀番披露及會釋
一泊宮驛ゟ五ツ時過著
一熱田御師ゟ祓差出先格ニ付受納
一當驛止宿ニ付德川攝津守殿ゟ御相續御禮以前ニ付以御使者御尋ハ無之御家來所々出且旅宿ゟも熱田奉行速水三十郎相越候付先例可致直答之

處風邪頭痛氣ニ付以家老斷申達相應爲及御挨拶候
一右御受使者旅宿迄卽刻差出先格之通　御使ニ紗綾三卷送之
一旅中爲見舞成瀨隼人正竹腰兵部少輔ゟ使者來
○八月廿八日
一今曉江戸幷京都ニ之宿次差立之
一今朝六時過宮驛出立
一尾張殿ゟ役人先拂等出ル
一萬場川橋舟有之
一休佐谷驛ヘ四半時過著
一同所ヘ尾張殿御船奉行山田寛一郎罷出左之口上書公用人迄差出之
今日佐谷ゟ桑名ニ之渡船被差出候御摸様宜取計旨被申付候
右先例直答可致候處風邪頭痛氣付以家老斷申達相應爲及挨拶候
一右同人別段左之口上書差出之

御船中へ一種可被相贈之處御相續御禮前ニ付其儀無之候
右同様爲致挨拶
一佐谷代官左之口上書差出之
當驛御休ニ付御所用㒵候ハヽ可承旨被申付候
右同斷且御請使者差出先例之通紗綾貳卷ツヽ贈之
一同所出立乘舟場手前へ尾張殿ゟ役人被差出之
一松平越中守ゟ馳走船被差出候旨使者申出候處先例之通尾張殿船江乘候
旨公用人ヲ以及斷
一尾張殿ゟ被差出候　丸と云船ニ乘船致暫罷越五妙と申處ニ而名護屋丸
と云船ニ乘替右船中江以御使一種拜受之先例ニ候處御相續御禮前ニ付
御斷ニ而其儀無之尤右船ニ相詰候御船役之者江㒵逢不申候
一長嶋城主增山河內守ゟ船中へ郡奉行木村榮藏ヲ以領分川筋通行ニ付警
固之人數差出候由且所用可承旨申越候付以公用人及挨拶

一桑名揚リ場ヘ尾張殿人數出同所右之方へ松平越中守家老初罷出通船之
節障子開之取次披露及會尺
一宿桑名驛本陣裏ニ七半時著
一當驛止宿ニ付案内使者城主松平越中守ゟ差遣之
一越中守爲伺　御機嫌可被相越處不快ニ付其儀無之旨以使者被申越之
一右同人ゟ以使者音物有之其外家老役人等爲用聞罷出此方ゟも以家老及
挨拶
一同人ゟ別段直書ヲ以音物有之
一増山河内守ゟ以使者音物有之右何も先例ニ付受納
一西本願寺ゟ以使者音物有之是又依先例受納
○八月廿九日
一今曉七ツ半時桑名驛出立
一松平越中守領分先拂家來所々ニ出取次又ハ刀番披露

一大手前ニ家老始役人出披露同前家老ヘハ御太儀と詞遣之
一御領分之分御代官多羅尾民部少手附先拂等出ル
一休四日市驛ニ四ツ時著
一右休ニ石川主殿頭ゟ以使者旅中見舞被申越且音物有之先格ニ付受納
一本多内膳領分家來先拂等所々ニ出ル刀番披露及會釋
一增山河内守領分右同斷
一宿龜山驛ニ七ツ半時著
一本陣ニ德川堅吉殿ゟ御使瀧本源三郎ヲ以旅中御尋且用向等も候ハヽ可
申達旨御口上被仰越卽刻居間次之間ニ而右使ニ逢直申述之起座之節貳
三步送之
一右御請御使旅宿迄使者差出御使ニ紗綾貳卷贈之
一當驛止宿ニ付領主石川主殿頭ニ案内使者差出之
一石川主殿頭ゟ使者音物有之先例ニ付受且役人等爲用聞罷出ル

但主殿頭在府中
一專修寺御門跡ヨリ以使僧音物有之先格ニ付受納
一京都ゟ宿次差立之
〇八月晦日
今朝六時龜山驛出立
一今朝も石川主殿頭ゟ所々ゟ役人等被差出刀番披露家老ゟハ太儀之旨及
會尺
一關小休ゟ自分組與力兩人同心組頭壹人平同心壹人爲惣代罷出今晩於本
陣目通リ申付候旨公用人ヲ以申付之
一多羅尾民部御代官所之分先拂出ル
一休坂ノ下驛ゟ九ツ時過著
一宿土山驛ゟ八ツ半時頃著
一江戸幷京都ゟ之宿次至來

一自分組與力同心ゟ目通申付本陣著掛廊下ニ並居取次披露詞無之與力ハ
居間次之間ニ而家老出席公用人披露一寸下ニ居遙ニ罷出太儀之旨言葉
遣之家老取合退去　但先例之通り料理目錄等遣之
一加藤越中守ゟ以使者旅中見舞音物有之先例ニ付受納之
一多羅尾民部旅中為見舞入來有之不及面會尤　御機嫌伺之廉も無之
○九月朔日
一今朝江戶表ゟ之宿次差立之
一曉七半時過供揃土山驛出立
一遠藤但馬守加藤越中守松平周防守領分所々へ家來幷先拂等出ル
一水口驛通行ニ付領主加藤越中守へ案內使者差遣之
一休水口驛ゟ四ツ時前著
一右休へ越中守より以使者見廻且音物有之先例ニ付受納幷家老用人其外
役人等為用聞罷出從此方以家老及挨拶　但越中守在府中

一同所休ゝ甲賀古士廿一家惣代四人罷出由緒書差出先例之由扇子差出之
先格之通途中ゝ罷出候趣申出候
一松平伯耆守稲葉長門守領分所々へ家來幷先拂等出ル
一横田川船渡橋有之
一同所ゝ甲賀士惣代四人罷出先格之通駕籠之戸明出タカと詞遣之
一田川小休ゝ甲賀士兩人罷出候ニ付出立懸目通申付取次披露詞遣之
一宿石部驛ゝ八ツ時頃著
一本多主膳正ゟ以使者旅中爲見舞音物有之先例ニ付受納幷家老初役人等
爲用聞罷出從此方も以家老爲及挨拶候
一後藤縫殿助茶屋四郎次郎名代之者先例當驛ゝ罷出一種差出目通申付候
儀之處　御中陰中ニ付其儀無之
一京都ゝ之宿次差立之
○九月二日

一今曉七半時石部驛出立
一出立前本多主膳正ゟ以家老見舞申越其外役人所々江罷出取次又ハ刀番
披露及會尺
一同人領分瀨田邊ニ假屋補理致置候間可立寄哉之旨途中迄申來候得共差
急候ニ付及斷候
一京都ゟ之宿次至來
一休草津驛江四ツ時過著
一右小休江本多主膳正ゟ以使者音物有之且城下通行之節　御機嫌被　伺
度旨申越候付承知之旨及答候
一膳所通行ニ付案內使者差出之
一同處通行之節大手前へ主膳正被出居（主膳正麻上下）自分（旅服之儘）三四間手前ニ而下乘
罷越候と先方ゟも進被參江戶表　御機嫌被相伺候間　御機嫌不被爲替
旨申申達相應挨拶有之三四間先ニ而乘輿

一大津町入口松本村邊ゟ御代官石原清一郎出居候ニ付下乘及會釋
　但大津町人共先例此處ゟ罷出候付清一郎相伺此度ハ出迎ニ不及旨一
　昨晦日及差圖候付無其義候事
一宿大津驛ゟ八ツ時過著
一江戸幷京都ヘ宿次差立之
一著後本陣ヘ石原清一郎爲悦入來居間次之間ゟ通逢（尤旅服之儘）
一定例當驛著之節京都地役之向相越候先格ニ候得共此度ハ重キ　御中陰
ニ付相越不申候樣兼而共向々ヘ達置
一茶屋四郎次郎名代始諸町人共罷出候先例候ヘ共是又同樣之旨夫々爲達
置候
一明日京著ニ付伏見奉行大番頭町奉行御附奈良奉行御目付ゟ案内申遣幷
上意申渡之分爲以別紙申遣之
一明日二條　御城外柵内番場下下乘罷通候樣先格之通家來ゟ申付置

所司代日記第五（自安政五年九月三日 至同年十月二十九日）

○九月三日

一今曉八ッ時大津驛出立羽織野襠着用

一三井寺門前ゟ稲荷山之山寺先拂

一山科ニ茶屋四郎次郎名代之者罷出刀番披露

一諸羽大明神社前ニ

上雑色

下雑色

奴茶屋 細井九右衛門

右茶屋四郎次郎名代之者披露乗物戸不明是ゟ雑色先ニ罷立申候

但雨天ニ候得ハ手傘差免候先格ニ候事

一十禪寺前ゟ　聖護院永出世職　住持
一四之宮村ゟ　毘沙門堂門跡　坊官　家司
右刀番披露乘物一寸留戸明會尺
以前ハ是迄り家司先立ニ而爲し候處近來先立不致候よし
一安禪寺門前ゟ　住持
右乘物戸明刀番披露
小堀勝太郎　手代
右三ヶ所ゟ罷出刀番披露
一毘沙門堂門跡家司先立致し候得ハ奴茶屋西之方ニ右家司出居候付披露

乗物戸明會尺いたし候

一藪下江出迎

自分組

與力五人

同心貳人

右與力ハ乗物戸明同心ハ直ニ駕籠戸たて何モ刀番披露

但右同所とり所々江上町代初諸町人共幷御役宅江町人其外共罷出候

先格ニ候處　御中陰中ニ付兼而町奉行とり爲申渡候

一蹴上ヶ茶屋小休此所ニ而服紗袷麻上下着替出立

一同所江左之通順々罷出

兩町奉行

與力二人

西ヶ岡

乙訓寺

誓願寺

役者

城州大山崎社司

角倉與一手代共

右刀番披露及會尺

一三條大橋東詰ゟ

町奉行

岡部土佐守

小笠原長門守

右出迎候處ニ而下乘いたし及挨拶其節地役之面々ゟ罷出候段申聞之夫より町奉行ニハ先ゟ罷越候段申聞候付勝手次第可致旨及挨拶

一同所ゟ

御門番之頭

幸田金一郎

小林半右衞門

御殿預　三輪嘉之助
大津御代官　石原清一郎
御鐵炮奉行　佐々木金右衛門
御代官　小堀勝太郎
御代官 過書船支配　角倉與一
御代官 過書船御入木山支配　木村宗右衛門
御代官 過書船支配見習　角倉多宮
御茶師 御代官格
幼年ニ付罷出
小林鉚之助
御藏奉行

赤木唯五郎

白井達之進

同假役
稲葉兵部少輔組
平岡又左衛門

御大工頭
中井小膳

禁裏御賄頭
中村雅太郎

混穢中ニ付
御清方不參

御大工頭見習
小膳悴
中井保三郎

賀茂川堤奉行
角倉鍋次郎

御茶師
上林巳之三郎

御醫師

施藥院

山脇道作

御薬園預り
藤林道壽

禁裏御醫師

右同断　高階典薬少允

右同断　浦野保生院

右同断　中山攝津守

右同断　御連歌師
岡本肥後守

里村昌同

御用ニ付不参　御入用取調役
西村覺內

右一同ニ及挨拶

但屋敷ニ出迎候分是より先ニ罷越候

一堀川三條橋西ニ　旅宿ニ罷越候自分組
與力貳人

右刀番披露

一右兩人駕籠左右ニ付添出候組與力共披露いたし候

一三條口柵外ニ

江戸表ニ罷出候自分組
與力貳人

一上使屋敷前ニ

自分組外側破損方
與力貳人

上使屋敷
定番壹人

一番場竹屋口脇より猪熊之方ニ

自分組
惣與力共
同心共

一白洲五枚敷出シ餝手桶立番等差出之

一今曉大津驛出立ヲ見受注進夫より蹴上白川橋堀川橋右三ヶ所見歩使追々注進上屋敷白洲ニ而呼上取次承り申繼待受之面々ニハ公用人より申

達白洲西之方家老用人公用人罷出東之方ニ取次貳人罷出
一式臺ニ伏見奉行大御番頭町奉行御附奈良奉行（在府中ニ付不參）御目付迄下坐敷
ニ三輪嘉之助中井小膳中井保三郎出迎
一四ツ半時貳寸到着（先行列白洲左之方ニ繰入）敷石中程ニ而下乗下座敷ニ而嘉之助ニ刀
相渡式臺ニ而一寸下ニ居伏見奉行始ニ及會尺町奉行先立（公用人一人ニ而先ニ相立）
小書院ニ相越着坐（此節刀小性受取之）相應及挨拶
但先例大書院ニ着坐（熨斗祝之）町奉行ニ挨拶畢而小書院ニ相越候義之處此
節之儀ニ付如本文
地役之面々揃候迄間も有之候間休息致候様町奉行申聞候付及挨拶直ニ
居間ニ罷越
但此節公用人罷出美濃守家來より傳達之帳面請取候段申聞之
一傳奏衆ニ着案内以御所使申遣之
一地役之面々揃候旨町奉行より公用人ヲ以申聞候付大書院ニ出坐掛ケ小

書院着坐家老出席美濃守家來公用人調役壹人ツヽ罷出公用人披露數日
骨折之挨拶等申聞家老取合
一夫より大書院例席ヽ着坐

伏見奉行
内藤豐後守
大御番頭
稲葉兵部少輔
小笠原加賀守
町奉行
岡部土佐守
小笠原長門守
禁裏附
大久保大隅守
大久保伊勢守

御淸方不參

出府中

奈良奉行　戸田加賀守

御目付代

城　隼人

在坂中

平岡鍾之助

右之面々一役ツヽ罷出關東　御機嫌伺候付　御機嫌不被爲替旨申達相濟

一夫ゟ同間正面ニ着坐尚又右之面々一役ツヽ罷出　上意申渡銘々御禮申上之尤年寄衆ゟ之傳言申達之此時伏見奉行ゟ御目付迄上京挨拶申聞之相應及挨拶右相濟町奉行會尺有之一旦勝手ニ引

地役之面々

右一同大書院貳之間ニ並居揃候上大書院正面ニ出坐此時町奉行貳之間北之方ニ罷出取合いたし　御機嫌不被爲替旨申渡（年寄衆傳言無之）相濟勝手ニ入地役一同引

一再同間正面江出座貳之間北之方江町奉行出席地役之面々一役限段々罷
出町奉行取合一々姓名申聞上着挨拶申聞候間初而与及挨拶（先年逢候向江ハ相應及挨拶）
但町行奉壹人衝立際ニ而繰出ス
一大久保大隅守初清方相勤候者ハ公用人江申置
一於手水之間後藤茶屋名代之者目通申付於小書院附使者三寶寺定職人
共目通申付候先例ニ候得共此節之儀ニ付目通ハ不申付公用人迄申置
一待受之面々江一同一汁三菜之精進料理於上竹之間差出之公用人及挨拶
三輪嘉之助中井小膳等江ハ於下竹之間同斷料理差出右相濟何も退散
一大坂御城代御定番町奉行在坂御目付江今日京著之段書狀ヲ以申遣之尤
宿送ヲ以相達候樣町奉行江以剪紙申遣之
一二條御城西御門江差出候張紙三枚印鑑壹枚御番頭稻葉兵部少輔江以使
者遣之

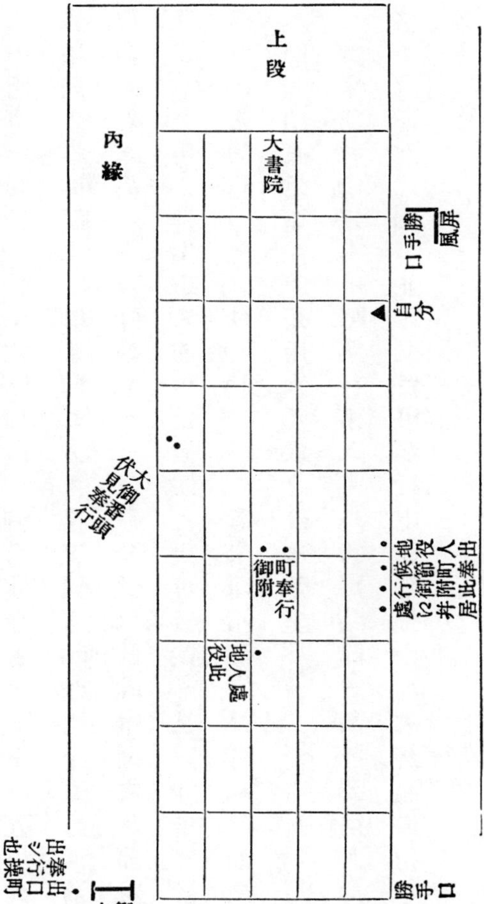

一地役一統逢濟候後　御朱印箱可致持參旨町奉行公用人ヲ以申聞
但御朱印長持町奉行とり與力附添來取次出迎下竹之間に持込與力も
同處に通しおく
一自分小書院に出坐　御朱印箱封印之儘非番岡部土佐守御意書箱月番小

笠原長門守持出　御代替ニ付渡し殘　御朱印壹箱非番土佐守持出諸向とり返納　御朱印御藥御仕置例同例類集等ハ賴ニ付公用人差出長門守ニ相渡右返上　御朱印一箱渡殘　御朱印一箱返納　御朱印一箱共自分前ニ差置御藥其外ハ入側之方ニ差置其外美濃守封印之分ハ其儘　御朱印之方ハ町奉行封印ニ付土佐守切解　御朱印箱蓋ヲ取上ニ置相改（マヽ）枚有之候段同人申聞返上　御朱印之方も是又同人相改返上之方（マヽ）通有之候段申聞其外之品々夫々壹通ツヽ一覽自分受取候段申聞之此節封印紙清之間口ゟ公用人持出自分前へ差置候と封可致哉と長門守申聞候付相渡之直　御朱印箱ニ封ヲ付（此封印太印用之）　御朱印箱御定書町奉行如最初持之竹之間ニ引其外之品ハ公用人受取之畢而入坐

但　御朱印幷御定書ハ町奉行兩人ニ而持出其餘之品ハ公用人持出候先格之處近例入側ニ並居候旨町奉行申聞候付今日迄其通最初とり並居候

一御城内支度宜旨案内承之自分服紗袷麻上下着用　出宅貳條　御城北之
御門出橋ニ而下乗嘉之助小膳保三郎御門内ゟ出迎先立大御門扉開之
但御門之鍵當朝東小屋ゟ與力受取候事御城内ゟ公用人壹人駕籠脇
　不殘草履取長柄傘挾箱貳ツ召連之供方惣麻上下
一御城内ゟ入左之方ニ自分組與力不殘罷在平伏其旨嘉之助申聞候貳之御
門内ゟ御門番之頭御鐵炮奉行御藏奉行御大工頭出迎其末ニ御破損奉行
出迎此處迄嘉之助小膳保三郎先立夫ゟ御破損奉行先立
一足輕番所前へ大御番頭出迎夫ゟ二之丸大御番所ゟ罷越候付大御番頭
ニハ御臺所邊ゟ先ゟ相越組頭出迎之處ニ而及會尺
一右御番所ゟ上り正面ゟ着坐刀後ニ置夫ゟ組頭坐定大御番頭ニも侍坐
有之自分　上意之趣申渡之大御番頭御禮申聞之相濟送り出迎之通夫ゟ
元之通り北之御門ゟ退出歸坐
一去月廿九日出刻付宿次今酉上刻至來いたし候

○九月四日
一伏見奉行内藤豊後守町奉行岡部土佐守小笠原長門守ニ於小書院人別ニ
逢御用談いたし候
一去月晦日出下總殿より差越候宿次今申上刻至來いたし候
○九月五日
一町奉行岡部土佐守小笠原長門守ニ於小書院逢御用談いたし候
一登御目付河田榮三郎小笠原帶刀被參候付出宅幷貳條口見歩使附置
一五時大御番頭始地役之面々揃候上宜候ハヽ案内可申遣旨町奉行申聞同
所より御目付ニ被參候樣案內申遣之
一無程御目付兩人被參候節公用人取次兩人三枚敷出し中程白洲ニ外し公
用人拭板迄先立いたし夫より町奉行案內致ス大番頭始使者之間緣頰通
列坐
一自分服紗袷麻上下著用貳條口見歩使來候と大書院衝立際迄出迎案内いた

たし上之間例席ニ著坐御目付ニハ内縁之方對坐位ニ著坐自分扇子取少
し進ミ手ヲ突候と榮三郎　上意申達奉畏候段申述相濟ㇾ復坐之上副使
帶刀進ミ出年寄衆よりの奉書差出候付一覽畢ㇾ脇ニ差置候と年寄衆ゟ
之傳言演說有之畢ㇾ帶刀復坐
但此時奉書ハ上之口より公用人小廣蓋持出引

一御機嫌伺之面々出候義鳥渡申述入側衡立際ニ扣居候町奉行ニ及會尺候
と大御番頭兩人罷出榮三郎　上意申述大御番頭自分之方ニ向御禮申述
次ニ奉書相渡大御番頭進出受取披見之上自分ニ爲一覽直ニ差戾右相濟
町奉行ゟ御附迄順々罷出　上意榮三郎申達年寄衆よりの傳言帶刀申述
御門番之頭ニハ御機嫌被爲替御儀無之候旨榮三郎申達何ゟ恐悅被申聞
退坐右相濟榮三郎帶刀進ミ年寄衆御藏證文差出候付受取之且今日御城
入御番衆ニ　上意可申達且伏見表ニ罷越　內藤豐後守ニ　上意可申渡
旨等伺書差出候付何ゟ先例之通と及挨拶自分之挨拶有之相應及會尺御

目付其儘被居自分勝手ヘ入御目付兩人上溜ヘ引

一右勝手ヘ入掛ケ直ニ小書院著坐公用人案内ニ而兩人小書院ヘ通し別段對話大坂御城代御定番町奉行ヘ之傳言申合相濟歸京之節坐中少シ送之公用人下座敷迄先立取次壹人是又

但御藏證文町奉行ヘ以公用人相渡

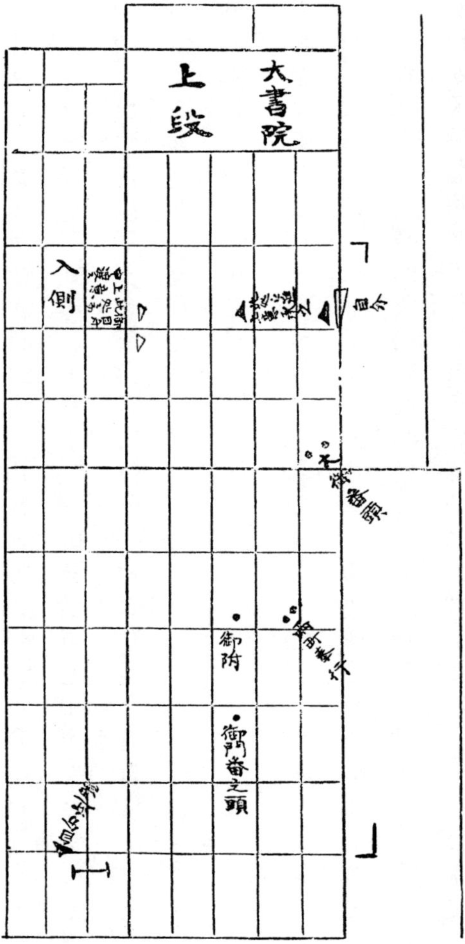

一桒三郎帯刀再相越今日北御門より御城入於御番所御番衆ニ　上意申渡
只今西御門より御城出致し候旨爲屆入來被申聞之
一御中陰中伏見奉行始地役之面々伺御機嫌候付今日四ッ時一同相揃候旨

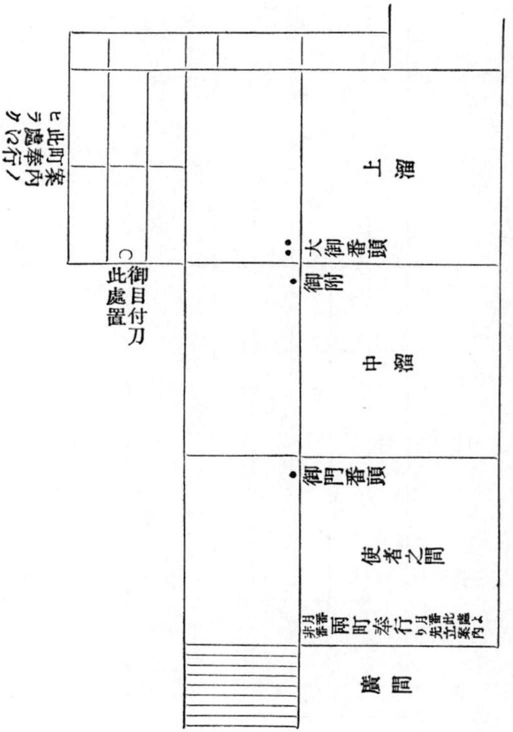

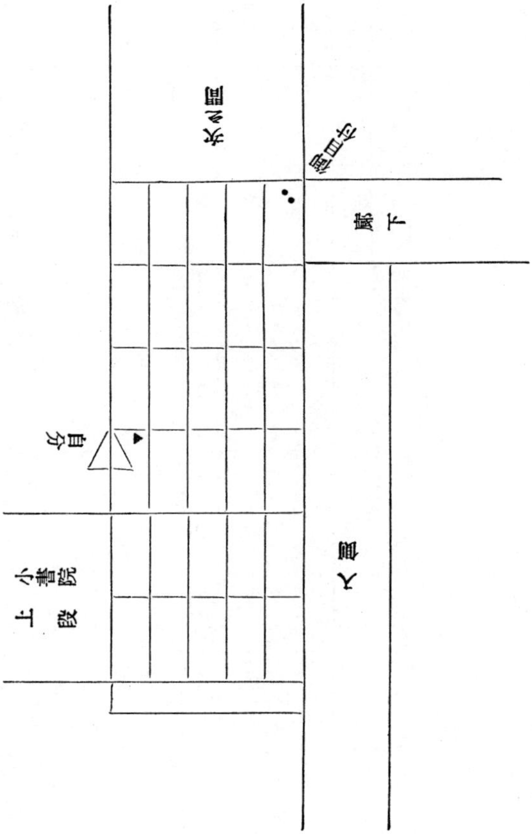

町奉行より公用人ヲ以申聞候ニ付自分平服席ニ付廂上下之儘大書院例席に出坐

當病不參　伏見奉行

大御番組

町奉行
御附
御目付

右之面々一枚ッ、罷出伺御機嫌候付　御機嫌被爲替御儀無之段相達之
相濟大書院裏廊下ニ一旦中坐以ゑし二條御門番之頭以下一統貳之間ニ
並居町奉行出席之上正面出坐謁之

地役之面々

右一統伺御機嫌候付　御機嫌被爲替御儀無之段相達右相濟勝手ニ入
但大久保大隅守始清方相勤候面々ハ公用人ニ申置之
一一統伺御機嫌候節例御附も出席以たし候得共今日ハ支配之者不罷出
候ニ付如本文
一再町奉行ニ逢御用談以たし候
一御清方御附大久保大隅守爲御用談相越候ニ付如定例小書院ニ毛氈敷之

大隅守右毛氈上著坐御用談いたし候
一松平出羽守參勤通行ニ付爲伺　御機嫌可被相越候處不快ニ付其儀無之
以使者御機嫌被相伺候
一江戸表ゟ次飛脚差出之
一下總殿旅中ゟ次飛脚差出之
〇九月六日
一本多主膳正　公方樣御葬送濟爲伺　御機嫌可被相越候處風氣ニ付以使
者　御機嫌被相伺候
一正月泉涌寺ゟ參詣之節自分先年勤役中御葬送御用相勤候
仁孝天皇　新淸和院　新朔平門院
右之　御方々樣ゟハ拜可仕旨被　仰出候
一町奉行兩人ゟ於小書院逢御用談致候
一去二日出紀伊殿ゟ被差越候宿次今未下刻相達

一小笠原長門守養方従弟死去ニ付忌遠慮引込届有之
一松平越中守御警衛人數三百六十餘人内騎馬四十騎武器等先月廿六日差
出候旨以使者届有之
○九月七日
一下り御目付城隼人平岡鍾之助今日五時過入來鍾之助儀大坂表交代相濟
只今京著之段届申聞且歸府ニ付暇乞口上等公用人江申聞候ニ付自分平
服ニ而小書院例席江著坐都筑駿河守死去ニ付返上之　御黒印壹箱本印之封
附之白木三方ニ載公用人持出右之方江置公用人案内ニ而兩人被通暇乞等
被申述相應及挨拶大坂表別條無之旨　御朱印頂戴之御禮且御城代御定
番ゟ之傳言申聞候間相應及挨拶此度登り御目付持參之奉書受相渡右返
上之　御黒印封之儘直渡之年寄衆江被相達候樣申述御目付受取之少シ
退坐年寄衆江之傳言宜被申聞候樣申述暇乞等相應申述之退去之節坐中
少送

但右　御黒印入候外箱下竹之間江定職人罷出居公用人罷出下竹之間
堺襖左右江開之　御黒印御目付ゟ受取之定職人江相渡直襖際江出席
御目付目前ニ而外箱入釘〆目張爲致公用人御目付江相渡之
一去朔日出之紀伊守殿ゟ被差越候次飛脚今巳上刻相達下總殿彌三日出立
之旨申來ル
一伏見奉行內藤豐後守江　御所向御取締掛り被　仰付候旨傳奏衆江以使
者達之
一內藤豐後守幷町奉行兩人江於小書院逢御用談致し候
一來ル廿五日仁和寺宮入寺ニ付馬七疋借用被致度旨被申越右ハ文化六年
八月之例も有之候ニ付貸馬可差出旨及答

○九月八日

一今曉七半時過西洞院押小路出火有之一ノ手貳ノ手人數差出候
一町奉行江於小書院逢御用談致候

一下總殿旅中ゟ去ル四日出次飛脚至來いたし候
一下總殿旅中ゟ次飛脚差立之
一松平讃岐守より當地御警衞ニ付不取敢大坂表差置候人數今日ゟ追々當
地ゟ差登候旨届有之
〇九月九日
一町奉行兩人幷御附大久保伊勢守へ於小書院逢御用談いたし候
〇九月十日
一無記事
〇九月十一日
一町奉行兩人ゟ於小書院逢御用談いたし候
一下總殿旅中より被差越候次飛脚未刻相達
〇九月十二日
一伏見奉行始地役之面々爲伺　御機嫌入來ニ付於大書院逢惣而次第去ル

五日之通り
一右相濟再正面ニ著坐
　　　　　　　　角倉多宮
右ハ自分上著之節忌中ニ而不罷出ニ付別段逢之義兼而申聞候間今日逢
候尤貳之間北之方ニ町奉行出席取合いたし上著挨拶申聞自分よりも相
應及挨拶
一內藤豐後守ニ於小書院逢御用談致候
一去六日出紀伊守殿ゟ被差越候次飛脚今午中刻至來
一江戸表幷下總殿旅中へ次飛脚差立之
　○九月十三日
一美濃守公用人調役右筆等ニ暇差遣候付逢候間自分平服小書院正面ニ着
坐家老出席
　　　　　　　　公用人
　　　　　　　　大藤七郞兵衞

右罷出公用人披露美濃守に時候之安否且御家來永々留置諸事傳達等萬端無滯相濟厚忝存候歸府之節宜可申述旨申置之畢而同人に永々家來世話相成候挨拶相應申聞之小袖上下遣之家老取合同人退去（小袖上下小性持出）引續

調役　大野十郎左衞門

右罷出候間永々留置傳達等無滯相濟大慶之旨申聞之上下遣之（披露取合上下持出等前と同斷）引續

右筆　藤岡佐一郎

右罷出候間永々留置傳達等無滯相濟大慶之旨申聞同人退去自分勝手に入（披露取合前同斷）

但三人幷書役に於下竹之間料理差出四人之者へ遣候物公用人より達之都而如先規

一下總殿旅中大井宿ゟ被差越候次飛脚今曉丑刻至來

○九月十四日

一下總殿旅中ゟ次飛脚差立之

〇九月十五日

一下總殿旅中醒ヶ井宿ゟ被差越候次飛脚今辰下刻至來

一町奉行小笠原長門守御附大久保大隅守ゟ於小書院逢御用談いたし候

〇九月十六日

一內藤豐後守ゟ於別席逢御用談いたし候

一大久保大隅守ゟ於小書院逢御用談致候

一去ル十日出紀伊守殿より被差越候次飛脚至來いたし候

一家定公御院號御贈位御贈官　溫恭院殿正一位大政大臣と奉稱候義傳奏衆ゟ以使者申遣之

一萬里小路前大納言より內藤豐後守ゟ此度御所御取締自分御附ゟ申談相勤候樣被　仰付時宜ニ寄兩卿ゟ爲可及直話義も可有之旨老衆より申來候處是迄例も無之義尙面會之節可被致直談旨關白殿被命候由以使者口

上書被差越之

○九月十七日

一下總殿今日上着有之九時着案内使者來ル

一八ツ時前彼方支度宜旨使者來候付自分服紗小袖麻半袴着用大書院正面著坐使者取次披露御口上之趣致承知追付伺公可致旨直答いたし使者門ヲ出候与直ニ出宅下總殿旅宿妙滿寺𛀁罷越

但此供觸ハ兼而一左右次第と申聞置使者來候と早速觸差出候尤公用人駕籠脇計服紗小袖麻上下

一下坐敷ニ嘉之助小膳保三郎出迎玄關式臺𛀁町奉行出迎居候ニ付一寸膝ヲ突及會尺刀ハ取持之者𛀁相渡町奉行案内ニ而書院𛀁通り著坐町奉行ニハ次之間ニ扣居候用人罷出候間御道中無滯御上著珍重存候御機嫌伺幷　上意被　仰渡候間致伺公候旨申述之

一下總殿ニも服紗小袖麻半袴著用下之方より被出對坐位ニ著坐有之此方

ニハ少し下り夫より扇子取少し進ミ　御機嫌相伺候處　御機嫌不被爲替候旨被申聞恐悅ハ不申上夫より引續　上意被申渡候間奉畏蒙　上意難有仕合之旨御禮申述復坐同列衆傳言被申聞

一伏見奉行大御番頭御附在京御目付其外地役之面々揃候旨ニ而下總殿中央ニ被著坐自分右之方ニ著坐伏見奉行初御目付迄一役ツヽ罷出　御機嫌相伺下總殿　御機嫌不被爲替候旨被申渡自分ゟ時宜いたし恐悅ハ不申聞相濟引尙又伏見奉行初御目付迄一役ツヽ罷出下總殿　上意被申渡銘々自分ゟ御禮申聞之取合いたし右畢而町奉行次之間敷居際ゟ横坐御門番之頭初地役之面々一同退坐

　但大御番頭ニハ病氣ニ付不罷出

一右相濟於別席御用談等有之退散之節下總殿式臺迄被送之

　但シ立歸ニ而　上意御禮幷下總殿上京見舞申置歸宅六ツ時打四半時

一御右筆今日六ツ時過追付可致同道旨町奉行より公用人迄申越候付勝手

次第被相越候様爲及返答無程早川庄次郎佐藤淸五郎參中溜ニ通
但町奉行ゟ公用人ヲ以申込有之候得ハ下竹之間ニ通候
一御朱印等持參候旨長門守より公用人ヲ以申聞之
一自分平服著大書院例坐ニ出坐此時白木三方勝手口ゟ公用人持出自分右之方ニ差置

奥御右筆
早川庄次郎
佐藤淸五郎

右公用人案内ニ而貳之間三疊目ニ著坐夫より自分之側ニ進ミ　御朱印差出シ少シ下リ扣居預置候旨申聞案否等申聞相應及挨拶引自分勝手ニ入
但兩人并御普請役壹人之御證文ハ町奉行より公用人ヲ以差出之
一去ル十三日出和泉殿より被差越候次飛脚今辰下刻至來

一右次飛脚ニ以奉書月代御免之儀申來
一伏見奉行初地役之面々關東御法事濟　御贈位　御贈官之恐悦下總殿於旅亭御機嫌不被爲替旨被申達候爲恐悦罷越公用人ゟ口上申置之
但大御番頭幷大久保大隅守ニハ當病ニ付入來無之
一町奉行兩人ゟ於小書院逢御用談ㇾ𛂁し候
○九月十八日
一江戸表ゟ次飛脚差立之
一本多主膳正御中陰中爲伺　御機嫌可被相越候處風邪ニ付以使者　御機嫌被相伺候
一町奉行ゟ御救之儀以附札及差圖候
一大津御代官石原清一郎ゟ同斷
○九月十九日
一御中陰中伏見奉行始地役之面々伺　御機嫌候付今日四時一同相揃候旨

町奉行ゟ公用人ヲ以申聞候付自分平服大書院例席へ出座

伏見奉行

大御番頭

町奉行

御附

御目付

右之面々一役ッヽ罷出伺　御機嫌候付被為替　御機嫌御儀無之段相達之相濟大書院裏廊下ニ一旦中坐いたし二條御門番之頭以下一統貳之間ニ並居町奉行御附出席之上正面出坐謁之

地役之面々

右一統伺　御機嫌候付被為替　御機嫌御儀無之段達之

一右相濟一旦裏廊下ニ中坐いたし御賄頭中村雅太郎　禁裏御醫師四人御入用取調役西村覺內右之者共自分上著後初而逢候付大書院正面ニ著坐

貳之間北之方ニ町奉行御附出席

御賄頭 中村雅太郎

禁裏御醫師

高階典藥少允

浦野保生院

中山攝津守

岡本肥後守

御入用取調役 西村覺内

右壹人ツヽ罷出銘々名前申聞自分上著之挨拶申聞之相應及挨拶御附取合いたし候右相濟勝手江入

但町奉行支配上分ハ同人取合致候

一小笠原長門守江明日ゟ御用伺最早壹人ニ而罷出宜旨以公用人達之

一町奉行江於小書院逢御用談いたし候

一御附ゟ捨訴狀一通　御所御唐門柵内ニ捨有之候趣ニ而差出之

○九月廿日

一今日下總殿ヘ御用談有之ニ付七ッ時前五寸出宅平服著用下總殿旅宿妙滿寺ヘ相越

一玄關ヘ取持之者出居候ニ付刀相渡式臺ヘ町奉行出迎一寸膝ヲ突及會尺公用人案内ニ而書院ヘ通り御用談有之致伺公候旨申聞無程下總殿被出挨拶有之居間ヘ誘引御用談いたし右相濟供揃之儀公用人ヘ申付宜旨ニ付退散下總殿式臺迄被送一寸膝ヲ突及會尺歸宅六ッ時過

一去ル十六日出和泉殿ゟ被差越候宿次今辰半刻至來

一江戸表ヘ宿次巳刻差立之

一下總殿ゟ御用有之候間宿次差立可申旨申來候ニ付卽差立之

○九月廿一日

一去十七日出和泉殿ゟ被差越候宿次今辰上刻至來

○九月廿二日

一江戸表ゟ宿次差立之

一町奉行兩人ゟ於小書院逢御用談致候

一去ル十八日出刻付宿次今辰刻至來いたし候

一明日稻荷山松茸兩　御所ゟ進獻いたし候ニ付見分可致之處御用多ニ付

家老ゟ代見申付候

○九月廿三日

一稻荷山松茸例年之通　御所々ゟ進獻關白殿兩卿ゟも相配近衞左府殿ニ

も　內覽　宣下有之候ニ付同樣相配候

一町奉行小笠原長門守於小書院逢御用談いたし候

○九月廿四日

一去ル廿日出刻付宿次今辰下刻至來致候

一江戸表ゟ刻付宿次差立之

一伏見奉行内藤豊後守幷町奉行兩人ゟ人別ニ逢御用談いたし候

○九月廿五日

一勅使　准后使　宣命使地下之分共歸京ニ付右家司共返上之　御朱印幷諸證文持參ニ付自分平服著大書院正面著坐白木三方公用人持出右之方ニ置廣幡交野家司衞立際ゟ取次誘引罷出廣幡大納言樣御内谷口加賀守殿交野少納言樣御内井上右衞門殿と披露兩人共進出　御朱印返上いたし候ニ付三方ゟ載之夫より久世家司取次誘引罷出久世三位樣御内六角右兵衞尉殿と披露前同樣　御朱印返上ニ付受取之右家司引自分勝手ゟ入

一廣幡其外家司ゟ御用物人足證文船川渡證文宿次證文等使者之間おいて公用人迄差出之

但人馬宿次證文年寄衆より被差出候分一通ツヽ差出之

一稻葉長門守家來共ゟ淀大橋御普請御用相勤候ニ付御褒美被下候ニ付其段可申達旨町奉行岡部土佐守ゟ於小書院申達之

一去十六日出和泉殿ゟ被差越候宿次未上刻相達
一大久保伊勢守ヘ於小書院逢御用談いたし候
一御右筆早川庄次郎御用有之呼出於小書院逢御用談いたし候

○九月廿六日

一御中陰中伏見奉行始地役之面々伺　御機嫌被差出候處自分痔疾氣ニ付
出會不致公用人ヘ被申置候
一石原清一郎ヘ御救之儀以附札及差圖候
一御贈官位ニ付關東下向之　勅使　宣命使　准后使歸京ニ付被行向白洲
ニ而公用人共ヘ口上被申之
一町奉行兩人ヘ於小書院逢御用談いたし候
一本多主膳正　御中陰中爲伺　御機嫌被相越處疝積氣ニ付以使者　御機
嫌被相伺候
一江戸表ヘ宿次差立之

○九月廿七日
一町奉行小笠原長門守ゟ於小書院逢御用談いたし候
○九月廿八日
一上著ニ付傳奏衆幷議　奏衆來臨ニ付白洲五枚敷出門内外餝手桶立番人
留足輕出之幷出宅竹屋口見歩使附置
一出宅見歩使注進ニ而自分伸目長袴著大書院裏邊ニ見合居竹屋口見歩使
注進ニ而出迎
傳奏
所勞ニ付斷　廣橋大納言
辰半刻　萬里小路前大納言
一竹屋口見歩使罷歸り公用人貳人取次貳人白洲敷出し外シ罷出
一自分上溜前杉戸外迄出迎大書院ゟ誘引例席ゟ著坐傳　奏衆ハ入側之方
ニ著坐熨斗三方出し直ニ引近習勤之傳　奏衆少々被進關東御機嫌被相

伺候ニ付御機嫌克被成御坐候旨申述候と復坐自分少々進　御所々御機嫌相伺復坐上京之歡被申述相應及挨拶萬里小路持參之太刀目錄公用人持出自分請取及會尺脇ニ差置公用人上勝手より出引之對話中貳之間下より壹疊目ゟ雜掌兩人罷出取次披露初而と言葉遣之退散之節中溜前迄送之公用人取次出迎之通白洲ゟ出ル

議奏

所勞ニ付斷　久我大納言

右同斷　德大寺大納言

混穢中ニ付斷　中山大納言

巳刻　坊城中納言

所勞ニ付斷　裏松大藏卿

右次第前同樣之內熨斗目半袴著用一同持參之太刀取次持出披露自分受取及挨拶公用人勝手口より引送中溜前迄

但熨斗不差出

一右行向挨拶𛂦ニ入候得ハ翌日御所使使者差出候事

一右所勞ニ付不被行向面々ハ上著歡以使者被申入候得共廣橋大納言ニハ追而被行向候

一中山大納言ニハ混穢中ニ付追而可被行向旨傳　奏衆ゟ申來候事

一御中陰明ニ付伏見奉行始地役之面々伺御機嫌被罷出候得共御用多ニ付不致出坐公用人ゟ申置

一去ル廿四日出刻付宿次今巳刻至來致候

○九月廿九日

一傳　奏衆ゟ使者ヲ以來月二日巳刻自分參　內被　仰出同日　准后御殿ゟも參入可致旨以書翰ヲ被申越之

○九月晦日

一昨日傳　奏衆ゟ參　內參入之義被　仰出候旨被申越候ニ付爲御禮罷

日使者可差出之處及深更候ニ付右御禮使者今日差出候
一文恭院樣御忌日ニ付養源院江參詣可致之處痔疾氣ニ付其儀無之
一奥御右筆早川庄次郎江於小書院逢御用談致し候
一御附大久保大隅守江於小書院逢御用談いたし候
一去ル廿二日出宿次至來いたし候

○十月朔日

一當日ニ付大御番頭始地役之面々入來一同揃之上町奉行より以公用人申聞自分帛麻上下著大書院江出席掛手水之間江後藤茶屋名代之者共並取次披露鳥渡膝ヲ突目出度と言葉遣之公用人取合
一夫より大書院例席江出坐衝立際ニ罷在候町奉行江及會尺候と大御番頭始地役之面々一役ツヽ罷出當日之祝儀被申述目出度と挨拶いたし候と時候之案否被尋候ニ付無御障哉と及挨拶布衣以下も目出度旨申候と案否被尋候向江ハ御無事と及挨拶

但大御番頭ハ同間江入其外ハ敷居外又醫師連歌師之類ハ入側通り同間内江入候も有之多クハ貳之間江罷出候一同江目出度旨申之候

一右相濟勘使買物使自分上著後初而逢候ニ付直大書院正面著坐二之間北之方江御附出席

勘使買物使

高津儀一郎

森泰次郎

右罷出銘々名前申聞自分上著之悦申聞候ニ付相應及挨拶御附取合いたし候

一右相濟勝手江入懸手水之間ニ而茶屋四郎次郎名代内役之者目通申付取次披露鳥渡膝ヲ突目出度旨言葉遣之公用人取合いたし候

一去月廿五日出和泉殿ゟ被差越候宿次今卯上刻至來いたし候事

一奥御右筆早川庄次郎江於小書院逢御用談いたし候

一上著ニ付廣橋大納言被行向候ニ付白洲五枚敷出門内外餝手桶立番人留足輕出之幷出宅竹屋口見歩使附置出宅注進ニ而自分仲目麻上下著大書院裏邊ニ見合居竹屋口見歩使注進ニ而上溜前杉戸外迄出迎大書院江誘引例席江著坐大納言ニハ入側之方江著坐熨斗三方出し直ニ引小性勤之廣橋大納言少被進關東　御機嫌被相伺候間　御機嫌克旨申述復坐自分少々進ミ　御所々御機嫌相伺復坐上京歡被申述候間相應及挨拶持參之太刀目錄公用人持出自分受取及會尺脇ニ置公用人上勝手口より出引之對話中貳之間下より壹疊目江雜掌兩人罷出取次披露初而之言葉遣之退散之節中溜迄送り公用人取次出迎之通白洲江出ル

一去月廿二日出江戸表ゟ次飛脚御用物等相達

○十月二日

一今日著後初而參　内ニ付熨斗目麻上下著用六ツ半時出宅施藥院江相越門前ニ而下乘門內江施藥院不快ニ付名代山脇道作出居候ニ付一寸及會

尺玄關下坐敷ニ三輪嘉之助中井小膳中井保三郎出迎先格之公用人同所
ニ罷出刀ハ取持之內ニ相渡壹人ハ先立座敷入口ニ而披平伏自分坐敷ニ
通リ刀ハ右入口ニ而先番之小性受取之
但供廻リ惣麻上下駕籠脇之者熨斗目麻上下著用爲致候
一夫ゟ於休息所嘉之助小膳保三郎道作ニ逢申候
一同所ニ參著之旨御附ニ公用人ヲ以奉札申遣之
但御所御內玄關迄爲持遣之
一御附罷越候間自分表座敷正面ニ著坐御附罷出相應及挨拶今日之御式相
替義無之段御附申聞退引自分休息所ニ引
一御附ニ料理差出自分ハ辨當用之
一見計衣冠著用
但下襲無之襪子用之
一傳　奏衆ゟ雜掌使者ニ而時尅宜候間參　內可致旨申來候ニ付自分表

坐敷正面出坐太刀側ニ置之兩雜掌出公用人披露追付參　內可仕旨申述
兩雜掌退去直ニ其席より參　內太刀左ニ持之中啓右ニ持沓相用門外ニ
而乘輿尤何も出迎之通り送候間夫々及會尺

一御附雜掌江逢候圖

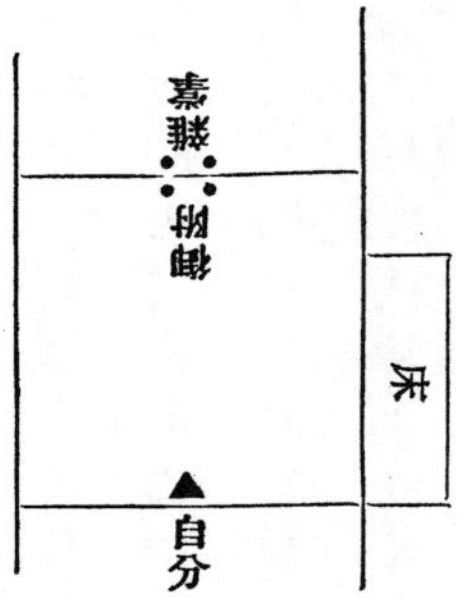

一夫ゟ參　內御唐門ニ而下乘徒頭沓直之太刀ハ駕籠中ニ而左ニ提中啓右
ニ持御唐門內ニ御附出居及會尺御車寄脇へ御內之者出居平唐御門通相
越諸大夫之間階下ニ傳　奏衆之雜掌出居階下ニ而太刀公用人江相渡沓
脫ニ而沓脫之（沓脫之石有之其上ニ木之檀有之右沓脫之石ニ而沓脫之）緣上ニ非藏人出迎候間乍立及會尺
同人先立ニ而鶴之間江通障子後ロニ著坐

鶴之間圖

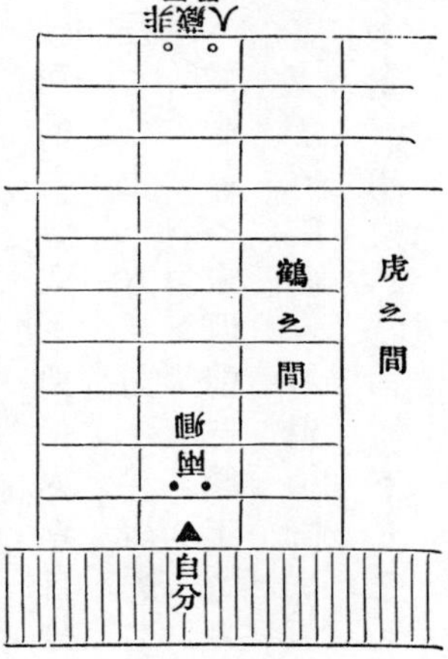

一傳　奏衆ゟ以非藏人申込御席内見之儀ハ兼而承知之事故此度ハ内見不致旨も兩卿ゟ申遣之

一無程廣橋前大納言萬里小路前大納言被出候と此度上京後初而參内難有旨申述夫より少し進手ヲ突御口上左之通り申述之

彌御安全目出度　思召候此度私被差遣候ニ付此段被仰遣候相心得宜申上旨被申聞

右之通申述候と可申上旨被申聞相濟復坐相應挨拶等有之退入

一夫より議　奏衆被出互ニ相應及挨拶

一昵近之公家衆一同被出關東被伺　御機嫌　御機嫌克旨申述畢而相應挨拶申述退引

一傳　奏衆被出　御口上被及言上候處可有御對面旨被申聞自分平伏いたし候

一暫有之傳　奏衆被出誘引有之跡ニ付相越取合廊下江移り候前之處ニ而扣候樣被申聞兩卿被入扣居候處無程又被出誘引取合廊下北之方ニ扣居

但此時　出御也

一傳　奏衆壹人御中段下拭板（此處廂也）正面中程江被出御時宜被致上之方江角掛而開キ被居候と壹人之傳　奏衆自分江會尺有之直ニ自分　御前江出御拭板中程より上之方ニ向下ニ居夫より靜ニ膝行ニ而御中段江上り貳疊目江掛り候處ニ而末廣前ニ置手ヲ突得と奉拜　龍顏候而平伏夫ゟ末廣ヲ持候而又靜ニ膝行ニ而退引御拭板江下り最初下ニ居候邊より少し御次之方江斜ニ引候心持ニ而下り夫より左江廻り起坐取合廊下復坐

小御所ニ而奉拝龍顔候圖

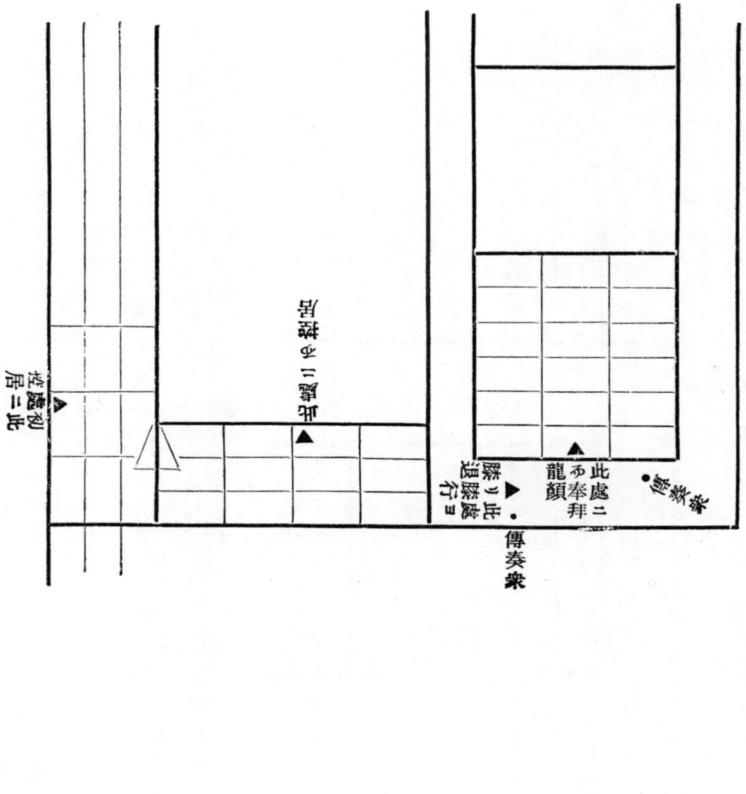

但此時非藏人自分持參之太刀目錄受取置

一夫ゟ直ニ貫首　御前に出御中段下拭板ニ而平伏如初被披候と傳　奏衆會尺之上太刀目錄持出（末廣ハ廊下ニ置）御閾外ニ居（御閾とり少々手前ニ居り二膝程摺出候而左之手チも添太刀差置）御閾內壹疊目之御緣に付置（目錄寫頭チ手前ニいたし太刀ハ常之通りニさし置）靜ニ膝退御障子際貫首之

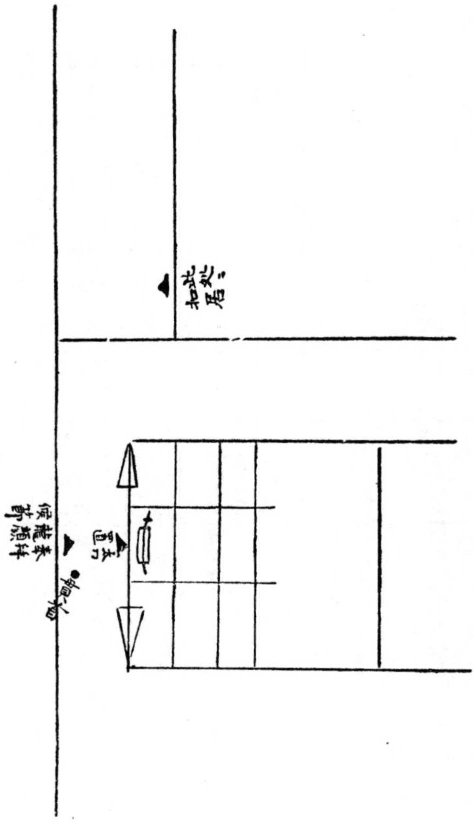

脇ゟ少々下り候程ニ引　龍顔ヲ見上平伏少し左り之方江引夫ゟ左
り廻りニ而起坐又取合廊下ニ扣居
一夫ゟ御長柄出候様子ニ而傳　奏衆會尺ニ付自分直ニ罷出（但中啓御次ニ指置出ル）御
拭板中程ゟ膝行御中段壹疊目江入御長柄自分左之方ニ出居候間口ニ
載有之天盃ヲ執リ戴キ一寸注キ戴キ爲へ候如口江付又御銚付致し口江
付又御銚附致し同斷三献濟御土器左之手江載御閾外江引退少シ御次之
方へ斜ニ下り左り廻りニ起坐元席へ復坐此處ニ而御土器之御酒ヲ手之
内江玄たミ戴給候
一御土器ハ非藏人江渡候ゟ用意之檀紙ニ包差出家來江相渡夫ゟ非藏人案
内ニ而鶴之間江退如最前著坐
一無程兩卿被出左府殿今日ハ所勞不參ニ付御逢無之旨被申聞
一夫ゟ虎之間江誘引於同所關東江之御返答被申聞敬承之可申上旨申達
鶴之間江退坐

一鶴之間ニ而傳　奏衆江對坐自分少進拜　龍顏　天盃頂戴難有奉存候旨
御禮申述之復坐　兩卿江　溫恭院樣ゟ之　御意有之候段申候と下之方
江少し被退候而謹而被承候間左之通申述之
彌御無事可被有之と一段ニ被思召候此度私被指遣候間可被申談候此
段宜相心得可申達旨　御意候
右ハ定例御目見前ニ申達候得共　溫恭院樣御口上之義故跡ニ而達
右之通り申達相濟傳　奏衆復坐挨拶等有之
一傳　奏衆ニハ　准后御殿江可被參ニ而被入候自分ハ少し見合供宜旨非
藏人申聞候と如初諸大夫之口とり退出送り出迎之通會尺等も最初之通
也太刀提之　御唐門とり如初乘輿
一准后御殿江參入御唐門外ニ而下乘太刀提出沓用之御車寄敷石ニ而沓脱
之太刀ハ提候儘參入御附出迎一寸下ニ居及會尺候と直案內御客之間江
通り太刀ハ後ニ置

一傳　奏衆出會及挨拶

一上﨟御乳人年寄差添罷出自分會尺および候而熨斗昆布小廣蓋ニ載女房
持出置之上﨟被挾候間自分中啓ヲ持進ミ出手ニ請載復坐致懐中夫より
自分進ミ出關東ゟ之御口上を申左之通申述
彌御安全目出度　思召候私被指遣候ニ付此段被　仰遣候相心得宜申
上旨

准后御殿圖

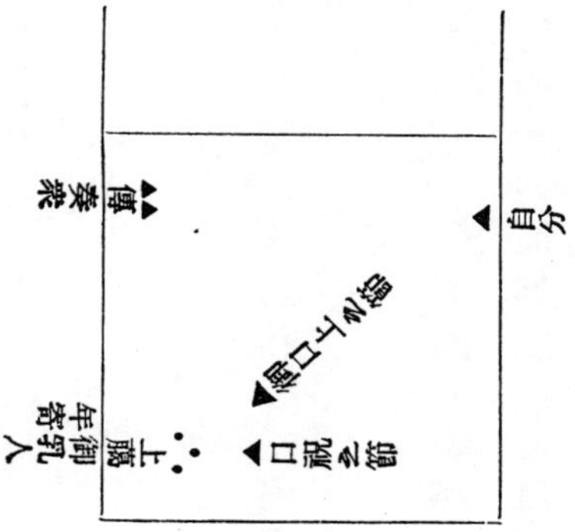

右相濟上﨟可申上旨ニ而退入
一上﨟再出席　御口上之趣申上候處御返事被　仰出候ニ付自分進伏承之
可申上旨申達相濟復坐夫ゟ上﨟挨拶有之退入
一自分進ミ兩卿江今日彼是心添之挨拶厚申述候夫ゟ退散御車寄ゟ退出
太刀提出御門外ニ而乘輿
一夫ゟ衣冠之儘直ニ近衞殿江相越門外ニ而下乘玄關下坐敷江諸大夫壹
人取次壹人出迎太刀提乍立及會尺玄關上ニ御附迎出一寸膝を突及會尺
客之間江通り太刀ハ後ニ置正面著坐諸大夫江及會尺候と進參候間扇子
取左之通口上申述
今日參　内拜　龍顏　天盃頂戴　准后江ゟ參入重疊難有仕合奉存
候
右御禮申上候且彌御安全之御事目出度奉存候旨申述　諸大夫退入
一尙又諸大夫罷出只今御對面之旨申聞案內いたし候ニ付小書院貳之間閾

內へ出伏禮是にて御挨拶有之閾內に入角掛而著坐に与關東御機嫌御伺
候間　御機嫌克被成御坐候旨申上之自分に之御挨拶も有之進上之太刀
目錄諸大夫持參披露御挨拶有之御附貳之間に罷出居候
一夫ゟ雜煮出御挨拶有之長柄銚子出左府殿一献御請其御盃自分に賜給仕
持參候間盃ヲ戴一献給之挾肴賜り候間帶劍之儘罷出拜受之又一献加へ

左府殿對
面之席圖

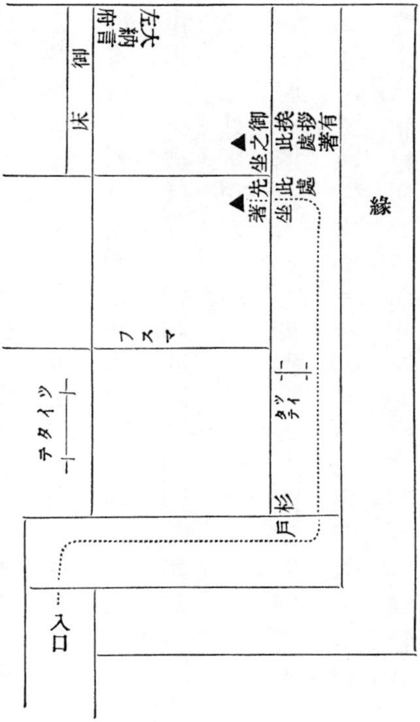

候上右御盃致返盃候ニ付三方ニ載給仕之者ニ相渡肴自分之前ニ給仕之
者置之自分持出臺之儘ニ而進上之復坐左府殿献付有之納盃吸物膳部給
仕之者撤之御附ニも雜煮吸物出膳引御附退坐
一大納言殿ニ出伺　御機嫌等手續前同斷右相濟茶多葉粉盆出
一兼而懇意ニ付有之且御用向も有之ニ付暫對話いたし見計御禮申述御挨
拶有之退坐初之席へ退諸大夫ニ御對面之處御丁寧御禮被下忝旨申述退
散送り出迎之通り立戻り玄關ニ而御禮口上書諸大夫ニ相渡
一夫ゟ兩傳　奏衆ニ相越何れも門前ニ而下乘玄關ニ而御禮口上書指出
一關白殿ニ逢之義以御附申込置候處所勞斷ニ付玄關ニ而御禮申上置次第
右同斷歸宅四ッ時過
左府殿ニ口上書
今日私參　內仕候處奉拜　龍顔　天盃頂戴仕　准后ニも參入仕難有
仕合奉存候且上京後初而伺公仕緩々御對話大納言殿ニも御對話忝奉

存候右旁伺公仕候
十月　　　　　　　名
關白殿江
今日私云々同斷難有仕合奉存候右爲御禮伺公仕候
十月　　　　　　　名
傳　奏衆江
今日私云々同斷難有仕合奉存候且又於　宮中何角御會尺忝奉存候右旁致伺公候
十月　　　　　　　名
一關白殿江今日逢無之ニ付全快之上御口上可申達旨今日之宿次申遣之
一去月廿六日出紀伊守殿ゟ被指越候次飛脚未中刻相達
一傳　奏衆江蒙上意候之爲御禮行向口上被申置
一去月廿八日紀伊殿ゟ被相越候次飛脚今戌上刻相達

一參　内無滯相濟候ニ付江戶表江宿次飛脚指出之
一右同樣ニ付下總殿江爲御禮使者指出候
〇十月三日
一參　内無滯相濟候爲悅町奉行始地役之面々入來公用人江口上被申置之
一九鬼式部少輔此度爲病養出府願之通被　仰付今日當地通行ニ付爲伺
御機嫌可被參之處病中之儀ニ付以使者　御機嫌被相伺候
〇十月四日
一巳半刻東本願寺自分上京ニ付　關東伺　御機嫌且上著爲歡來臨ニ付出
門見步使注進ニ而熨斗目長袴著用大書院裏廊下邊迄出居三條口見步使
注進ニ而杉戶外迄出迎公用人取次貳人熨斗目麻上下著用下坐敷迄出迎
東本願寺下坐敷迄乘輿公用人先立被通候節自分及挨拶大書院江誘引例
席江著坐本願寺被進出候ニ付自分も扇子取少々進關東　御機嫌伺候間
御機嫌能旨申達右之節少シ手高ニいたし候夫ゟ對坐自分之口上被申

述候間是ゟりも相應申述之此時ハ同輩之應對申述之畢而坊官家司壹人ツヽ貳ノ間入側衝立際ゟり取次引連貳之間壹疊目ニ罷出披露其節自分初而ゟ詞遣之退引夫ゟり本願寺挨拶等有之而退散自分中溜前迄送之公用人取次送出迎之通

一御中陰明後　御機嫌克被成御坐候段關東ニ申越候ニ付伏見奉行始ニ相達候ニ付爲恐悅伏見奉行始地役之面々相越公用人ニ口上被申置候

〇十月五日

一去月廿九日出紀伊殿ゟ被指越候次飛脚今卯中刻相達

一内藤豐後守岡部土佐守御右筆早川庄次郎ニ於小書院人別ニ逢致御用談候

一中務殿御本丸被相勤候樣幷稻垣長門守牧野遠江守ニも同樣被　仰出候旨申來候ニ付諸向ニ相達之

一後日下總殿參　内之節奧御右筆早川庄次郎佐藤清五郎御進献物ニ附添

参　内いたし候間先例之通可取計旨下總殿ゟ以書翰被申越之

〇十月六日

一傳　奏衆御用有之ニ付巳刻兩卿被行向候ニ付出門注進ニ而自分平服著用竹屋口注進ニ而書院江出少々見合手水之間迄出迎小書院江誘引御用談右相濟多葉粉盆茶等出之挨拶之上自分江も多葉粉盆出之暫時對話退散之節中溜前迄送之

一松平遠江守參勤通行ニ付爲伺　御機嫌可被相越之處不快ニ付以使者御機嫌相伺且斷等被申越之

一於小書院町奉行江逢角倉多宮見習勤被成　御免候儀達之

一去月廿七日出紀伊殿ゟ之次飛脚今申刻相達

〇十月七日

一江戸表江之次飛脚亥刻差立之候

〇十月八日

一小笠原長門守ゟ於小書院逢致御用談候
一去朔日出中務殿ゟ被差越候次飛脚今巳刻相達
一右次飛脚ゟ御進献之初鮭參候ニ付見分可致候處御用多ニ付家老ゟ代見申付直ニ御請納取計之候
一今午中刻江戸表ゟ之次飛脚差立之候
〇十月九日
一今巳刻より未刻迄之内初入ニ付諸家被行向候間出宅幷竹屋口見歩使附置白洲敷出門内外餝手桶出公用人取次貳人白洲ゟ出迎先立送等例之通
但三位以下ハ公用人壹人取次貳人敷出ゟ罷出候事

所勞斷

三位 冷泉宰相

三位 橋本宰相中將

杉戸內迄出迎
上溜前迄送

三位 倉橋治部卿

四位 高松大膳權大夫

四位　〆山科少將

右一分行向

右出宅案内ニ而自分熨斗目半袴著用竹屋口見歩使案内ニ而出迎大書院
ニ誘引自分例席ニ著坐何も内縁之方ニ著坐關東　御靜謐之旨被申述
御機嫌能と相應及挨拶畢而自分上京歡被申述候而是又相應及挨拶續而
銘々持參之太刀目錄取次書院衛立脇とり持參差出し自分受取會尺以た
し右之方ニ差置

但太刀目錄上之口とり公用人出引之

右相濟退散

但對話中被行向落合相成候節ハ上溜ニ通し置送り濟候而自分迎席ニ
出候上公用人案内以たし候

一去月廿七日出和泉殿ゟ被差越候次飛脚今曉子半刻相達

一去三日出中務殿ゟ被差越候次飛脚右同刻相達

一日光御門主ゟ以使僧今般梶井滿宮御附弟御願之處去月廿九日以上使中務殿御願滿被　仰出候爲御知有之
一去五日出申之刻出之刻附次飛脚今巳下刻相達
一御代替御禮御作法等去朔日二日三日御祝義相濟候旨右次飛脚ニ申來依之右御祝義被爲濟候義諸向ゟ達之
〇十月十日
一今巳刻ゟ未刻迄之内諸家方初入ニ付被行向候付出宅幷竹屋口ゟ見歩使附置白洲敷出し門内外餝手桶出し公用人貳人取次貳人白洲ゟ出ル出迎先立送り等例之通
但三位以下ハ公用人取次貳人敷出しゟ罷出候事
杉戸外迄出迎
中溜前迄送り　二位　四辻中納言
所勞斷　三位　西洞院左兵衞督
右同斷　大原三位

豊岡三位

右同斷　伏原三位

右同斷　久世三位

四位　鷲尾中將

杉戸内迄出迎上溜前迄送り所勞斷　同　梅溪少將

同　土御門右兵衛佐

同　堀川刑部大輔

右同斷　同　樋口右馬權頭

右同斷　五位　日野西右衛門佐

同　四辻大夫

右同斷　同　五條大夫

右一分行向

右出宅見歩使案内ニ而自分熨斗目半襠著竹屋口見歩使案内ニ而出迎大

書院ニ誘引自分例席ニ著坐何れも内縁之方ニ著坐關東　御靜謐之旨被
申述　御機嫌能と相應及挨拶畢而自分京著之歡被申述候間是又相應及
挨拶續而銘々持參之太刀目錄取次書院衝立之脇ゟ持參差出自分受取之
會尺いたし右之方ニ差置
　但太刀目錄上之口とり公用人出引之
右相濟退散
一兩局出納非藏人等自分初入ニ付幷　御養君恐悅年頭御禮等相兼參賀ニ
付左之通
　　　　　　　　　押小路大外記
　　所勞斷
　　　　　　　　　壬生官務
　　送り之儀勤客之樣子見
　　受候得ハ向ゟ斷申聞候
　　同　　　　　　押小路新大外記
　　同　　　　　　出納内藏權頭
右中溜屛風圍ニ通し取次口上承之自分熨斗目半袴著大書院正面ニ著坐

公用人案内ニ而衝立際より罷出同間ニ入直披露言葉遣之退散之節二三歩送之
但出納ハ送り無之公用人取次式臺迄送り

非藏人惣代
吉見越前
卿非藏人惣代
羽倉肥前
知行非藏人惣代
安田美作

右次第同斷
但貳之間敷居際へ罷出直披露言葉幷送りも無之公用人取次式臺迄送ル

一常州法雲寺紫衣　勅許之禮罷出候ニ付自分平服大書院正面著坐家老用人公用人入側ニ出席後ロ詰有之三之間襖左右ニ開之

常州
法雲寺

右同間敷居内ニ入直披露紫衣　勅許之禮申述之目出度と言葉遣之

一傳　奏衆御用有之候ニ付今未刻兩卿被行向候ニ付出門注進ニ而自分平服著用竹屋口注進ニ而小書院江出少見合手水之間迄出迎小書院江誘引御用談右相濟多葉粉盆茶等出し挨拶之上自分江も多葉粉盆出之暫時對話退散之節中溜前迄送之

一今朝六ツ半時頃日暮椹木町下ル處出火有之兩鐘ニ付一之手二之手人數出候處間もなく消火ニ付外取計不及候

右出火ニ付町奉行始地役之面々爲見舞入來公用人共江口上申置之

一於關東去朔日二日三日　御代替御禮御作法萬端無御滯被爲濟候義傳奏衆江以使者申達之

一江戸表江刻附次飛脚亥上刻差立之

〇十月十一日

一御代替御禮御作法萬端被爲濟候ニ付今日五ツ半時伏見奉行初地役之面々恐悦入來ニ付自分熨斗目麻上下著用大書院例席江出坐左之面々壹役

ツヽ罷出

伏見奉行
大御番頭
町奉行
御附
御目付

今月朔日二日三日御一門方諸大名御旗本之諸士　御代替御禮御作法
萬端首尾好相濟候ニ付恐悦申上之可申上旨及挨拶
右相濟大書院裏廊下ニ一旦致中坐二條御門番之頭以下一統貳之間ニ著
坐町奉行御附出席之上本間正面ニ出坐謁之

地役之面々

右同斷一統恐悦申上

一筑後大生寺紫衣　勅許之禮罷出候ニ付自分平服之處席ニ付前同服大書

院正面出坐之家老用人公用人入側ニ出席後ロ詰有之三之間襖左右ニ開之

筑後大生寺

右同間敷居内ニ入直披露紫衣　勅許之禮申述目出度と言葉遣之

一近衛左府殿ニ御用談有之ニ付八時供揃帛小袖麻上下著用相越玄關敷出ニ諸大夫取次等出迎乍立及會尺刀携上り玄關上ニ御附出迎候間一寸膝ヲ突及會尺同所ニ刀取之者出候間刀相渡諸大夫案内表之間へ通

一諸大夫ニ御用向有之伺公仕候旨申入御承知之上追付可被成御逢之旨申聞之

一無程案内有之御對面所入口衝立之處ニ扇子取置罷出敷居外ニ而平伏是へと被仰候間御間内ニ入候と關東　御案否御尋有之　御機嫌能旨申上畢而時候之御挨拶等有之夫ゟ多葉粉盆出近習之者被爲披候間自分心得ニ而脱劍いたし御側近く進御用談相濟復坐帶劍いたし見計御挨拶之上退坐

一初之席ニおゐて御菓子茶多葉粉盆出相濟諸大夫ヘ御逢幷御菓子拜受之
御禮申述之退散送り出迎之通歸宅四ツ時前五寸
一下總殿急御用狀指越候ニ付艮尅仕立之儀爲取計尅附次飛脚差立之候
一下總殿追而當地御固場所見分被致候ニ付其節心得方之儀御警衞被申付
候面々家來呼出公用人ヲ以達之
一本多主膳正御中陰明爲伺　御機嫌可被相越候所風邪氣ニ付以使者　御
機嫌被相伺候
　○十月十二日
一自分上著ニ付地下之面々參賀公用人取次熨斗目半袴著用其外廣間向帛
小袖麻上下立番餝手桶差出參賀之面々公用人對話自分熨斗目半袴ニ而
大書院正面著坐公用人衝立脇より地下之面々順々繰出貳之間東之方よ
り貳疊目ヘ罷出直披露　但言葉無之

撿非違使

用事有之趣ニ而
申置引取
後院侍同間ニ入直披露言葉遣之
送り無之公用人取次式臺迄送ル
行事官以下主税迄御用多ニ付逢不申段申聞悦公用人迄申置

町口美濃守
澤村加賀守
後院侍
齋藤相摸守
河端右馬權頭
行事官
行事官内匠權助
樂人惣代
奥能登守
御車役人
吉田彌一
藤木仙洞
岩佐主税

一右相濟引續知恩院澄宮家司谷野土佐守歸京ニ付先達町奉行ゟ相渡置候御朱印船川渡證文等持參ニ付自分平服之處引續候ニ付前同服大書院正

面著坐白木三方公用人持出右之方へ置之家司衝立際より出取次引披露
知恩院澄宮様御家司谷野土佐守殿と披露是にて及會尺候て側に進ミ
御朱印返上ニ付改受取置候旨申聞三方に置之夫ゟ勝手入船川渡證文ハ
於下竹之間公用人迄指出之先例ニ付一覧之上直ニ渡遣之

○十月十三日

一松平市正參勤通行ニ付爲伺　御機嫌可被相越候處齒痛ニ付以使者　御
機嫌被相伺斷等被申越之
一去九日出刻附次飛脚今巳下刻相達
一内藤豐後守に於書院逢御用談致候
一今日町奉行ゟ訴狀箱差出候ニ付例之通開候得共別條無之候

○十月十四日

一石清水八幡宮御修復爲御用御勘定柳道太郎上京ニ付今十四日四ツ時可
致同道旨町奉行ゟ公用人迄申越候ニ付勝手次第ニ罷越候樣爲及返答無

程道太郎町奉行同道參中溜ニ通
但町奉行ゟ申込有之候得ハ下竹之間ニ通候
一御朱印等持參旨土佐守ゟ公用人ヲ以申聞候
一自分平服著大書院例席ニ出坐土佐守貳之間ニ出席此時白木三方勝手口
ゟ公用人持出自分之方ニ指置
御勘定　柳　道太郎
右公用人案內ニ而貳之間三疊目ニ著坐夫より自分之側ニ進ミ　御朱印
指出之受取一寸改之內道太郎敷居際ニ扣居預り置候段申聞貳之間ニ復
坐之節輕く及挨拶土佐守取合有之引自分勝手ニ入
但道太郎幷御勘定吟味方下役黑田喜十郎　御證文ハ町奉行ゟ公用人
ヲ以指出之
一去八日出之次飛脚今曉子中刻相達
一本多主膳正　御代替御禮濟爲恐悅可被相越候處不快ニ付以使者恐悅被

申上不參斷等被申越之
一町奉行御附等に於小書院人別ニ逢致御用談候
一文昭院樣御正忌日ニ付知恩院に參詣可致處痔疾氣ニ付無其儀
一下總殿ゟ急御用有之候間宿次差立候樣被申越申下刻々附差立之候
一關東より　御進獻之御品御普請役淺見幸三郞附添夕七ッ時前相達候ニ付大書院上檀に餝付候樣申付右餝付候旨公用人共申聞候間自分平服著用出坐及見分候
一駒井左京北國筋湊之見分御用被仰付當月十一日江戸表發足越後丹後但馬見分都合ニ寄因幡迄罷越ス旨以書翰相屆之
〇十月十五日
一當日ニ付大御番頭始地役之面々入來一同揃之上町奉行より公用人ヲ以申聞自分帛小袖麻上下著大書院に出掛手水之間に後藤茶屋名代之者並居取次披露鳥渡䏶ヲ突目出度旨言葉遣之公用人取合

一夫ゟ大書院例席江出坐衝立際ニ罷在候町奉行江及會尺候と大御番頭始
地役之面々一役ツヽ罷出當日之祝義被申述目出度旨致挨拶候と時候之
安否被尋候ニ付無御障哉と及挨拶布衣以下も目出度旨申候と安否被尋
候向江ハ御無事と及挨拶
但大御番頭ゟ同間江入其外ハ闕外又醫師連歌師之類ハ入側通り同間
內江入候も有之多ハ貳之間江罷出候一同江目出度旨申之候
一先達　上樣御中剌御精進解之儀被仰進候御禮爲　御使參　內ニ付自分
熨斗目半袴著今日八ツ時出宅供廻駕籠脇計惣上下淸所御門前ニ而下乘
御內玄關ゟ參內御附取次出迎例之通
但御使ニ付何レも不及會尺夫ゟ御附案內ニ而伺公之間江通刀ハ後
ロニ差置　但茶多葉粉盆出ル
一御附ヲ以　御使之趣傳　奏衆江申込兩卿出會扇子取少し進　御口上左
之通申述之

上様　御中刺御精進解之儀先達而被　仰進候趣則及言上候處　御内慮之趣被爲　思召附候御儀別而辱　思召候依之御禮被　仰進候

一右御口上申述之可申上旨被申聞夫ゟ自分伺　御機嫌候段申述之可被及言上旨被申聞傳・奏衆退入畢而吸物御酒臺肴重肴御菓子薄茶出ル尤相伴無之相濟而兩卿再出會　御返答被申述候間少し進伏承之可申上旨申述之自分ゟ之御返答ヲも被申聞候間恐悦之旨申述之夫ゟ菓酒等之御禮申述兩卿退入之上清所御門ゟ退出送り出迎之通輕及會尺

一禁裏江初鮭　御進献ニ付女房奉書來候間自分平服著大書院例席江著坐女房之奉書入候長箱小机江載公用人持出右之方ニ置之雜掌兩人貳之間末襖際江罷出尤披露無之是ゟ及會尺兩人側江進ミ奉書箱封之儘差出候ニ付請取封解相改奉書取出之此方長箱江入封印ハ元之箱江入紐結ひ差戻相濟而女房奉書被指越之關東江相達可申旨及返答雜掌兩人退坐自分退入小机奉書箱共公用人引之

一内藤豊後守於小書院逢御用談致候
一岡部土佐守中井小膳西村覺內明日ゟ石清水御修復爲御用罷越候旨申届之
一江戸表江之次飛脚夜五半時指立之候
〇十月十六日
一今巳刻柳原大夫同道柳原前宰相元服爲御禮被行向候ニ付見歩使白洲三枚敷出門內外立番差出公用人壹人取次貳人敷出江罷出
柳原大夫
同道 柳原前宰相
右出宅案內ニ而自分平服竹屋口見歩使案內ニ而杉戸內迄出迎大書院江誘引自分例席著坐前宰相大夫內緣之方江著坐元服御禮被申述關東江可申上旨及挨拶時候挨拶等有之退散之節上溜前迄送之
一上著ニ付議　奏中山大納言今午刻來臨ニ付白洲五枚敷出門內外餝手桶

立番人留足輕出之幷出宅竹屋口見歩使附置

議奏　中山大納言

竹屋口見歩使罷歸公用人貳人取次貳人白洲敷出し外シ罷出

一自分熨斗目半袴著上溜前杉戸外迄出迎大書院ゟ誘引例席ゟ著坐中山大納言少々被進　關東御機嫌被相伺復坐自分少し進ミ　御所御機嫌相伺復坐上京之悦被申述相應及挨拶持參之太刀目錄取次持出自分受取及挨拶脇ニ差置公用人上勝手口ゟ出引之退散之節中溜前迄送公用人取次出迎之通白洲ゟ出ル

一月次爲伺　御機嫌兩　御所ゟ鮮鯛壹折ツヽ進献之ゟたし候ニ付見分可致候所御用多ニ付家老ゟ代見申付直ニ以御所使進献之候事

〇十月十七日

一小笠原長門守ゟ於小書院逢致御用談候

一下總殿ゟ御用之義有之候ニ付九ツ半時供揃ニゐ同人旅館妙滿寺ゟ相越

手續等都而九月廿日之通暮六ッ時前歸宅
○十月十八日
一溫恭院樣御遺物有栖川宮帥宮妙勝定院宮岸君ゟ被遣之
御使相勤候ニ付自分熨斗目長上下著用九ッ時出宅有栖川宮ゟ相越玄關敷出し
ゟ諸大夫取次出迎同所ニ而刀脫之携玄關上ゟ御附出迎候得共御使之儀
ニ付何も不致會尺玄關上廊下ニ而括下シ直ニ諸大夫案內ニ而休息所ゟ
通正面著坐刀ハ後ニ指置諸大夫ゟ及會尺候ハ近參候間御使罷越候段申
達諸大夫退入茶多葉粉盆出之諸大夫再出無程御對面可有旨申聞尙又諸
大夫罷出只今御對面之旨申聞致案內候間刀ハ其儘差置罷越扇子ハ書院
入口ニ指置之於書院兩宮　御對面御同間ゟ通圖之處ゟ著坐少し進ミ左
之通御口上申述之
溫恭院樣御遺物御目錄之通被進之
帥宮ゟ茂

右同様申述之
畢而御卽答有之可申上旨申述之退坐之節　御使ニ付上之間敷居邊迄御

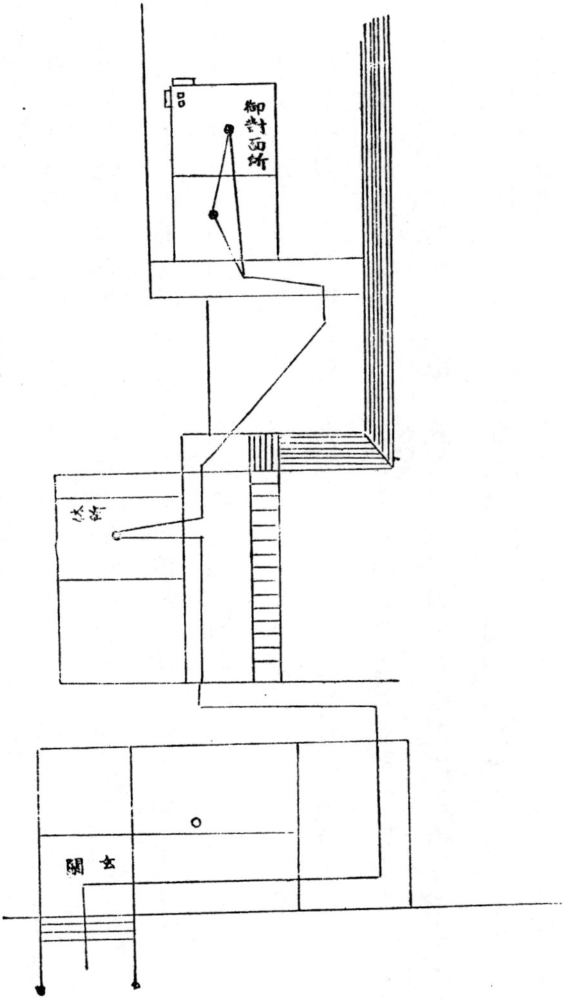

迻有之候間御挨拶申上休息所江復坐諸大夫罷出候間妙勝定院宮岸君江之御口上同樣申述之則申入再諸大夫罷出御返答申聞候間可申上旨申述之畢而退散廊下ニ而長袴括罷出迻出迎之通り輕及會尺刀も敷出ニ而帶之退散

但被遣物御目錄共當朝御所使ヲ以指遣取次之者江預ヶ置御對面之節被遣物御目錄上段之間江餝付有之

一近衞殿近衞大納言殿江前同樣御遣物被遣候爲　御使罷越候ニ付前同服近衞殿江相越玄關敷出しニ諸大夫取次出迎同所ニ而刀脫之携直ニ諸大夫案內玄關上江御附出迎候得共御使之儀ニ付何レも不及會尺玄關上廊下ニ而括下シ客之間江通正面著坐刀ハ後ロニ差置諸大夫江及會尺候と近參候間爲　御使罷越候段申達諸大夫退入茶多葉粉盆出之諸大夫再出左府殿御對面可有之處此頃所勞ニ付御對面無之爲名代大納言殿追付御對面可有之旨申、聞退入尙又諸大夫罷出只今御對面之旨申聞致案內候間

書院入口扇子取之直ニ於書院御對面御同間ニ通圖之所ニ著坐少進ミ左

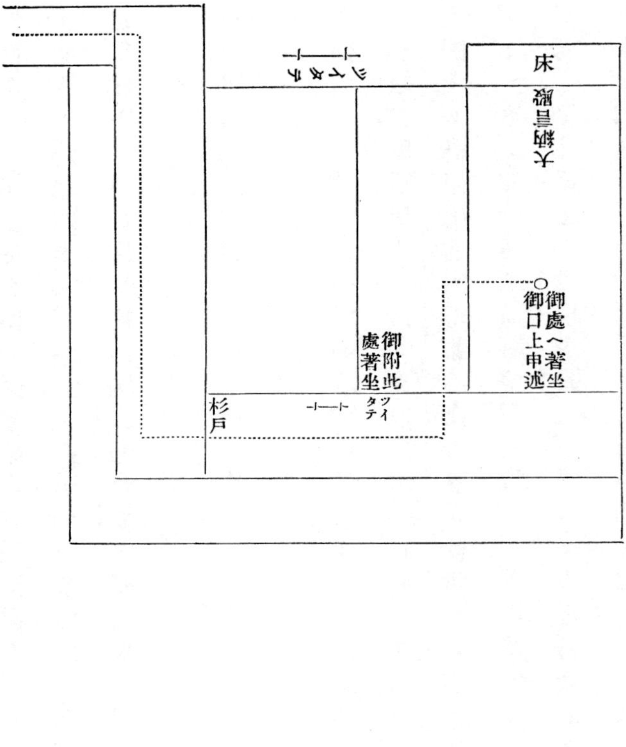

之通御口上申述
但刀ハ書院入口手前刀掛出有之處ニ差置
溫恭院樣爲御遺物御目錄之通被進之候
大納言殿にも右同樣申述
畢而御卽答有之可申上旨申述之退坐之節　御使ニ付上之間敷居邊迄御
送有之候間御挨拶申上退散最初之廊下ニ而長袴括罷出送等出迎之通輕
及會尺刀ハ敷出しニ而帶之
但被遣物御目錄共當朝御所使ヲ以差遣彼方取次之者に預置御對面之
節被遣物御目錄上段之間ニ餝付有之
一別ニ留有之候通
御使相勤候處右方々ゟ尙又關東にゟ御挨拶被　仰進度旨家司罷越公用
人に御口上申述夫ゟ自分熨斗目半襠著大書院正面に著坐右家司壹人ツ
ツ取次引連二之間下壹疊目に罷出披露是にて及會尺進ミ候節御口上之

趣關東江可申上旨申述相濟勝手江入
一今日御使相勤申候御挨拶之御使被指向候御請使者差出候事
一去九日出中務殿ゟ被差越候次飛脚巳刻相達
一去十三日出中務殿ゟ被差越候次飛脚未刻達
一堀織部正此度北國筋湊之見分御用被　仰付丹後但馬邊見分其後大坂表
へ罷越候樣被　仰出候旨以書翰被相屆候
一內藤豐後守江　御所向御取締之儀ニ付達物有之候得共自分留守中ニ付
公用人を以達之
一今亥下刻江戸表江之宿次差立之候

○十月十九日

一岡部土佐守へ申渡候義有之自分平服著之處席ニ付（熨斗目長袴著）小書院正面著
坐土佐守罷出左之通申渡之

岡部土佐守

日光御附弟宮當冬御下向ニ付差添御願候依之御自分江差添罷下り候樣可申渡旨年寄共より申來候間可被得其意候右ニ付石清水八幡宮御修復御用掛被成御免候

右書付直ニ相渡之

一此度石清水八幡宮本社其外共御修復御用掛兼而被　仰付置候岡部土佐守日光御附弟宮附添參府之儀被　仰付候付右代申渡候ニ付今日五ツ半時呼出之儀昨日達置自分平服之處（席ニ付熨斗目長上下）大書院貳之間正面江出坐左之通申渡書付渡之

小笠原長門守

石清水八幡宮本社其外御修復御用掛岡部土佐守代被　仰付之

十月

右相濟伏見之宮家司江達之儀有之自分序ニ付前同服大書院正面著坐家司取次引披露

日光御附弟宮江
關東御下向之節奥詰御醫師千賀道隆被　仰付旨關東ゟ申來候間此段
可申上候
十月
日光御附弟宮江
關東御下向之節道中御指添岡部土佐守江被　仰付候此段可申上候
十月
一右申渡是江と及會尺近く進候間書取貳通相渡之家司退去
右相濟兼而供揃置五ツ時出門
一滿宮江爲　御使伏見殿江相越自分熨斗目麻上下著用罷越玄關敷莚江諸
大夫壹人取次兩人罷出同所ニ而刀取携之玄關上ニ町奉行出迎居御使之
儀ニ付何も不及會尺相越廊下ニ而見合括おろし休息所へ相通り右諸大
夫江滿宮江爲　御使罷越候段申達諸大夫退入

一無程諸大夫案内ニ而書院江通（滿宮一之間御横坐御世話卿御扶持被申上）壹間間向坐ニ著坐　御口上之趣申述候と直ニ御返答有之相濟而貳之間江退去滿宮御送り御會尺有之御復坐之上關東御靜謐哉と御尋自分江之御挨拶有之相應御請申述畢而口祝出（此時少サ刀撤之）進ミ滿宮より給之復坐（小サ刀帶之）次ニ御附之者罷出口祝被遣之相濟而口祝引之寛々可有休息旨御挨拶有之自分退出始之休息所江相越御菓子御茶出相濟而見計諸大夫江御禮申述罷立初之所ニ而括以たし送り出迎之通り此度ハ夫々及會尺退散歸宅四ッ半時　御口上左之通り

日光御門跡御願之通御附弟被仰出候依之以　御使被　仰進候

但御口上書持參先格御附之者江相達夫ゟ諸大夫江指出候由御返答

御口上書諸大夫ゟ御附江相渡御附之者ゟ自分江指出（◎原書次頁の圖茲にあり）

一御進獻物爲見下總殿被相越候ニ付玄關向敷出餝手桶立番足輕差出

一御進獻兼而從關東參居候御品之外呉服所名代之者ゟ差出相揃候旨申聞

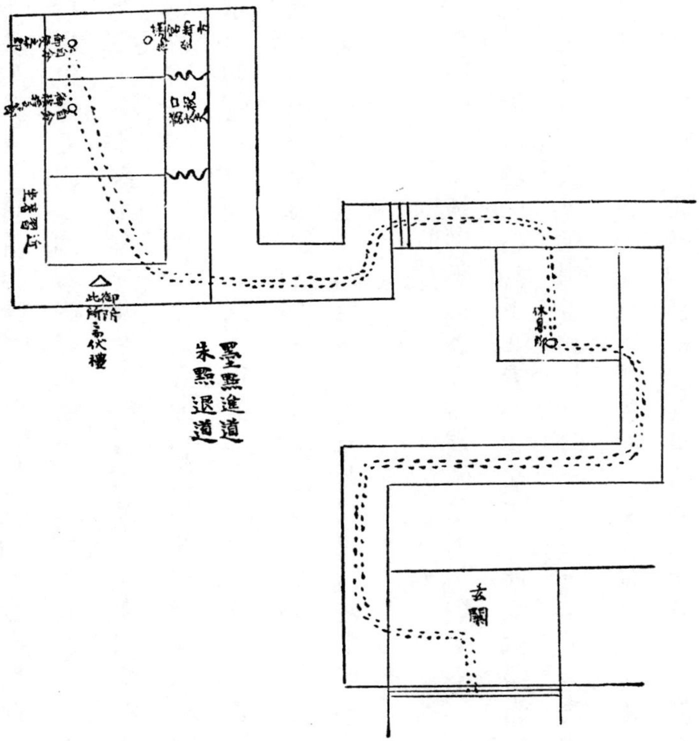
此御所ニ而伏禮
墨點進道
朱點退道
休息所
玄關

一御目錄等も見分ニ付奥御右筆早川庄次郎佐藤淸五郎相越
一此方宜旨下總殿ゟ案內使差出
一下總殿旅館ゟ出宅附人壹人貳條通西洞院ゟ壹人竹屋口ゟ壹人右注進申
來次第公用人申聞
一下總殿被參候節白洲ゟ家老壹人用人壹人公用人取次貳人罷出ル
一町奉行式臺迄出迎三輪嘉之助中井保三郎下坐敷迄出迎取持之者刀取之
自分服紗小袖麻上下著用拭緣迄出迎公用人先立ニ而小書院ゟ著坐熨斗
白木三方近習之者持出直ニ引白木之多葉粉盆茶出之
但刀掛緣通り上ゟ三疊目ゟ出
一下總殿大書院ゟ相通夫より小書院ゟ可致誘引處今朝ゟ大書院ニ而御進
獻物餝付致居候間直ニ小書院ゟ相通候事
一御進獻物餝付宜旨公用人申聞候間町奉行も御進獻物臺等仕立方掛候間
出席可爲致哉之旨下總殿ゟ申談候處可出旨ニ付其儘以公用人爲達下總

殿一同大書院ニ出席町奉行御右筆出席ニ而御進獻物品々見分相濟
　但取持之者刀持之大書院入口ニ扣罷在候
一夫ゟ自分案內ニ而居間ニ誘引茶多葉粉盆菓子持出御用談有之
一下總殿被歸候節自分式臺迄送町奉行下坐敷迄送其外出迎之通送之
一今朝日光御附弟宮ニ　御使相勤候ニ付御挨拶近藤日向守御使として被
指越直答可致候處下總殿被參御用多ニ付公用人ヲ以及御答候
一今日戌刻江戸表ニ次飛脚指立之候
　〇十月廿日
一姬宮御誕生爲御祝儀　御使高家宮原內藏頭今日至著自宅ニ被參候付公
用人取次熨斗目麻上下其外帛小袖麻上下著給仕之者同斷
一大書院小書院ニ刀掛壹ツヽ出置
一爲伺　御機嫌大御番頭町奉行御附御目付御門番之頭迄五半時入來之事
一內藏頭著ニ付可相越旨使者來り是より案內可致旨申述候事

一伺　御機嫌之面々揃候ニ付此方宜候間被參候樣内藏頭江案内使者ヲ以
申遣
一内藏頭高家屋敷出宅見步使幷二條口同斷附置
一内藏頭出宅見步使罷歸申達候ニ付公用人兩人取次兩人白洲江罷出取持
之者式臺迄出迎町奉行拭板迄立向（但自分不快ニ付對話不致旨此節町奉行より申達之）大御番頭より御
門番之頭迄上中溜緣頰通り列坐
但先立公用人壹人近習壹人上溜之内ニ扣居出迎之節上溜前江刀被指
置其節近習罷出刀持之大書院入側刀懸直ニ上溜前ニ引扣罷在小書院
江誘引之節又刀持之
一町奉行案内ニ而大書院江著坐伺　御機嫌之面々可指出旨申述之大番頭
始順々罷出　御機嫌相伺御門番之頭迄相濟公用人案内ニ而小書院江内
藏頭被通同人刀近習持刀掛江掛置小書院廊下ニ扣罷在持參之御用書物
入箱公用人持出取持之者江相渡取持より挨拶有之公用人下之口より罷

出左之通内藏頭ゟ指出年寄衆傳言等被申述之
一御口上書寫
一御進獻等御品書　壹通
一内藏頭獻上物書付　壹通
右之通指出候間公用人受取之申聞候間獻上物伺之儀ハ先格之通たるへき旨及差圖畢而町奉行小書院ゟ出見計近習之者熨斗鮑三方持出引續茶多葉粉盆出之此節御附挨拶罷出御附引候と町奉行ゟも茶多葉粉盆出之退去之節公用人先立いたし候町奉行ニハ使者之間廊下ニ扣罷在候公用人取次送如最前
一今日酉刻江戸表ゟ次飛脚差立之候
〇十月廿一日
一姫宮御誕生ニ付御使宮原内藏頭今日參　内可仕旨被　仰出可致同伴候之處不快ニ付不致參　内候事

一下總殿ゟ急御用狀被指越刻付次飛脚ヲ以被差越度旨被申趣候ニ付卽刻
仕立申付未下刻指立之候
一町奉行ゟ訴狀箱指越候ニ付例之通開封相替儀無之
一去十七日申上刻出中務殿ゟ被指越刻附次飛脚今未中刻相達
一宮原內藏頭被相越今日參　內參入無滯相濟再度參　內御暇被下拜領物
いたし難有旨御禮被申述之自分不快中ニ付公用人共へ被申置之
一今日江戶表ヘ之次飛脚指立之候
〇十月廿二日
一去十六日出之次飛脚今曉寅下刻相達
一宮原內藏頭明朝出立之旨爲屆被參候得共自分痔疾痛積氣ニ付不及面會
候ニ付老衆ヘ之返書公用人ヲ以相渡之幷掃部殿老衆ヘ之傳言ヲも公用
人ヲ以達之
一下總殿ゟ急御用狀被指越候ニ付刻附次飛脚申刻指立之候

一松平大膳大夫ゟ今般攝州兵庫表御警衞被　仰付候ニ付相州御備場固ハ
蒙　御免候旨以書翰被相屆之候
一今日知恩院ヘ參詣可致候處疝積氣ニ付其儀無之候
○十月廿三日
一今日御使由良信濃守至著ニ付入來有之候得共自分疝積氣ニ付面會不致
萬端去廿日宮原內藏頭入來之節之通取計相濟候事
一二條殿より以使者　將軍　宣下ニ付關東御參向被蒙　仰候旨屆有之候
事
一明日下總殿幷由良信濃守同道參內之處銘々御使柄違候而御手續等彼是
入組候ニ付御附ゟ定例之外ニ一同一時ニ參　內參入之御手續書壹通指
越候
○十月廿四日
一今日爲　御使下總殿由良信濃守同伴參　內ニ付自分熨斗目麻上下著用

五時出宅供廻り惣上下著用施藥院ゟ相越同所門内ゟ施藥院出迎候間及
會尺取持三輪嘉之助中井保三郎先達參居下坐敷迄出迎候間是又及會釋
刀ハ兩人之内ゟ相渡之壹人先立坐敷ゟ通右入口ニ而披露平伏刀ハ同所
ニ而先番之小性受取之
但信濃守先ゟ被相越候ハヽ出迎有之候間下ニ居及會尺候先例ニ候得
共今日ハ自分先ゟ參著ニ付其儀無之
一夫ゟ於休息所嘉之助保三郎施藥院ゟ逢申候
一下總殿ニハ自分出宅附人ニ而出宅施藥院ゟ被罷越候
但出迎之儀ハ兼而掛合も有之ニ付無其儀
一下總殿施藥院ゟ參著被致候旨公用人申聞候間直ニ下總殿休足所次之間
ゟ罷越同人ニも被罷出刀ハ後ロニ置對坐ニ而御用談有之相濟雙方休息
所ゟ退坐
一施藥院參著之旨御附へ公用人ゟ以奉札申遣候

一御附罷越候ニ付下總殿休息所次之間出刀ハ後ニ置下總殿信濃守ハ今日之御次第申談其後下總殿信濃守自分圖之通著坐御附相通今日之御次第相替儀無之哉之旨自分相替儀無之旨御附申答候間先格之通相心得候樣申達下總殿ニも宜と被申信濃守ニも同樣被申述相濟一同休息所江引

一高家御附取持之者施藥院等江掛合之支度指出自分辨當用之

但下總殿ニハ兼而申合有之近格之通自分辨當被用之候

一下總殿信濃守江打合衣冠致著用候

但下襲無之襪用之

一御進獻物御品々幷御目錄共兩　御所江無滯相納候旨御右筆早川庄次郎佐藤淸五郎ゟ申聞候事

一關白殿江も今日下總殿　御使被相勤候ニ付被進物御品今朝無滯相納候旨御所使之者申出候間其段公用人ゟ下總殿公用人迄申候之

一傳　奏衆ゟ雜掌使者ニ而時刻宜候間只今參　內可致旨申來下總殿信濃

守一同下總殿休息貳之間に太刀携罷出下總殿自分信濃守圖之通著坐雜掌ハ下總殿公用人披露下總殿返答被致自分幷信濃守ニも同樣宜と申上候雜掌退去少見合下總殿出門引續自分ニも出門信濃守ニも引續被參候但今日ハ自分同伴ニ候得共御役柄之儀ニ付下總殿自分と申順ニ罷越

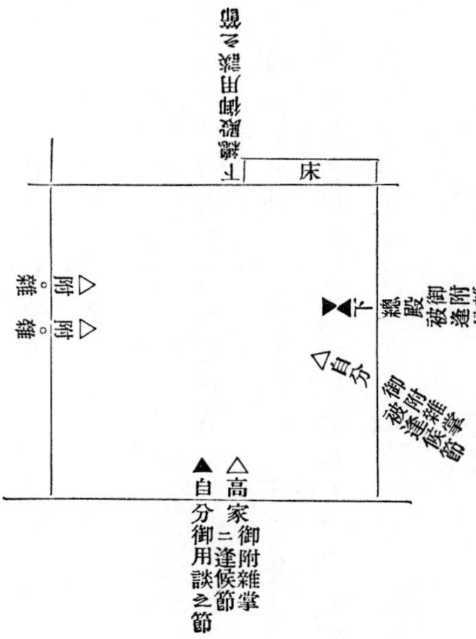

候且參　内之節取次番士等指出候義兼而掛合之通自分方より指出

一御唐門ニ而下乘徒頭沓直之太刀ハ駕籠中ゟ左ニ提中啓右ニ持御唐門内ニ御附出迎候間及會尺御車寄脇ニ御内之者出居候間是又輕及會尺夫ゟ右之方平唐門内諸大夫之間階下ニ傳　奏衆雜掌出居同所ニ而太刀公用人ニ相渡之沓脱ニ而下總殿會尺有之先ニ被上信濃守ニも御使ニ付先ニ被參候樣及會尺候と先ニ被上候ニ付自分跡ニ立上ル沓脱之縁上ニ非藏人出迎候間乍立及會尺同人先立ニ而下總殿被上自分ニも上り右ニ付披

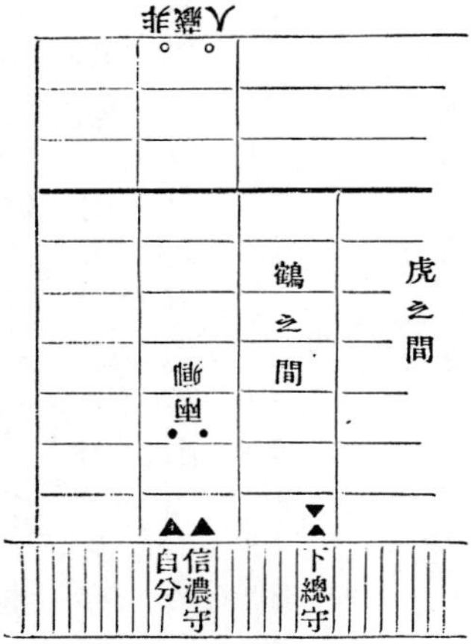

罷在信濃守へ　御使ニ付是ゟ先ニ被參候樣及挨拶自分跡ニ立鶴之間ニ
通如圖著坐
一非藏人ヲ以傳　奏衆ニ申込且下總殿御席內見之義被相勤候旨被申述信
濃守ニも同樣內見之儀被相賴候ニ付其趣ヲ申達候樣申談置
一傳　奏衆出會下總殿少被進關東ゟ之　御口上被申述候と傳　奏衆可被
及言上之旨被申述此時信濃守自分ニも手ヲ突罷在下總殿退坐信濃守自
分少進ミ信濃守同伴參　內いたし候旨自分ゟ申述之同人ニ御口上ヲと
申候と同人尙又被進關東ゟ之　御口上被申述右之內自分も少進ミ手ヲ
突罷在傳　奏衆可及言上旨被申聞兩人復坐夫ゟ自分之挨拶有之銘々相
應及挨拶下總殿御席內見之儀被相願信濃守ニも同樣相願候趣自分ゟ申
談相濟傳　奏衆退入
一議　奏衆被出互ニ相應及挨拶退入
一夫ゟ昵近之公家被出關東被伺　御機嫌候ニ付下總殿　御機嫌能被成御

坐候旨被申述畢而自分之挨拶有之何も相應挨拶およひ退入
一傳　奏衆再出會　御口上之趣夫々被及言上候處後刻可有　御對面之處
少々御風氣ニ被爲在候間其儀無之　天盃御例之通可被下置之旨被　仰
出候趣被申聞候ニ付何も少し進手ヲ突伏承之可奉伺　御機嫌哉如何之
御容體ニ被爲　入候哉之段申述候處御當分之御儀被爲在候間不及其義
候旨被申聞夫ゟ直ニ御席内見誘引有之候間何も相越於　小御所習禮等
有之　傳　奏衆彼是世話有之候間相濟候後傳　奏衆ハ下總殿厚挨拶被
申述信濃守自分ニも同樣申述之夫より傳　奏衆ニハ御廊下ニ而相分何
も鶴之間ハ退坐順如前
一傳　奏衆被出　天盃可被下置之旨ニ而誘引下總殿信濃守自分　小御所
取合廊下北之方ニ並居
一傳　奏衆會釋ニ而下總殿中啓置被出傳　奏衆著坐之邊ゟ膝行於御中段
壹疊目　天盃頂戴之膝退最初下ニ被居候邊ゟ起坐退去元之處ハ著坐夫

ゟ信濃守江傳　奏衆會尺有之信濃守中啓置被出膝行於御中段壹疊目天盃頂戴之出退起坐退去元之處江著坐夫ゟ自分江傳　奏衆會釋有之自分中啓置罷出傳　奏衆著坐之邊ゟ膝行御中段壹疊目江出貳疊目江掛候程ニ進ミ御長柄之口ニ載有之　天盃ヲ取御上段之方江向直り戴之又少向直り御酒ヲ請戴之都合三献濟又御上段之方江向直り御土器左之手ニ載御閾外江跡をさりニ出少し御次之方へ斜ニ下り左廻り起坐元之席江復坐此處ニ而御土器ハ非藏人江相渡兼而用意之檀紙ニ而包　御所使之者江相渡之

一右相濟傳　奏衆誘引下總殿ニハ於　小御所御用談有之ニ付取合廊下屛風仕切江參被扣信濃守自分ニハ廊下ニ而相別鶴之間江復坐下總殿　御用談相濟候迄自分信濃守共此所ニ扣へ罷在此時とり自分信濃守と申順ニ著坐

一夫ゟ下總殿御用談相濟鶴之間江復坐自分上ニ著坐

一傳　奏衆更出會下總殿自分信濃守少進出　天盃頂戴仕難有仕合之旨一同御禮申述畢而傳　奏衆ニも相應及挨拶傳　奏衆ニハ　准后御殿ニ被相越候由ニ而挨拶有之退入

一供宜旨非藏人申聞候と下總殿挨拶有之先ニ被立候引續自分信濃守と申順ニ退散非藏人其外等送り出迎之通夫々輕及會尺階下ニ而太刀公用人ゟ受取之提出御唐門外ニ而乘輿

一夫ゟ　准后御殿ニ參入表御門ニ而下乘沓用之御車寄敷石ニ而沓脱之太刀ハ提候儘ニ而參入下總殿會尺被致候而先ニ被參候信濃守ニも被參候樣及會尺候ニ付同所ゟ信濃守自分と申順ニ罷越敷出ニ執次出迎候間乍立會尺階上ニ御附出迎下ニ居會尺直ニ案內ニ而御客之間へ通傳　奏衆出會及挨拶

一上﨟出會下總殿信濃守自分及會尺候と熨斗昆布小廣蓋ニ載女房持出置之上﨟被挾候と下總殿被進出手ニ請被載復坐次自分ニも同樣被挾候間

中啓ヲ持進出手ニ受載復坐懷中信濃守ニ口祝無之

一夫ゟ下總殿被進出關東ゟ之　御口上被申述候と可申上旨上﨟被申述此節信濃守自分ニハ手ヲ突罷在下總殿復坐次ニ信濃守江御口上ヲと申候と信濃守被進出關東ゟ之　御口上被申述前同樣上﨟答有之自分ニも少進手ヲ突罷在相濟上﨟挨拶有之

一上﨟再出會　御口上之趣被申上候處御返答追而可被　仰出候由下總殿江被申述下總殿進坐伏承之畢而信濃守右同樣之旨被申述信濃守進坐伏承之其時自分ニも少進手ヲ突罷在相濟復坐上﨟尙又挨拶有之退入

一下總殿自分江ハ賜菓酒ニ付扣居信濃守ニハ賜菓酒候儀無之ニ付兩卿江今日萬端無滯相濟候御禮段々世話相成候挨拶等被致下總殿自分江も挨拶有之直ニ退散

一傳　奏衆菓酒被下候旨被申聞候ハ次之間御襖左右江開之女房配膳御菓子御吸物御酒出各盃三献頂戴相濟御膳部撤之御茶出相濟

一夫ゟ傳　奏衆江今日萬端無滯相濟候御禮賜菓酒候御禮被申述段々世話相成候挨拶等下總殿被申述自分ニも同樣申述畢而下總殿退散被致候間引續自分ニも太刀提出退散送り等出迎之通り御門外ニ而下乘

一施藥院江立戻出迎今朝之通り夫々及會尺衣冠之儘ニ而直ニ下總殿休息所次之間江相越逢無滯相濟候悅等相應及挨拶兼而江戶表ニ而申合セ之通り相互ニ悅相勤之儀斷申述信濃守ニも同樣被出今日萬端心添之挨拶等有之相應及挨拶下總殿ニハ今日關白殿江之　御使幷廻勤等へ被致候ニ付支度被致信濃守ニハ今晚御返答有之又々參　內被致候ニ付是又支度被取調候ニ付自分ニハ下總殿信濃守へ及挨拶直ニ退散送等出迎之通夫々相應及挨拶太刀提出門外ニ而乘輿

　但衣冠之儘ニ而歸宅

一今日廻勤可致之處少々痔疾氣ニ候得共押而參　內いたし候ニ付關白殿傳　奏衆江御禮として御所使使者差出候

一下總殿ニも兼而申合之通爲悦取次使者差出候
○七月十二日
於江戸表下總殿ゟ留守居呼出相渡翌日心付無之段及答候書付寫左
之通り
一參　內之節於施藥院辨當近格之通御互ニ自分辨當ニ可致候
但參　內之節取次番士等差出候儀引渡之節共違候間此度ハ都而所司
代ゟ御取扱之趣ニ相心得可申哉之事
一施藥院玄關上之間迄出迎之義近格之通此度御斷申候事
一參　內濟之節御互ニ直勤之先例ニ候へ共御互ニ使者被指出候趣ニ相見
候間此度も其通り可致哉之事
一京都旅館ニ而　上意申渡候節所司代御出之時分料理菓子等可差出處近
格申合ニ而不指出候趣ニ相見候間此度も御互ニ其通可相心得哉之事
一由良信濃守被參今日參　內候處　天盃頂戴仕　准后ニも參入再度參

内御暇被下拜領物仕難有仕合奉存之旨御禮申述別段初而罷出萬端世話
相成候段厚申述尤夫々公用人共へ被申置候
一去十五日出之次飛脚今朝亥中刻相達
一將軍　宣下內大臣　宣下幷權大納言　宣下正二位　宣下等之日時勘文
傳　奏衆雜掌持參ニ付自分直受取可申候處疝積氣ニ付家老に名代申付
請取無滯相濟
一右御同事注進幷自分參　內呈書指出候ニ付刻附次脚差立之候
○十月廿五日
一由良信濃守明日當表立ニ付屆且爲暇乞入來ニ付可致面會候處疝積痔疾
氣ニ付無其儀公用人共ゟ奉書受傳言等爲指出候事
一今日　將軍　宣下　御任槐　宣下陣儀爲拜見參　內可致之處疝積痔疾
氣ニ付參　內難致ニ付御附傳　奏衆迄昨日御斷申達參　內不致候
一將軍　宣下御任槐　宣下等相濟候旨ニ付御式書御次第書等兩卿ゟ以書

翰被差越候
一近衞大納言殿　將軍　宣下ニ付　關東參向被蒙　仰候旨屆有之
一去ル廿一日午刻出中務殿ゟ被差越候次飛脚未上刻相達
一大久保伊勢守姪於　江戸表去ル十七日死去之旨申來候處忌數相立候ニ付爲忌遠慮今日切引込ミ旨申屆之候
○十月廿六日
一相替義無之
○十月廿七日
一今日岡部土佐守ヘ　御所御取締掛被　仰付土佐守小笠原長門守ヘ諸色仕入方直段糺之儀長門守相勤候樣御土居藪掛之儀ハ是迄之通土佐守相勤候樣直達可致之處疝積氣ニ付以直達振達書貳通公用人ヲ以相渡之
一今未中刻江戸表ヘ刻付次飛脚差立之
一內藤豐後守入來今日

准后御殿ゟ初而參　內いたし御祝等頂戴仕難有仕合之旨御禮被申述之
○十月廿八日
一江戸表ゟ次飛脚貳差立之
○十月廿九日
一今日養源院ゟ參詣可致之處疝積氣ニ付其儀無之
一小笠原長門守今日八幡ゟ歸京ニ付爲屆入來ニ候得共痔疾疝積氣ニ付不
致面會候
一今未刻江戸表ゟ次飛脚差立之候

所司代日記第六（自安政五年十一月朔日 至同年十二月晦日）

○十一月朔日

一當日ニ付大御番頭始地役之面々入來一同揃之上町奉行ゟ以公用人申聞自分帛麻上下著大書院江出懸手水之間江後藤茶屋名代之もの並居取次披露鳥渡膝ヲ突目出度旨言葉遣之公用人取合

一夫ゟ大書院例席江著坐衝立脇ニ罷在候町奉行江及會尺候と大御番頭始地役之面々一役ツヽ罷出當日之祝義被申述目出度旨挨拶いたし候と時候之安否被尋候ニ付無御障哉と及挨拶布衣以下も目出度旨申候と安否被尋候向へハ御無事と及挨拶

但大御番頭ハ同間江入其外ハ閾外又醫師連歌師之類ハ入側通り同間江入候も有之多くハ貳之間江被出候一同江目出度と申之候

〇十一月二日

一巳刻五辻大夫同道同三位元服爲御禮被行向候ニ付右出宅案内ニ而平服著其後見歩使ニ而杉戸内迄出迎大書院ゟ誘引自分例席著坐三位大夫内縁之方ゟ著坐元服御禮被申述候間關東ゟ可申上旨及挨拶時候挨拶等相濟退散之節上溜前迄送之

一關白殿ゟ上京後初而參殿幷　温恭院樣より之　御傳言相達候付自分伸目長袴著用供惣上下駕籠脇伸目著關白殿ゟ相越玄關敷石之左右下坐敷ゟ取次貳人罷出正面箱段下之敷出しゟ諸大夫壹人出迎乍立及會尺直ニ先立いたし此所ニ而刀取提被通

一箱段之上拭板ゟ御附出迎候ニ付及會尺自分跡ニ付被相越使者之間板縁通り過括りを下し刀ハ其節小性體之もの參候ニ付相渡諸大夫案内ニ而表坐敷ゟ著坐刀ハ後ニ置

一諸大夫ゟ口上左之通申述

彌御安全之御事目出度　奉存候將又　溫恭院樣より之　御傳言有之
候旨も申述之
一夫より席內見之儀御附江掛合置諸大夫案內ニ而御附同道相越坐席之樣
子見置相濟元之席江相越罷在
一關白殿御出坐之後諸大夫案內ニ而通り刀ハ表坐敷ニ差置衝立邊ニ而扇
子取置闕之處ニ而時宜いたし是江と御會尺有之御間內江摺入角掛而著
坐關白殿關東御安否　御伺自分尙又進み時宜いたし且御傳言之趣可申
上旨申御側江進寄左之通申述
彌御無事可被有之と一段ニ被　思召私被差登候ニ付被　仰遣候間相
心得可申達旨被仰出候
右申述關白殿直ニ御返答被　仰述候間可申上旨申述復坐
一夫より口祝挾賜候間帶劔之儘進出拜受之復坐懷中御附江も賜自分上著
之御挨拶等有之相應及御挨拶見計退坐

一始之席ニ而諸大夫江逢上京後初而御對面之處御丁寧御祝被下忝旨申述
退散
一初雪ニ付　禁裏　准后江小鴨拾羽ツヽ致進獻候ニ付可致見分處御用多
ニ付家老江代見申付候
〇十一月三日
一知恩院隆宮坊官江　御朱印相渡候ニ付自分平服大書院正面著坐公用人
御朱印白木三方江載持出し右之方ニ置引坊官衝立際与り取次誘引被出
披露是江与及會尺坊官側江進ミ候付　御朱印相渡之受取引自分勝手江
入
一右坊官江於下竹之間船川渡證文公用人ヲ以相渡候
一去月廿三日出宿次今未刻到來
〇十一月四日
一去月廿七日同廿九日出宿次今卯刻申刻到來

一日限宿次差出

〇十一月五日

一無記事

〇十一月六日

一去ル二日出之宿次今未刻到來

〇十一月七日

一刻付宿次差立

〇十一月八日

一初入ニ付今巳刻諸家被行向候ニ付裏向例之通公用人貳人取次貳人向側ゟ出先立送等如例

但三位以下ゟ公用人壹人取次二人敷出ゟ罷出

杉戸外迄出迎
中溜前迄送　　從二位　三條西中納言

所勞ニ付斷　　從二位　石井前中納言

杉戸内迄出迎
上溜前迄送
　　　　從三位　野宮宰相中將
所勞ニ付斷
　　　　正三位　石井三位
同　斷
　　　　同　　勘ヶ由小路三位
同　斷
　　　　同　　梅園右兵衞督
同　斷
　　　　正四位下　中山前中將
同　斷
　　　　同　　梅園少將
同　斷
　　　　正五位下　梅園大夫

一右出宅案內ニ而自分熨斗目半袴著用竹屋口見步使案內ニ而出迎大書院ゟ誘引自分例席ゟ著坐何も內緣之方へ著坐關東御靜謐之旨被申述畢而自分著悅被申述候間是又相應及挨拶續而銘々持參之太刀目錄取次書院衝立脇とり持參差出之自分請取之會尺いたし右之方ニ差置公用人上之口ゟ出引之右相濟退散之節送如例

一同刻綾小路大夫同道同前大納言元服爲御禮被行向候ニ付表向例之公用

人貳人取次貳人白洲〈江〉罷出

綾小路大夫
同道
綾小路前大納言

右出宅案内〈ニ而〉自分平服〈但今日外行向ニ付熨斗目麻上下之儘〉竹屋口見歩使案内〈ニ而〉杉戸外迄出迎大書院〈江〉誘引自分例席〈江〉著坐前大納言大夫内緣之方〈江〉著坐元服御禮被申述候間關東〈江〉可申上旨申述時候挨拶等有之退散之節中溜前迄送之

一巳上刻宿次差立

一去ル四日出之宿次申刻到來

○十一月九日

一關白殿〈江〉御用談有之候ニ付八ッ時供揃帛小袖麻上下著用相越玄關敷出〈江〉諸大夫取次等出迎乍立及會尺刀携上り玄關上〈江〉御附出迎候間一寸膝ヲ突及會尺同處〈江〉刀取之者出候間〈江〉通

一諸大夫ゟ御用向有之伺公仕候旨申入御承知之上追付可被成御逢之旨申聞之
一無程案内有之御對面所入口衝立之所ニ扇子取置罷出敷居外ニ而平伏是ゟと被仰候間　御間内ゟ入候と　關東御安否御尋有之　御機嫌能旨申上畢而時候之御挨拶等有之夫より多葉粉盆出近習之者被爲披候間自分心得ニ而脱劔いたし御側近く進ミ御用談相濟復坐帶劔いたし見計御挨拶之上退坐
一初之席ニおゐて多葉粉盆出相濟諸大夫ゟ出迎之通り門外ニ而乘輿暮六ッ過歸宅
一内藤豐後守ゟ於小書院逢御用談いたし候
一去ル朔日出之宿次今酉刻到來
　○十一月十日
一溫恭院樣薨御ニ付御由緒之方々より被獻物納經等使者被差出候辰半刻

頃ゟ追々相揃候上被獻物納經等大書院上之間内縁ニ毛氈敷並置自分平
服著大書院正面著坐

近衛殿
仁和寺宮
中宮寺宮
圓照寺宮
法華寺五十君
微妙覺院御方
興正寺瑞華院
廣幡皐淨観院
廣幡靜君
醍醐綏君
勝興寺蓮生院

久　我　麗　君
興正寺三千君
梅　溪　少　將
右使者著到順々壹人ツヽ罷出取次引披露畢而自分前へ進ミ口上申述之
此節目録持參之分ハ差出候間受取之目録ヲ箱江入候分ハ口上計申述之
被獻物可遂披露旨及挨拶相濟而勝手江入
梅　溪　少　將
右同樣ニ付辰半刻被參自分平服著用（序ニ付帛小袖麻上下）著竹屋口見歩使注進ニ而
大書院杉戸内迄出迎誘引於例席對話被伺　御機嫌候間　御機嫌能被成
御坐候旨申述相應及挨拶被歸候節上溜前迄送之
一今日巳刻　溫恭院樣御院號養源院江相渡候ニ付自分服紗小袖麻上下著
大書院正面江著坐町奉行出席養源院衝立脇より同間江罷出　溫恭院樣
御院號相渡旨申渡之書付相渡養源院引町奉行退去自分勝手江入

但養源院披露無之

一今日下總殿〻御用談有之候ニ付八ツ時過出宅平服著用下總殿旅館妙滿寺〻相越玄關〻取持之者出迎候ニ付刀相渡式臺〻町奉行出迎候間一寸膝ヲ突及會尺公用人案內ニ而書院〻通御用談有之致伺公候旨申聞無程下總殿被出挨拶有之居間〻誘引御用談有之右相濟供揃之義公用人〻申付宜旨ニ付退散下總殿式臺迄被送町奉行取持之者下坐敷迄送一寸膝ヲ突及會尺歸宅六ツ時過

一戌半刻宿次差立

〇十一月十一日

一近衞大納言殿家司〻　御朱印相渡候ニ付自分平服大書院例席正面〻著坐　御朱印白木三方ニ載公用人持出右之方ニ置引家司衝立際より取次誘引罷出近衞樣御家司渡邊主鈴殿と披露是〻と及會尺側〻進ミ候ニ付御朱印相渡之受取引

一人馬證文船川渡證文右家司へ公用人ヲ以相渡之

一石原清一郎御代官之誓詞致候ニ付自分平服上竹之間正面ﾆ出坐北之方ﾆ町奉行南之方へ御目付出席之上清一郎出坐白木片木ﾆ硯筆墨針等載給仕方持出引誓詞公用人讀之畢而清一郎血判相濟公用人受取御目付ﾆ渡同人より自分ﾆ爲見候ニ付一覽之上又御目付ﾆ渡町奉行ﾆも爲見其後公用人ﾆ渡清一郎誓詞被　仰付難有旨町奉行取合畢而自分勝手ﾆ入

一本多主膳正爲上著悅入來ニ付上溜ﾆ通置自分平服大書院例席出坐公用人案內ニ而主膳正被通　關東　御機嫌被相伺候間　御機嫌能旨申達夫より上著之歡被申聞相應及挨拶被歸候節城主ニ付衝立外迄送之

一去ル六日出之宿次寅中刻相達

一同七日出之宿次酉中刻相達

〇十一月十二日

一勅使爲暇乞被行向候ニ付出門竹屋口へ見步使附置白洲敷出餝手桶等差

出之公用人貳人取次貳人如例出迎竹屋口注進ニ而自分平服手水之間迄出迎

廣橋前大納言

萬里小路前大納言

右小書院ニ誘引對話關東ニ而被差出候方領之書付壹通被差出候間例之通被致候樣申述且兩卿留守中御用向諸事議　奏衆ニ可掛合旨被申述相應及挨拶

但兩卿於關東親類方へ立寄らせ度旨書付被差出義有之其節ハ是又先格之通被致候樣申達

右相濟例席復坐煙草盆茶火鉢出之對話相濟被歸候節中溜前迄送之

一准后使堀川三位關東ニ下向ニ付爲暇乞被行向候ニ付出宅竹屋口見歩使附置白洲三枚敷出し公用人壹人取次貳人如例出迎

堀川三位

右竹屋口注進ニ而自分平服杉戸內迄出迎大書院江誘引例席著坐對話相應及挨拶退散之節上溜前迄送之

一土御門右兵衛佐高倉侍從關東江參向ニ付爲暇乞被行向次第右同斷

正四位上　土御門右兵衛佐

從四位下　高倉侍從

一二條殿參向ニ付家司江

御朱印等相渡候ニ付自分平服大書院正面著坐公用人　御朱印白木三方ニ載持出右之方ニ置引家司衝立際ゟ取次誘引罷出二條樣御家司村田左門殿と披露是江と及會尺側江進候付　御朱印相渡之受取引自分勝手江入

一人馬證文船川渡證文右家司江公用人ヲ以相渡之

一申下刻刻付宿次差立

一去ル四日同五日出之宿次丑刻相達

一御進獻之初鶴相達
○十一月十三日
一去ル六日出宿次卯上刻相達　御進獻之初菱喰相達
一未半刻々付差立
○十一月十四日
一初鶴初菱喰御進獻ニ付可爲見分之處風邪ニ付家老ゟ代見申付
○十一月十五日
一當日之禮可請處風邪ニ付何レも被申置
一勅使　准后土御門右兵衞佐高倉侍從其外地下之分共　御朱印可相渡處
風邪氣ニ付町奉行名代ニ而相渡
一右雜掌家司ゟ船川渡證文宿次證文等以公用人相渡之
一去ル十一日出宿次辰半刻相達
○十一月十六日

一下總殿ゟ爲御用談相越候ニ付八ツ時出宅相越都而手續九月廿日之通相濟歸宅七ツ半時過
一月並之鮮鯛壹折ツヽ　兩御所ゟ進獻いたし候
○十一月十七日
一日光御附弟宮下向之節差添被遣候奥詰御醫師千賀道隆上著屆且　御朱印持參ニ付取次案內中溜ゟ通置公用人罷出口上承之伺書等請取之自分平服著大書院例席著坐白木三方公用人持出右之方ニ差置之道隆罷出安否且此度　御用之御禮申聞候後　御朱印差出候ニ付改受取三方ニ載之預置候旨申聞在京中御扶持方證文差出候ニ付受取之公用人小廣蓋持出引之相應及挨拶勝手ゟ入
一御目付小笠原帶刀ゟ春日祭出席之義達之
○十一月十八日
一無記事

〇十一月十九日

一長崎奉行荒尾石見守參府ニ付今日五ッ半時町奉行同道相越上竹之間ニ通し自分平服大書院例席出坐石見守相通關東　御機嫌相伺候間　御機嫌能被成御坐候旨申達し相濟同人少し坐ヲ下り自分之挨拶有之相應及挨拶石見守退坐夫ゟ直ニ小書院ニ著坐石見守相通し對話相濟老衆ニ之傳言申述歸之節坐中少々送之

一組與力横田作内大野應之助御用物附添罷下り候ニ付目通り申付自分小書院正面著坐貳之間兩人共出公用人披露

此度之御用道中入念候樣申渡

家老取合兩人共退去

一去ル十三日出之宿次今曉丑半刻相達

〇十一月廿日

一無記事

○十一月廿一日

一無記事

○十一月廿二日

一今日　天璋院樣御敍位　宣下日時勘文議　奏衆雜掌持參ニ付自分平服著大書院例席ヘ著坐勘文載候白木三方公用人持出右之方ニ指置雜掌兩人貳之間末之方ヘ罷出尤披露無之是ヘ〻及會尺兩人側ヘ進勘文箱封之儘差出候ニ付受取之封印解印形相改勘文取出三方ニ載封印ハ元之箱ヘ入紐ヲ結差戾相濟而勘文被指越關東ヘ相達可申旨及返答雜掌退坐自分勝手ヘ入

一今夕申刻前　天璋院樣御敍位之　御位記議　奏衆持參ニ付例行向之通り白洲向取計見步使等申付ル

一行向以前　御位記兩家雜掌壹人ツヽ差添持參右入候長持玄關下坐敷上ヘ上ケ候付看板羽織袴著足輕兩人差出爲舁上雜掌長持ゟ取出外箱之儘

使者之間江持參外箱除之　御位記御箱柳箱ニ載外箱ハ公用人江渡扣居

一自分熨斗目麻上下著竹屋口見步使注進ニ而杉戶外迄出迎大書院江誘引

例席著坐兩卿ニハ少し上之方江著坐雜掌兩人兩卿跡ニ付衝立邊ニ而兩

卿著坐ヲ見合一同ニ進ミ　御位記中山江指出退去自分少進候時　御敍

位　宣下首尾能相濟候此段關東江宜申上旨被　仰出候　御位記ㇵ　傳

奏衆江相達可申旨ニ而中山被相渡候付御位記柳箱之儘受取上段ニ設置

候白木机江載之元之所江復坐早速關東江可申上旨及挨拶御位記も早速

傳　奏衆江相達可申旨是又申述相濟而例席江復坐兩卿ニも例席江退坐

時候挨拶等有之直ニ退散中溜前迄送之

但送り之時公用人壹人勝手上之口より罷出　御位記守り居候

一自分入掛拜見之上公用人江取仕廻之儀申付之候

一酉中刻宿次差立

〇十一月廿三日

一無記事

〇十一月廿四日

一關白殿江御用有之候ニ付八ツ時供揃帛小袖麻上下著用相越御用談有之都而手續其外送迎等例之通相替義無之暮六ツ時過歸宅

一去ル廿日出宿次午中刻相達

一酉刻宿次差立

〇十一月廿五日

一下總殿江御用有之候ニ付九ツ半時供揃八ツ時出宅旅亭妙滿寺江相越御用談致候手續幷下總殿初送迎等九月廿日之節之通相變義無之暮六時歸宅

〇十一月廿六日

一無記事

〇十一月廿七日

一大御番頭江此度　姫宮御誕生ニ付田安中納言殿徳川刑部卿殿被獻物ニ付右使組頭江可被申渡之旨以書付家來之者江公用人共ゟ相達

○十一月廿八日

一養源院江上著後初而之參詣幷　温恭院樣假　御尊牌御安置且　温恭院樣御法事二夜三日執行今日御當日ニ付右三廉相兼致參詣候ニ付自分烏帽子直垂著六ツ半打三寸廻り出宅養源院江相越

一奉始　大猷院樣上野方　尊靈前江白銀壹枚ツヽ獻備今朝介添之者持參

但御法事ニ付獻備之白銀三枚一昨日以使者相廻之置

一養源院門前石階下ニ而下乘此處江三輪嘉之助中井保三郎出迎附入候玄關式臺江養源院出迎ヽ但御法事勤中ニ候ハ役者出迎いたし候

但初而參詣之外ハ式臺迄ハ出不申玄關上迄出候刀ハ玄關上り候節取持之者江相渡之

一玄關上江伏見奉行始詰合之地役出迎候間烏渡膝ヲ突及會尺夫ゟ院主安（マヽ）

內ニ而　御佛殿裏通書院ヘ罷通
一院主安[マヽ]內ニ而相越手水出居候前之處ニ而括りヲ卸し手水遣ヒ　尊牌前ヘ院主安[マヽ]內閾外拭縁ヘ末廣ヲ置內ヘ入膝突之上ニ而拜禮尤御一同ヘ拜禮いたし候夫ゟ　溫恭院樣假　御尊牌ヘ拜禮いたし候
一右相濟書院ヘ通り上之間ヲ右ニ請貳之間正面ニ著坐町奉行ニハ挨拶之上自分左之方下坐ニ著坐養源院右之方廊下ヘ出及挨拶茶多葉粉盆出盛菓子薄茶指出之
但右上京之廉ニ付御法事初リ居候ハヽ前後可致義も可有之且初而之節ハ口祝昆布差出院主相挾候例ニ候得共御法事中ニ付其義無之旨昨日公用人共迄同院より申越候
一町奉行ヘ伺之上御法事之貳番鐘相催導師衆僧裝束相調自分　尊牌殿御左之方桃之間ヘ罷越ニ刀ハ跡差置　鳴鐘ニ而導師衆僧入堂御法事始
御當日　辰刻

胎曼荼羅供之所　先衆僧列立　次行道讃　鈸一迊
次導師登壇　次著坐讃　鈸一迊
次唄匿　賦華籠
次逆洒水　次散華　次對揚　次法則　撒華籠
次供養文　次唱禮　次九方便　次大讃　鈸二段
次佛讃　鈸上段
次甲四智　切音
次回向　次終讃　鈸一
次導師下壇　次始經　自我偈後唄
次導師進　御内陣
獻供
次導師衆僧出堂　具在前
御法事畢而衆僧退出桃之間と道場外陣間之襖ヲ閉行事壇ハ其儘ニ有之

佛具取除院主案内自分拭板ニ而清手水いたし夫ゟ膝著之上ニ而中啓前ニ置拜禮畢而又々院主案内ニ而書院江通湯漬差出之相濟退散歸宅八ツ半打三寸廻り

但御法事計之參詣ニ候得ハ右之通御法事相濟候後致拜禮候得共今日ハ上京後初而之參詣幷　溫恭院樣假　御尊牌御安置拜禮相兼候ニ付參著直ニ拜禮いたし候而已ニ而相濟

一申中刻刻付差立

○十一月廿九日

一禁裏江初鶴初菱喰

御進獻ニ付女房之奉書來候ニ付自分平服大書院例席著坐女房之奉書入候長箱貳ツ小机江載之公用人持出右之方ニ置之雜掌兩人貳之間末襖際江罷出披露無之是江も及會尺兩人側へ進ミ奉書箱封之儘差出候付受取之封印解印形相改奉書取出し此方長箱江入封印ハ元之箱江入紐結ヒ差戻相

濟而女房之奉書被差越關東江相達可申旨及返答雜掌兩人退坐小机奉書
箱公用人引之自分勝手江入
一酉之中刻宿次差立

○十一月晦日

一下總殿江御用談有之候ニ付八ツ時過出宅旅亭妙滿寺江相越御用談いた
し候都而手續等九月廿日之通り相變義無之歸宅七ツ半時過三寸廻り
一小笠原長門守江於小書院逢御用談いたし候
一去ル廿四日出之宿次酉下刻相達

○十二月朔日

一當日ニ付大御番頭始地役之面々入來ニ付大書院江出坐禮受可申之處御
用多ニ付不致出坐公用人江一同口上被申置候
一上京後初而組與力同心其外目通申付候ニ付自分帛小袖麻上下著用大書院出坐
掛於小書院貳之間ニ三寶寺定職人鍵屋九左衞門同悴虎萬之助相詰返懸

目通申付取次披露公用人壹人出席
一夫ゟ大書院正面に著坐家老壹人貳之間南之方本間中程に出席其外用
人公用人貳之間内緣に出席近習之者後詰有之取次貳之間南之方ゟ引
出北之方末ゟ貳本目程前に罷出

小野太左衞門　　柳下彥右衞門
古在彌五兵衞　　大野市右衞門
伊藤權左衞門　　栗飯原克之進
山口達左衞門　　富田作太郎
小菅伴右衞門　　加藤三郎
佐竹七之助　　竹内盛之進
柳下仙藏　　石崎八郎
宮本勘次郎　　並河小太郎
安井繁太郎　　大塚猪藏

加藤兵左衛門　高岡禮次郎
奥村勇助　廣瀬市十郎
大塚源三郎　佐藤鉚三郎
岡田常彌　安藤捨之丞

右先年目通相濟候者共ニ付五人ツヽ衝立之方より出唐紙際ニ而平伏取次御組與力よ披露須臾よ言葉遣家老取合與力北之方唐紙明置候處に引

森山民三郎　戸田鉄太郎
星野鐵太郎　石川隼太
神應元太郎　田中團三郎
吉田萬藏　蘆谷直治郎
岡田直五郎　大島安太郎
山口雄太郎　星野覺太郎
安藤伍一郎　戸田三子七

戸田又藏　　大野正次郎
古在卯之助　　小野敬之丞
柳下爲之助　　粟飯原專次
　　　　　　　飯室一郎
　　　　　　　吉田次郎

右壹人ツヽ衝立之方ゟ出唐紙際ニ而平伏取次名披露初而ゟ言葉遣家老取合與力北之方唐紙明有之處ゟ引

右同斷壹人ツヽ取次名披露番代之禮家老取合可入念旨言葉遣之又取合有之北之方引相濟家老用人公用人上溜向ゟ出席同心中溜内緣ニ並居支配與力下溜邊ニ相詰罷在自分上溜向通掛目通申付御組同心共ゟ取次披露畢而上溜通り勝手ゟ入

一入掛小書院貳之間ゟ定職人指物や久左衞門悴久三郎通り懸初而目通申付取次披露

一御代替ニ付誓詞之義追々於自宅相調候樣今日左之面々呼出相達之
岡部土佐守
小笠原長門守
大久保大隅守
大久保伊勢守
右一同相揃候上自分平服之處式日ニ付服紗麻上下著小書院正面著座左之通申渡之
岡部土佐守
小笠原長門守
屋久左衞門倅久三郎通り掛り初而目通り申付取次披露
一御代替ニ付誓詞之義近々於自宅相調候樣今日左之面々呼出相達之
岡部土佐守
小笠原長門守

大久保大隅守

大久保伊勢守

右一同相揃候上自分平服之處式日ニ付服紗麻上下著小書院正面著坐左之通り

申渡之

岡部土佐守

小笠原長門守

今度就　御代替誓詞之義被相願候先格之通於自宅爲調候樣年寄衆ゟ申來候間可被得其意候尤御門番之頭其外誓詞相願候地役之面々藤林道壽ゟも可被相達候

大久保大隅守

大久保伊勢守

右同斷尤中村雅太郎ゟも可被相達候

右申渡相濟一同上竹之間ゟ退去右申渡書ハ公用人ヲ以相達之

一關白殿江御用有之候ニ付八ツ時過出宅相越御用談いたし候都而手續等去月九日之節之通相替義無之御附始諸大夫取次等送り迎例之通歸宅六時過

一御目付小笠原帶刀南都とゑ罷歸り候屆入來宿次證文人馬證文返上且御祭禮之書附等差出於小書院逢候事

一大御番組頭遠山三十郎森川權六郎今日田安中納言殿德川刑部卿殿之使相勤候旨爲屆入來

○十二月二日

一下鴨上加茂臨時祭相濟日蔭蔓榊關東江獻上ニ付一社惣代持參　關東江送候箱江詰相濟家老用人公用人出席自分平服（序ニ付仲目半袴之儘）大書院江出坐兩社之日蔭蔓榊詰候形右目錄等も一覽相濟直ニ正面江著坐近習後詰有之三之間襖左右江開之下鴨上加茂社人四人共一同罷出下鴨上加茂一社惣代と取次披露直ニ退坐襖閉家老用人公用人後詰共引

一御所ニて御內之者初見ニ付自分伸目厤上下著大書院正面に著坐大久保大隅守大久保伊勢守出席
禁裏御所　准后御殿取次初御扶持人御醫師迄順々衝立際とり貳之間に罷出　御所御內之者罷出候節ハ御附役名申之自分ニ而名前申之初而被挨拶御附取合有之
一右相濟大書院入側に家老用人公用人出席近習後詰有之

大久保伊勢守組與力
窪田文平

大久保大隅守組與力
長屋左平太

右衝立際とり貳之間東之方とり一疊目に壹人ツヽ罷出取次披露須臾と挨拶
一右相濟上林巳之三郎病氣不參ニ付木村宗右衞門貳之間に出席家老初如舊出席

御物御茶師

御袋御茶師

御道御茶師

右順々衝立際ニ罷出御禮申上之宗右衛門披露

不殘相濟宗右衛門貳之間貳疊目ニ罷出茶師共禮受候禮申述之退去

但鉚之助幼少ニ付不罷出候間後見宗右衛門繰出し致　宗右衛門巳之三郎代相勤候付公用人

繰出

一右相濟殘組與力目通申付候付家老壹人貳之間南之方中程ニ出席其外出

席如舊貳之間末北之方襖壹枚開之取次本間ニ罷出

波多野伊織

伊藤直矢

右貳人一同衝立之方より出唐紙際ニ而平伏取次御組與力と披露須臾と

大岩俊藏

言葉遣之家老取合與力北之方ニ引

赤林制藏

小菅富之丞
加藤龜次郞

右同斷壹人ッヽ罷出取次披露初ゟと言葉遣家老取合與力北之方ゟ引
一夫より家老用人公用人上溜向ゟ出席同心一同中溜內緣ニ並支配與力下
溜邊ニ相詰罷在自分上溜向通掛御組同心と取次披露上溜通緣手ゟ入
一入掛手水之間ニゐ茶屋四郞次郞名代內役福井次右衞門目通申付ル取次
披露言葉無之
一九ッ半時より五山派寺院等禮受候ニ付自分伸目半袴著大書院正面上段
際ゟ著坐家老用人公用人內緣ゟ罷出近習後詰三之間襖貳枚開之

南禪寺
天龍寺
相國寺
建仁寺

一右一同同間江罷出直ニ披露初而与及挨拶
但差合ニ而名代出候日ハ不及挨拶
一引續
右順々罷出取次披露言葉無之

五山派之僧

茶屋四郎次郎名代
福井次右衛門

同
稲垣次三郎

上雜色

上町代

右壹人ツヽ三之間江罷出取次披露
一夫与り内縁衝立之内南之方江取次著坐公用人衝立之内北之方江著坐
右壹人ツヽ衝立際与り出取次披露相濟衝立北之方江披之取次三枚杉戸
敷居南之方江著坐同所北之方江公用人著坐

不罷出　西寺内町代

東寺内町代

右壹人ツヽ取次披露相濟自分立坐

下雑色

右取次披露夫より上溜向南之方取次著坐同所北之方公用人著坐通り掛

下町代

取次披露相濟上溜り通り勝手江入

一一乘院門跡より　温恭院樣薨御ニ付　上樣　天璋院樣江御菓子獻上以

使者差出候付自分平服（今日外席ニ付伸目之儘）大書院正面著座右被獻物ハ大書院上之

間入側江毛氈敷並置使者取次披露畢而自分之前江進口上申述目錄差出

之候付受取關東江可申上旨申述之

○十二月三日

一寒入ニ付關東爲伺　御機嫌五ツ半時町奉行御附入來ニ付自分平服ニ付（序手）

伸目麻上下　大書院例席江出坐貳之間入側衝立際ニ罷在候町奉行江及會尺候与町奉行御附壹役ツヽ罷出　御機嫌伺候間　御機嫌能旨申達畢而自分之挨拶衝立際之町奉行ゟ會尺有之自分退坐

一引掛小書院例席著坐御附相通是江与及會尺少し進候間對坐位ニ進出扇子取之寒入ニ付　御所々々奉伺　御機嫌候段申述候与　御機嫌能旨申聞候間恐悅之旨申述之復坐自分之挨拶有之相濟退去

一江州山門惣代寺院本寺本社末寺末社之面々上著爲御禮罷出候付熨斗目麻上下著大書院正面上段際ニ著坐家老用人公用人内緣江罷出

但近習之者刀持後詰有之

一夫与り三之間襖中央貳枚公用人開之幷貳之間之分ハ直披露三之間之分ハ取次披露上之間之分ハ始而与言葉遣之右名前等ハ茶屋四郎次郎代之者ゟ差出候折本ニ有之ニ付略ス右相濟

妙満寺

右貳之間敷居際ニ罷出直披露初入幷繼目之禮申述退去
　但言葉無之
　　　　　　　　　　　　　　　妙滿寺
　　　　　　　　　　　　　　　　役者
右三之間ニ罷出取次覗披露畢而襖閉之勝手ニ入
一去月廿七日出之宿次卯刻達
一寒入ニ付雁進獻可致見分之所御用多ニ付家老ニ代見申付
一大御番組頭遠山三十郎森山權六郎田安殿刑部卿殿御使相勤候處今日於月番亭御返答被申渡御返答書持參有之直受取之廉ニ候得共御用多ニ付以公用人受取候
一酉之中刻宿次差立之
　〇十二月四日
一自分上著ニ付鄕士中島武八郎父子幷呉服師銀坐朱坐爲替之者古筆長崎糸割符年寄御用達諸職人御扶持頭梁幷頭棟梁醫師聖中惣代京都根生町

人諸大名用達共爲御禮罷出候付何も相揃以上茶屋四郎治郎名代之者ゟ
公用人共ニ折本差出之宜旨申聞候間自分（熨斗目麻上下）著用大書院上段際正面
著坐家老用人公用人共ニ罷出後詰有之三之間襖中央貳枚開之郷士中島
武八郎悴勝次郎貳之間壹疊目ニ罷出取次披露其外順々罷出取次三之間
覗披露御禮申上之相濟襖閉之勝手ニ入

一自分上著ニ付爲御禮養源院可罷出之處不快付代僧幷町人共罷出且本隆
寺入院之禮受候付相揃候上今朝之通茶屋名代之者折本被出公用人共宜
旨申聞候間自分（熨斗目麻上下）著大書院上段際正面ニ著坐家老始出役之者今朝
之通尤後詰有之三之間襖中央貳枚開之

養源院代　化城院

本隆寺

右貳之間壹疊目ニ罷出取次披露引續

右罷出貳之間三疊目ニ出直披露入院之禮申述退去尤言葉無之右相濟襖

閉之衞立取之京地役河原川大佛邊坂弓矢町年寄三本杉戸閾際ニ罷出御禮申上之取次披露右相濟公用人中溜北之方著坐上溜之間通掛ヶ取次中溜前內緣公用人向坐邊ニ著坐傾城町年寄共廣間杉戸前ニ罷出新町六丁之者共ゝ披露右相濟上溜之間ゟ勝手ニ入

〇十二月五日

一無記事

〇十二月六日

一今戌中刻江戸表ゟ之宿次到來

一今申下刻江戸表ニ之宿次差立之

〇十二月七日

一子下刻去月二日出之宿次相達

一溫恭院樣　御尊牌前ニ御獻備之御膳具取次附添養源院ニ相納之

〇十二月八日

一今日養源院江參詣可致候處疝積氣ニ付其義無之

〇十二月九日

一將軍　宣下　御任槐之　宣旨等御頂戴御作法無滯所被爲濟候爲御祝義

勅使　中山大納言

准后使兼　坊城中納言

今日辰刻御役宅江被參候付卯刻ゟ外側木戸〆切裏門前與力同心固差出大目付竹屋口辻番所江相詰家老用人公用人壹人ツヽ門外西之方取次三人東之方江罷出（門より式臺迄假廊下懸可申處差掛候ニ付其儀不致候）町奉行岡部土佐守小笠原長門守御附大久保大隅守大久保伊勢守門內敷出し西之方江出迎何も熨斗目半襠著用自分熨斗目長襠著用下坐敷東之方江出迎

但出迎之程合ハ　勅使出宅承之上溜入側江相越町奉行御附も右同處江罷出待合竹屋口之注進ニ而町奉行御附者直ニ敷出し口江罷出自分廣間迄相越其時公用人壹人刀持ニ而側ニ居候計ニ而面番ハ拂申候

勅使門前ニ而下乗ヲ見掛ケ自分下坐敷東之方ニ罷出候事
但刀持公用人後ロ栗石之上ニ扣居
勅使被參及會尺直ニ大書院上之間へ案内　勅使上段際ニ著坐自分二之
間之上北之方ニ著坐
町奉行御附貳之間東之方襖ヲ後ニして著坐
勅使會尺有之帶劍之儘ニ而　勅使之前四尺程進ミ　御口上承之
准后　御口上も承之關東ニ可申上旨申之兩卿例席ニ著坐自分も例席ニ
著坐此時自分之恐悦被申述畢而町奉行ニ致會釋候と長熨斗目三方持出
中央ニ差置貳之間敷居外ニ披兩卿會尺有之町奉行撤之自分之挨拶有之
退坐送り等出迎之通
但　勅使退散送り等濟候而引候節直ニ自分大書院上之間例席著坐町
奉行御附一同通シ逢無滯相濟候段挨拶退去夫より於上竹之間町奉行
御附迄一汁三菜料理支度等差出之

一將軍　宣下　御任槐之　宣旨等　御頂戴御作法無殘所相濟幷　天璋院樣從三位　勅許相濟候ニ付伏見奉行始地役之面々恐悅申上候付四ッ時相揃自分熨斗目麻上下（序ニ付前同服）著用大書院例席ニ出座左之面々壹役ッヽ罷出

伏見奉行

大御番頭

町奉行

御附

御目付

去朔日就吉辰

公方樣將軍　宣下等　御頂戴　勅使　准后使　御對顏御作法無殘所相濟幷　天璋院從三位　勅許相濟候付恐悅申上之可申旨及挨拶

右相濟大書院裏廊下ニ一旦中座二條御門番之頭以下一統貳之間ニ著座

町奉行御附出席之上本間正面ニ出座謁之

地役之面々

右同斷一統恐悦申上之

右相濟勝手ニ入

一御用談有之關白殿ニ相越手續總而去月九日之通八ツ半時出宅六ツ半時
前歸宅

一宿次二ツ五ツ時前差立之

〇十二月十日

一今度　將軍　宣下　御任槐之　宣旨等　御頂戴御作法無殘所相濟候爲
御祝儀議奏衆被行向候付白洲敷出し門内外餝手桶立番人留足輕出之出
宅竹屋口見歩使附置

議奏衆

御用有之不參　久我大納言

指合中

　　　　　　　　　　　徳大寺大納言
　　　　　　　　　　　中山大納言
　　　　　　　　　　　坊城中納言
昨日被行向候付不參
　　　　　　　　　　　裏松大藏卿

竹屋口見歩使罷歸公用人貳人取次貳人白洲ゟ出自分熨斗目半襠著上溜
杉戶外迄出迎大書院ゟ誘引例席著座少進ミ關東　御機嫌被相伺候間
御機嫌能旨及挨拶畢而此度之御祝儀被申述被歸候節中溜前迄送之公用
人取次出迎之通送之
一御代替ニ付五畿內寺院渡之內相殘候藏坊南都極樂院同前三覺寺ゟ　御
朱印相渡候付門內外餝手桶門下ゟ徒目付足輕小頭立番等差出廣間向公
用人熨斗目麻上下著
一四時相揃宜旨公用人ゟり申聞自分側ニ差置三之間襖左右ゟ開之藏坊ゟ
り壹人ツヽ罷出中座なし直ニ側ゟ進ミ直披露　御朱印相渡之三之間襖

開之

但極樂院幷正覺寺ハ差合ニ而名代之者罷出候得共手續等相變儀無之

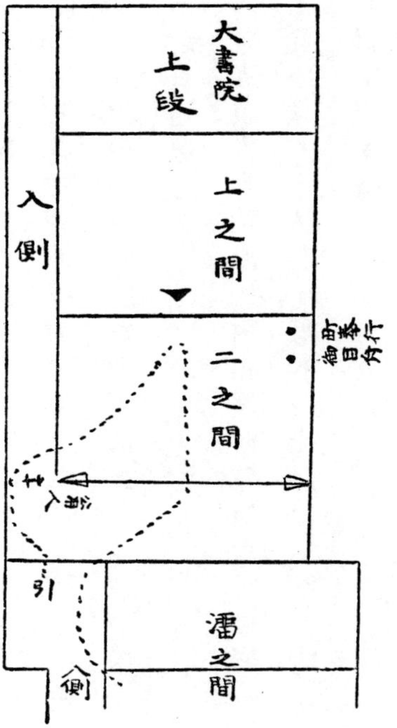

一去ル三日出次飛脚至來

○十二月十一日

一無記事

○十二月十二日

一今辰刻今城中將同道中山侍従元服爲御禮被行向候付見歩使并裏向例之
通公用人壹人取次貳人白洲ゟ罷出

同道
今城中將
中山侍従

右出宅案内ニ而自分平服著用竹屋口見歩使注進ニ而杉戸内迄出迎大書
院ゟ誘引自分例席ゟ著座中將侍従内縁之方ゟ著座元服御禮被申述時候
挨拶等相濟退散之節上溜前迄送之

一關東より　御進獻之御茶　御膳之御下被下候付午刻被爲　召候間九ッ
時供揃置衣冠著用罷在御附より唯今參　内時刻宜旨案内有之卽刻出宅
御唐門ニ而下乘御車寄前ニ而太刀公用人ゟ相渡之（但太刀ハ公用人御内玄關ゟ相廻り取次ゟ相渡後刻伺公之間著座後ニ取次置之）階下ニ而沓脱之上り同所え非藏人出迎乍立會釋夫より鶴之
間ゟ罷通著座非藏人ヲ以傳　奏代衆ゟ申込候所無程傳　奏代衆出會有

之其節少し進ミ　御機嫌相伺之且被爲　召候御禮申上復座夫より相應挨拶有之可被及言上旨ニ而傳　奏代衆退入

一議　奏衆被出關東御靜謐之旨被申候間　御機嫌能旨及挨拶且今日被爲召候御禮も申述之畢而退入

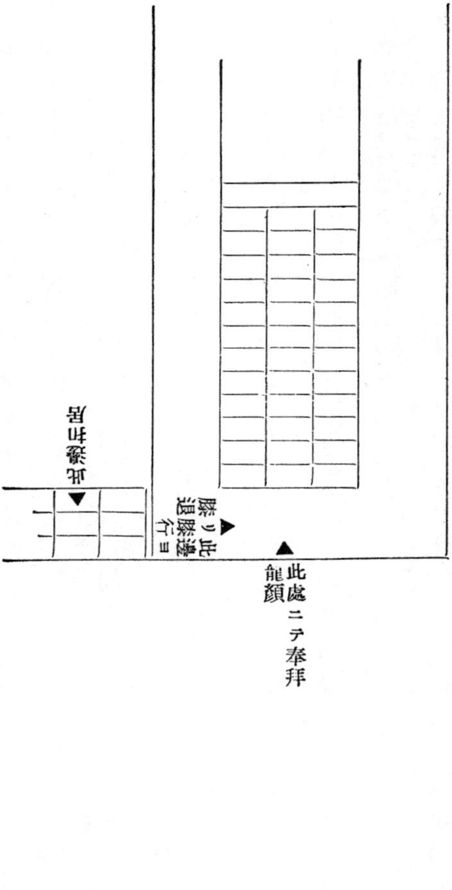

一傳　奏代衆再出會　御機嫌能旨幷　召之御禮被及言上候旨被申聞候間
恐悅之旨申述可被遊　御對面之旨被傳候間伏而承之直ニ誘引有之小御
所取合廊下ゟ取附之廊下迄相越扣居傳　奏代衆ニも上之方ニ被扣居暫
有之尙又誘引ニ付取合廊下ゟ入北之方ニ扣居
一傳　奏衆　御向ニ而中禮有之夫ゟ南廂東之方ゟ出座自分ゟ會釋有之
候と中啓持之罷出　御正面南廂御障子際ゟ進ミ中啓前ニ置奉拜
龍顏尤　御目通邊ハ膝行膝退ニ而左リ廻リ起坐取合廊下ゟ退引
但今日　天盃頂戴ハ無之事
一傳　奏代衆誘引ニ而直ニ相越如近例掛莚邊迄同伴自分伺公之間ゟ相越
右入口ニ御附出迎候間下ニ扣居及會釋伺公之間ゟ著坐傳　奏代衆被出
候間進坐奉拜　龍顏候御禮申述復座
一奧向出會之旨御附申聞ヨリ上之方戶開候と　大乳人被出自分少し進
御機嫌相伺今日ハ被爲　召奉拜　龍顏候御禮申述口祝有之進ミ出右之

手ニ受復座畢而大御乳人退入
一火鉢多葉粉盆茶出ル
一御料理出傳　奏代衆一同頂戴之御本膳中詰持出之尤御焼物ハ御附役之
但御料理御本汁　御拳之鶴ニ候得ハ御本膳御附持出候得共當年ハ未
御進獻無之ニ付本文之通
一御料理頂戴御酒出
初獻自分中山坊城各盃ニ而一獻ツヽ相濟重肴御附盛之
一尙又自分挨拶之上一獻請其盃中山ヘ進之肴ハ座ニ出有之臺肴挾進之
返盃有之肴も挾被呉猶又挨拶之上坊城ヘ進之肴も挾進候返盃有之肴
も挾被呉候夫より中山挨拶有之御附大隅守ヘ其盃遣之肴も挾遣返盃
有之肴ハ臺之儘受之夫ゟ伊勢守ヘ遣候次第大隅守同樣ニ而其盃自分
ヘ返盃　二獻中山自分坊城各盃重肴御附役之　三獻坊城自分中山各
盃挨拶有之上盃納之

一御湯出相濟膳部撤之
一夫ゟ口取出口切之御茶御附持出御茶銘後眘之旨申聞之傳　奏代衆一同
頂戴之畢而後菓子薄茶出相濟傳　奏代衆暫時對話有之見計少進
今日被爲　召奉拜　龍顏關東ゟ御進獻之御茶幷御膳之御下頂戴仕
難有仕合之旨傳　奏代衆ゟ御禮申上之
尙又挨拶等厚申述畢而傳　奏代衆退入
一御附ゟ掛合休息所へ引熨斗目半袴ニ著替可致之處今日ハ無其儀衣冠之儘ニ而
直ニ御內玄關ゟ退散御附其外送等例之通夫々及會釋淸所御門ゟ退
散
但著替之儀ハ勝手次第之事
一關白殿幷傳　奏代衆爲御禮相越口上書持參申置之
今日被爲　召參　內仕候處奉拜　龍顏從關東御進獻之御茶幷御膳之
御下頂戴仕難有仕合存候

右御禮伺公仕候

十二月十二日　　　　　　名

傳　奏代衆ゟ

右同文言致伺公候

右相濟歸宅六ッ半時掛り

一去ル四日出中務殿ゟ之宿次至來

一夜六時江戸表ゟ宿次差立之

〇十二月十三日

一御代替ニ付誓詞相納候付自分服紗小袖麻上下著用小書院例席ゟ著座之

上在京御目付小笠原帶刀公用人案内ニ而罷通南之方著座候と誓詞相調

候段及挨拶從夫誓詞道具白木片木ニ載小性之者持出右之方ニ置引公用

人誓詞白木片木ニ載持出讀之畢而右誓詞相濟公用人被出誓詞御目付ゟ

爲見候上自分ゟ封候旨御目付及挨拶公用人持下り目通ニ而右筆之者ニ

封爲致此內誓詞道具小性之者引之相濟而公用人持出自分へ差出候間調

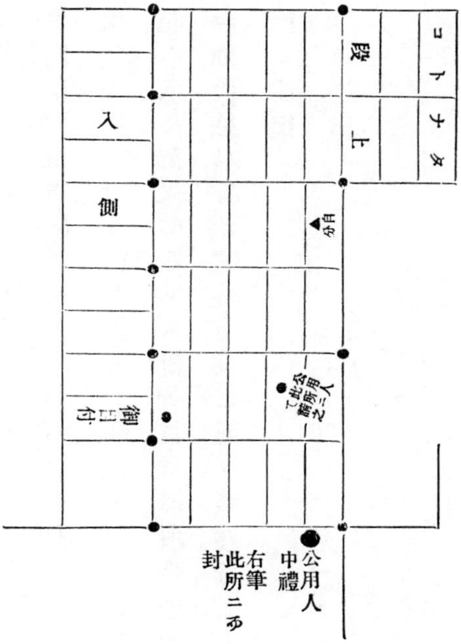

印いたし畢而公用人ゟ御目付江差出印形被致直同人ゟ自分江被差出無滯相濟目出度旨被申聞及挨拶來春歸府之節可相渡候間年寄衆江被差出候樣及挨拶右誓詞封之儘公用人江相渡畢而御目付退散自分勝手江入
一右誓詞箱江入　御朱印箱江入置御目付歸府之節相渡關東江差出候事
一御代替ニ付伏見奉行始其外地役之面々藤林道壽誓詞相調候ニ付今五ツ時左之面々罷出

伏見奉行
内藤豐後守

町奉行
岡部土佐守
小笠原長門守

御附
大久保大隅守
大久保伊勢守

御門番之頭
幸田金一郎
小林半右衞門
御殿番
三輪嘉之助
大津御代官
石原淸一郎
御鐵砲奉行
佐々木金右衞門
御代官
小堀勝太郎
角倉與一
御入木山支配
木村宗右衞門
御藏奉行
赤木唯五郎
白木達之進

同假役
平岡又左衛門
御大工頭
中井小膳
禁裏御賄頭
中村雅太郎
御大工頭見習
中井保三郎
加茂堤奉行
角倉鍋次郎
御茶師
上林巳之三郎
御藥園預
藤林道壽

不快ニ付不參

右相揃候上自分服紗小袖麻上下著用小書院正面例席江著座之上在京御目付小笠原帶刀公用人案内ニ而罷出北之方襖際江著座尙又公用人案内ニ而伏見奉行通し硯針等載候片木給仕方之者伏見奉行之右之方江差置引公用人誓詞持出讀之畢而誓詞伏見奉行江差出誓詞相濟候上受取御目付江差出御目付ゟ自分江爲見夫より誓詞ハ御目付ゟ公用人江相渡直持引伏見奉行誓詞被　仰付難有旨申之退去引續町奉行御附壹人ツヽ罷出

誓詞相調之御門番頭以下ハ町奉行出席尤一役切罷出誓詞相調之中村雅太郎誓詞之節ハ御附兩人共出席候事

但御藏奉行假役ハ誓詞別書少々違候ニ付壹人罷出尤假役ニ付而之誓

小書院誓詞席圖

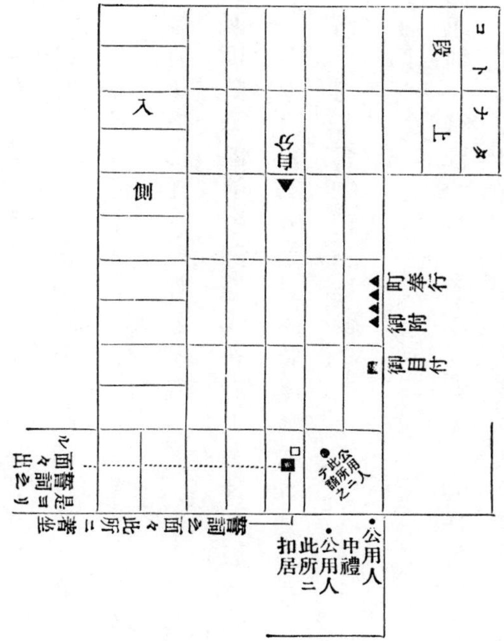

詞いたし候事故御目付町奉行出席ニ而大御番頭ニハ出席無之候且又町奉行御附出席之節ハ自分誓詞一覧後御目付ゟ出席之面々江爲見候上公用人江右誓詞相渡持引御目付本席江著座之上出席之面々ゟ誓詞被　仰付難有仕合之旨取合有之候事

一在京御目付河田榮三郎儀ハ御城代在府中ニ付在坂ニ候得共天明度嘉永度ニも壹人ニ而相濟候例有之候間此度も如本文相濟

一誓詞相濟候面々何も爲御禮相越候事

〇十二月十四日

一西本願寺關東伺　御機嫌且　將軍　宣下　御任槐被爲　濟候御祝儀幷自分上京爲祝詞今巳刻被行向候ニ付出門見歩使歸り候而長袴著之大書院三之間迄出居公用人壹人取次貳人熨斗目麻上下著式臺迄出迎本願寺式臺際迄乘輿公用人先立被通自分杉戸外迄出迎大書院江誘引例席江著座關東被伺　御機嫌且此度之御祝儀被申述幷自分上京祝詞被申述及挨

挨對話中右坊官兩人衝立際より取次引連貳之間下壹疊目ニ罷出坊官下間少進下間大藏卿と披露其後ハと詞遣之畢而本願寺退散中溜前迄送之

〇十二月十五日

一今度　將軍　宣下　御任槐之　宣下等御作法無殘所相濟候爲御祝義今日辰刻久我右大將被行向都而去ル十日之如し

一月次地役之面々禮受例之通無相變義

一右相濟自分大書院例席ニ著（平服之處今日ハ式服之儘）小笠原加賀守稻葉兵部少輔出席公用人衝立際ニ罷出夫より組頭壹人ツヽ罷出廊下貳本目柱際ニ而銘々名披露貳之間敷居外ニ著座不殘著座之上加賀守兵部少輔組頭共と披露勤向可被入念旨申之畏候旨取合何も御無事珍重と挨拶兩人取合有之何も退座相濟

一東本願寺　將軍　宣下　御任槐之　宣旨御作法克相濟御祝儀として被行向玄關ニ而被申置候事

一戌上刻江戶表ゟ之宿次差立之

○十二月十六日

一將軍　宣下　御任槐之　宣旨等御頂戴御作法無殘處相濟候爲御祝儀與正寺同新門今卯半刻出門來臨ニ付見步使差出出門見步使注進ニ而自分熨斗目半袴著用貳條口見步使注進ニ而自分衝立際迄出迎公用人壹人取次貳人熨斗目麻上下著下座敷迄出迎公用人先立ニ而被通自分大書院ゟ誘引例席ゟ著座御祝儀被申述相應及挨拶畢而退散之節上溜前迄送之

一今巳刻豐岡三位同道豐岡勘解由次官裏辻侍從同道裏辻大夫元服爲御禮被行向候付見步使白洲三枚敷出し立番差出公用人壹人取次貳人白洲ゟ罷出

同道
豐岡三位
豐岡勘解由次官

同道

裏辻侍従

裏辻大夫

右出宅案内ニ而自分平服著用竹屋口見歩使ニ而杉戸内迄出迎大書院江
誘引自分例席江著座三位勘解由次官侍従大夫内縁之方江著座元服御禮
被申述時候挨拶等有之相濟退散之節上溜前迄送之

○十二月十七日

一小笠原長門守江於小書院逢御用談いたし候

一江戸表ゟ去十一日出之宿次酉下刻相達

○十二月十八日

一此度關東御大禮相濟候付爲恐悦本多主膳正（膳所城主 六万石）入來自分熨斗目半
袴著用大書院江出座公用人案内ニ而同人被通右恐悦被申述候間可申上
旨及挨拶畢而相應挨拶等有之退散之節衝立外迄送之

○十二月十九日

一將軍　宣下御祝儀諸御禮相濟候付地役之面々恐悦被申上候ニ付五半時
自分熨斗目麻上下著大書院例席ヘ出座左之面々一役ツヽ罷出

伏見奉行
大御番頭
町奉行
御附
御目付

今月七日九月十一日　將軍　宣下爲御祝儀諸御禮首尾無殘處相濟候
ニ付恐悦申上之
右相濟大書院裏廊下ヘ一旦中座二條御門番之頭以下一統貳之間ヘ著座
町奉行御附出席之上本間正面ヘ出座謁之

地役之面々

右同斷一同恐悅申上之
右相濟ゟ勝手ゟ入
一勅使　准后使歸京ニ付兩卿雜掌爲使者來先達ゟ相達候　御朱印幷諸證
文持參ニ付自分平服大書院正面例席著座白木三方公用人持出右之方ゟ
置之兩卿雜掌衝立脇より一同取次引連出藤堂兵庫權助殿北帶刀殿を披
露是ゟも及會釋　御朱印返上ニ付受取三方ゟ置之夫より　准后使堀川
家司取次引連出堀川三位樣御內小川左馬殿を披露是ゟも及會釋　御朱
印返上受取三方ニ置之公用人引之自分勝手ゟ入
一兩卿雜掌御用物人足證文船川渡證文宿次證文都合四通於下竹之間公用
人迄差出之堀川家司ハ於使者之間右同斷差出之
但人馬宿次證文年寄衆より被差出候分壹通ッヽ差出之堀川家司より
も右同斷之通年寄衆より被差出候分一通差出之
一去ル十三日出之宿次午上刻相達

一關東江之宿次戌上刻差立之

○十二月廿日

一勅使　准后使歸京ニ付今日被行向候間出宅竹屋口見歩使附置白洲敷出
餝手桶等如例差出公用人貳人取次貳人出迎自分平服竹屋口注進ニ而手
水之間迄出迎

廣橋前大納言

萬里小路前大納言

右小書院江誘引例席著座此度關東御馳走被仰付其上拜領物幷雜掌江迄
拜領物被　仰付難有旨被申述幷人馬　御朱印御禮も被申候畢而熨斗白
木三方煙草盆火鉢茶差出之
但於江戸表兩卿江寒氣之時分參向大儀被　思召候旨達有之難有之旨
御禮被申述右書面被爲見候間及一覽直返却且方領被下候義江戸表ニ
而被致候書面被見せ且又一覽之上返却例之通可被申渡旨被申聞相濟

被歸候節中溜柱際迄送之公用人取次出迎之通送之

堀川三位

右竹屋口迮進ニ而公用人壹人取次貳人白洲ゟ出迎誘引大書院例席ゟ著座今度於關東御馳走被　仰付難有旨被申述幷人馬　御朱印等之御禮被申述相應及挨拶被歸候節上溜前迄送之公用人取次出迎之通送之

一土御門右兵衞佐高倉侍從家司爲使者罷出先達相渡候　御朱印等返上ニ付自分平服大書院正面例席ゟ著座（白木三方公用人持出右之方ニ置之）右家司衡立際ヒり一同取次引連出土御門右兵衞佐樣御內小澤齋宮殿高橋侍從樣御內山本齋宮殿ヒ披露是ゟヒ及會釋　御朱印返上ニ付受取三方ニ載之公用人引之自分勝手ゟ入

一右兩家家司船川渡證文人馬證文等使者之間公用人迄差出之

但人馬宿次證文老中ゟ被差出候分一通ッヽ差出之

〇十二月廿一日

一寒中爲　御尋從　禁裏　准后致拜領候付御臺所口江見步使壹人ツヽ附置并竹屋口見步使付置白洲向取計例之通御臺所口より之見步使罷歸候而熨斗目長袴著用大書院廊下ニ而待合　御使ゟ少し前ニ拜領之御品來候ニ付敷出しニ而徒士受取之取次附添上溜前杉戸外迄持參同所ニ而給仕方受取公用人附添大書院上段ニ兼而出し置候盤臺之上ニ餝之北之方廊下ニ扣罷在竹屋口見步使罷歸白洲東之方江取次貳人西之方江用人壹人公用人貳人罷出家老壹人敷出端江出迎公用人壹人先立案內いたし上溜前廊下ニ刀被置自分杉戸外迄立向此時案內之公用人渡邊下總介殿と披露夫ゟ大書院例席著座御使二之間敷居際ニ被扣候間及會釋候と對座位ニ進ミ候間自分も扇子取少し進著座　御使長橋局ゟ之御口上被申述而少し退座自分上段際江進ミ拜領之御品頂戴之其內　御使敷居際江披被居頂戴畢而復座御受可申上旨及會釋　御使元之席江被付其節自分進ミ御請申述之

益御機嫌能被成御座恐悦奉存候寒中御尋以　御使一種頂戴仕難有仕合奉存候此段長橋局迄宜御沙汰頼入候

右之通申述被歸候節式臺迄送之家老用人公用人取次最初之通白洲江罷出

但御使被歸候而北之廊下江退罷在候給仕方早速上段之拜領物小書院床江持參見番いたし候

一從　准后　御使大原左近將監ヲ以拜領物有之候付半襠著用引續キ御使被參候ハヽ長袴之儘杉戸内迄立向被歸候節中溜前迄送之　御使上﨟方ゟ之口上被申述候付御請も上﨟方迄頼入旨申述外次第同斷

但御使被參候節見歩使罷歸白洲敷出し東之方取次貳人西之方江用人壹人公用人貳人罷出家老壹人下座敷出迎公用人壹人先立案内致し被歸候節送り同斷

一禁裏　御使對話之内引續　准后より之　御使一緒ニ被參候歟或ハ拜領

物とり先ゟ　御使被參候節ハ上溜ゟ通し置拜領物等大書院床ゟ餝相濟
而出迎いたし候事
一今日拜領物之御禮帛小袖半袴著用八ッ時出宅傳　奏衆ゟ相越ケ上書ヲ
以申置
傳奏衆ゟ口上書
今日從　禁裏　准后御方寒中爲　御尋　御使ヲ以拜領物仕難有仕合
奉存候右爲御禮致伺公候
十二月　名
一御附ゟ右拜領物之儀以使者申遣之
一兩御所　御使ゟ　干鯛壹折金三百匹ッヽ以使者遣之
一南都興福寺惣代五師役者自分上京ニ付罷出候間大書院入側家老用人公
用人出席自分熨斗目半袴著大書院正面著座近習之者後詰有之三之間襖
左右ゟ開之

興福寺五師惣代　賢聖院

右貳之間下より貳疊目ニ罷出直披露申述退散

但言葉無之

一土御門右兵衛佐高倉侍従歸京付被行向出宅竹屋口ニ見歩使附置白洲三枚敷出し公用人壹人取次貳人出迎

未刻　正四位上所勞ニ付斷　土御門右兵衛佐

未刻　従四位下　高倉侍従

右出宅案内ニ而自分平服著用竹屋口注進ニ而杉戸内迄出迎何レも大書院ニ誘引例席著座於關東御馳走被　仰付難有旨被申述幷人馬　御朱印等之御禮被申述相應及挨拶被歸候節上溜前迄送之公用人壹人取次貳人出迎之通送之

一信樂御代官多羅尾民部　將軍　宣下濟爲恐悦入來ニ候得共御用多ニ付

逢不申公用人共ゟ口上被申置
一町奉行ゟ訴狀箱例之通差越候得共訴狀無之例之通相濟
一夜六半時出火泉涌寺境內之旨火之見方之者ゟ相觸其後火元見之者歸候處彌同所之由注進候付例之通壹番手貳番手人數之外如先例與力五騎同心八人別段差出右ニ付御所使之者　御所ゟ差遣御附ゟ模樣相尋御場柄之事ニ候ゟ不取敢　御機嫌伺使者相勤候樣申付遣候得共　傳　奏衆幷御附ニも參　內無之ニ付無其儀引取
一岡部土佐守ニも早速火元ゟ參候旨屆出候事
一小笠原長門守引取懸ヶ被參左之通屆有之
四條院樣　尊像ハ塔頭法安寺ゟ
御代々樣　尊像幷　御朱印ハ同所戒光寺ゟ
御位牌ハ同所觀音寺ゟ
右夫々無御別條　御立退相成最早及鎭火候段申屆之

一今晩之出火方丈御法事堂ゟ致出火候由是又屆有之
一小笠原帶刀ゟも同樣屆有之
○十二月廿二日
一町奉行小笠原長門守江於小書院左之通申渡
町奉行江
小笠原長門守組與力
銀五枚ッヽ
三浦錦次郎
鵜飼京藏
同貳枚ッヽ
同組同心貳人
附火いたし候江州愛知郡東圓堂村市兵衛悴無宿淸五郎を召捕候付御褒美書面之通被下候間得其意可被申渡候
十二月
一寒中ニ付御由緒之方々ゟ被獻物使者幷梅溪少將被行向

鷹司殿
鷹司右大臣殿
鷹司左衞門督殿
鷹司殿政所
龜君
近衞殿
近衞大納言殿
一條殿
一條大納言殿
萬津宮
有栖川宮
帥宮
妙勝定院宮

岸君
伏見殿
伏見入道宮
一乗院門跡
廣幡靜君
眞心院
法華寺五十君
右被獻物大書院上之間南側緣ニ毛氈敷並置之自分平服正面例席ヘ著座
右使者壹人ツヽ罷出取次披露畢而自分前ヘ進ミ口上申述目錄差出候付
受取關東ヘ可申上旨申述
但目錄被獻物箱之内ニ入候分ハ口上計申述
梅谿少將
右巳刻被參自分平服竹屋口見步使罷歸候と杉戸内ヘ出迎大書院ヘ誘引

於例席關東　御機嫌被相伺相應及挨拶被歸候節上溜前迄送之
一大宮三位同道同大夫方領爲御禮被行向候付見步使白洲三枚敷出し立番
差出公用人壹人取次貳人白洲ゟ罷出

同道
大宮三位
大宮大夫

右出宅案内ニ而自分平服著用竹屋口見步使ニ而杉戸内迄出迎大書院ゟ
誘引自分例席ゟ著座三位大夫内緣之方ゟ著座方領御禮被申述時候挨拶
等相濟退散之節上溜前迄送之
一泉涌寺出火御愼中爲伺　御機嫌參　内致し候付帛小袖麻上下著用八ツ半時出
宅淸所御門とゟ御内玄關ゟ相越取次御附等出迎例之通及會釋伺公之間
ゟ相越御附ヲ以傳　奏衆ゟ申込
一兩卿出會　御機嫌相伺候旨申述之可被申上旨ニ而退入

一御菓子頂戴いたし候
一兩卿再出會　御返答幷詮　御機嫌能被成御座候旨被申聞伏承之恐悅申述之暫時對話尙挨拶之上退入
一御菓子頂戴之御禮御附ゟ賴置退散送り出迎之通候
但今日之伺　御機嫌　上御所計ニ而　准后ハ無之事　御附ゟ申聞置
一去ル十五日十七日之宿次今曉卯刻至來
一昨夜之出火ニ付今曉　內侍所之御祭ハ御延引被　仰出候ニ付警固人數も不差出候
○十二月廿三日
一無記事
○十二月廿四日
一御代替ニ付西本願寺同新門幷興正寺河州顯證寺播州本德寺顯證寺法叽

院誓詞ニ付五ツ半時何も被相揃上溜一席江右七人相通

但本願寺新門入來之節ハ町奉行出迎及會釋候事

一今日誓詞之次第本願寺始一同江町奉行より申聞其上ニ而自分服紗小袖麻上下著用杉戸外迄出迎本門同新門誘引いたし大書院上之間江通し尤自分例席より壹間程上ニ著座ニ扇子脇差置本門新門內緣之方ニ著座夫より町奉行御目付貳之間敷居際北之方ニ著座本門新門ゟ今日ハ誓詞被　仰付難有旨申聞候間相應及挨拶夫より兩門町奉行御目付之方ヲ被見御太儀之段挨拶有之畢而下之口ゟ近習之者服紗麻上下著用誓詞道具白木片木ニ載持出本門新門之間ニ差置引夫より公用人本門之誓詞白木片木載差出貳之間町奉行著坐之前ニ而讀之畢而誓詞白木片木ニ載候儘町奉行江差出右誓詞町奉行受取其儘本門之前江差出誓詞相濟候迄右席ニ罷在誓詞相濟右誓詞町奉行受取自分江為見候間自分手ニ取一覧直ニ町奉行江相渡町奉行二之間元席江誓詞持被退候節誓詞讀候公用人罷出受取之持

引

一新門誓詞之次第前同斷相濟誓詞道具近習之者引之

一右相濟自分町奉行之方を見致會釋候と町奉行被立上溜ニ相越興正寺を誘引上之間ニ案内いたし興正寺上之間ニ被入候時自分著座之席を壹間程下り及會釋誓詞被致候樣申之自分復座夫より誓詞道具近習之者持出興正寺之右之方ニ置引公用人誓詞白木片木ニ載持出町奉行之前ニ而讀之畢而町奉行へ差出町奉行誓詞白木片木ニ載候儘興正寺之前ニ差出誓詞相濟直ニ町奉行受取本門之前ニ而鳥渡會釋いたし夫より自分ニ被爲見候間手ニ取一覽直ニ町奉行ニ相渡夫ゟ如最前町奉行ゟ讀候公用人ニ相渡持引畢而自分興正寺ニ及會釋直ニ立入側衝立之内迄送之

一興正寺上溜ニ復座自分元席ニ歸座

一興正寺新門誓詞之次第前同斷相濟而誓詞道具近習之者引之

一夫より顯證寺を町奉行差出貳之間敷居際入側を後ロニして著座近習之

者誓詞道具白木片木ニ載持出顯證寺之右之方ニ置引公用人誓詞（此處ハ片木不載）持出前同席ニ而讀之畢而町奉行江差出町奉行ゟ顯正寺江相渡誓詞相濟町奉行受取本門之前ニ而鳥渡會釋以たし夫ゟ自分江被爲見輕く一覽直ニ町奉行江相渡夫より右誓詞町奉行ゟ讀候公用人持引畢而顯證寺時宜以たし引上溜江復座

一本德寺顯正寺法叱院誓詞之次第前同樣相濟誓詞道具近習之者引之

但顯正寺本德寺法叱院被出候節自分詞無之尤送りも無之事

一右相濟町奉行御目付ニハ直ニ下之勝手口ゟ退去畢而本願寺同新門江自分及會釋候よ今日ハ無滯相濟大慶之段被申聞候間重疊之儀ニ候旨申之被歸候節中溜前迄送之町奉行ニて玄關拭板迄被送候

但上溜ニ興正寺以下著座有之候得共自分不及會釋直ニ勝手江入

一今日町奉行御目付幷公用人帛小袖麻上下著用廣間向平服之事

一西本願寺同新門入來之節餝手桶立番等常之通尤下座敷取拂式臺際迄乘

興之事
一興正寺入來之節ハ常之通之事
一顯證寺本徳寺法吼院入來之節ハ取次壹人拭板迄出迎上溜ゟ案内致し歸候節式臺迄送之

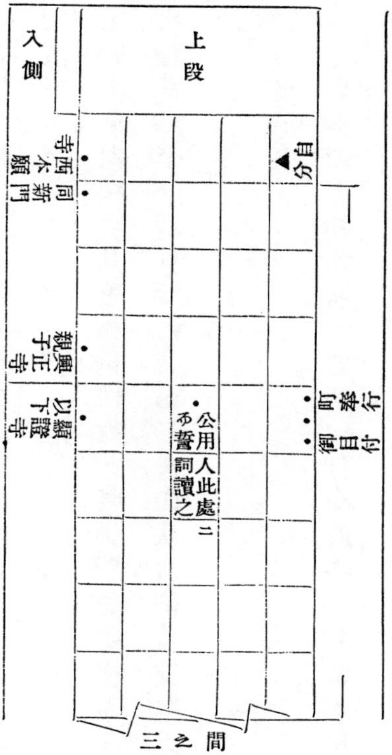

一土御門右兵衞佐歸京ニ付爲御禮被行向都ゟ去ル廿一日高倉侍從被行向

候節之通
一去ル十二日出江戶表ゟ之宿次今午之下刻相達
一今酉中刻關東𛁈宿次差立之
一例年御進獻之御藥種明日可相納候處此頃御所向御愼中ニ付御附ヲ以傳
奏衆𛁈尋合候處來廿六日廿七日兩日之內江府御差支無之日限ニ相納可
申旨申來
○十二月廿五日
一御代替ニ付東本願寺幷大通寺誓詞ニ付今辰半刻右被罷越上溜一席𛁈兩
人共通之
但本願寺入來之節ハ町奉行出迎及會釋候
一今日誓詞之次第本願寺始候由町奉行ゟ申聞其上ニ而自分服紗小袖麻
半袴著用杉戶外迄本願寺誘引ニ而大書院上之間𛁈通し尤自分例席ゟ壹
間程上ニ著座扇子取脇ニ置本願寺內緣之方ニ著座夫ゟ町奉行岡部土

佐守小笠原長門守御目付小笠原帶刀貳之間式居際北之方江著座本願寺
より今日ハ誓詞被仰付難有旨被申聞候間御苦勞之段挨拶いたし尙又安
否被承候間相應及挨拶夫ゟ本願寺町奉行御目付之方を被見御太儀之旨
挨拶有之畢而下之口ゟ近習之者服紗小袖麻上下著用誓詞道具白木片木
ニ載持出本願寺之右之方ニ差置夫ヨリ公用人本願寺之誓詞白木片木ニ
載持出貳之間町奉行著座之前ニ而讀之畢而誓詞白木片木ニ載候儘町奉
行江差出右誓詞町奉行受取其儘本願寺之前江差出誓詞相濟迄右席ニ罷
在誓詞相濟右誓詞ヲ町奉行受取自分江被爲見自分手ニ取一覽直ニ町奉
行江相渡町奉行貳之間元席江誓詞持被退候節誓詞讀候公用人罷出受取
之持引夫より近習之者誓詞道具引之
一右相濟町奉行大通寺を差出貳之間式居際入側を後ロニして著座近習之
者誓詞道具白木片木ニ載持出大通寺右之方ニ差置引公用人誓詞（此度ハ片木ニ不載）
持出町奉行之前ニ而讀之畢而町奉行江差出町奉行受取大通寺江相渡

誓詞相濟町奉行受取本願寺之前ニ而鳥渡致會釋夫より自分江被爲見輕く取一覽直ニ町奉行江相渡夫ゟ右誓詞如初讀候公用人江相渡持引畢而大通寺時宜致し直ニ引上溜江復座誓詞道具近習之者引之
但大通寺罷出候節自分詞無之送も無之候
一右相濟町奉行御目付直ニ下之勝手口ゟ退去畢而本願寺江自分及會釋候之今日ハ無滯相濟大慶之段被申候間重疊之儀ニ候旨申之被歸候節中溜前迄送之町奉行ニハ玄關拭板迄被送候
但大通寺上溜ニ著座有之候得共自分會釋不及直ニ勝手江入
一今日町奉行御目付幷公用人服紗小袖麻上下著用廣間向平服之事
一東本願寺入來之節傍手桶立番等常之通尤下坐敷際迄乘輿之事
但大書院席圖昨日之通付略之
一今日九半時供揃關白殿江爲御用談相越直ニ下總殿旅館妙滿寺江相越御用談有之都而例之通歸宅六ツ時

一今戌刻關東江宿次差立之

○十二月廿六日

一歳暮爲拜禮養源院江參詣いたし候付五ツ時供揃熨斗目長袴著用養源院江相越門前ニ而下乘同所江取持之者出迎及會釋玄關式臺ニ而刀取持之者江相渡玄關上江權僧正出迎乍立會釋同所江町奉行出迎膝を突及會釋夫より權僧正案内ニ而手水出し有之候所ニ而長袴括り解手水遣ひ扇子取持之者江相渡

一尊牌前江權僧正案内ニ而例之通膝突之上ニ而拜禮尤一拜ニ而相濟夫より權僧正案内方丈江通上之間ヲ右ニ受著座刀ハ取持之者持參後ロニ差置候例之通町奉行始權僧正ニも罷出挨拶有之候付相應及挨拶茶多葉粉盆出ル

一夫より知恩院江著後初而參詣いたし候付烏帽子直垂著替直出院知恩院江相越先番之者先達而參り居

但獻備之品ハ今朝以使者相廻し置

一方丈玄關門前ニ而下乘此所ニ取持之者山役者出迎輕及會釋下座敷ニ取次之僧式臺ニ六役者出迎乍立會釋右六役者之内先達案内右之處ニ而刀取持之者ニ相渡玄關上ニ町奉行出迎膝を突及會釋役者案内本堂取付廊下ニ手水出し有之處ニ而括り解手水遣イ候

一本堂西檀　御影堂ニ而　權現樣　傳通院樣　台德院樣　御牌前ニ御座順ニ中啓前ニ置拜禮致尤役者誘引立戻り候節中禮いたし候

一夫より大方丈渡り取付廊下ニ案内之僧出居乍立會釋直ニ先立いたし尊牌前ニ拜禮尤中啓前ニ置役者案内之處ニ而　御一同一拜いたし相濟

但　神影殿ニ拜禮可致之處關東御服中ニ付其儀無之

一夫ゟ小方丈ニ相越座敷ニ著座刀ハ取持之者自分著座之後ロニ置之

但上段を右ニ受貳之間正面著座町奉行ハ自分左之方同座下之方ニ著座有之

一役者不殘罷出町奉行取合及挨拶夫より弟子共是又取合同斷夫ゟ役者口祝持出一寸祝候茶多葉粉盃出之且料理等斷置候得共雜煮吸物酒湯漬菓子等出之町奉行相伴相濟供宜趣取持之もの申聞候付退散大方丈取附廊下ニ而括り致ス送出迎之通刀ハ玄關ニ而取持之者ゟ受取敷出しニ而帶之中門外ニ而乘輿

但方丈當時出府中ニ付送迎等無之

一御進獻之御藥種今日御所使ヲ以相納候事

一去十六日出關東ゟ之宿次今巳中刻相達

一小笠原長門守に於小書院逢御用談いたし候

〇十二月廿七日

一去十七日出江戸表ゟ之次飛脚今申上刻至來

一傳奏衆雜掌兩人罷出女房奉書持參候得共風氣ニ付家老に名代申付爲受取候事

一江戸表ゟ之宿次貳ッ今亥中刻指立候

○十二月廿八日

一歳末爲祝儀地役之面々入來有之候得共自分少々不快ニ付不致面會

一晝後近衞大納言殿家司返上之　御朱印幷諸證文持參ニ付自分平服著大書院正面例席著座（白木三方公用人持出右之方ニ置之）右家司衝立際ゟ取次誘引罷出近衞樣御家司中嶋掃部与披露是ゟ及會釋側ゟ進　御朱印返上ニ付是ヲ受取勝手ゟ入

一人馬證文船川渡證文等於使者之間公用人迄差出之

但人馬宿次證文船川渡證文年寄衆ゟ被差出候分共差出之

一歳末爲御祝儀　禁裏　准后ゟ子籠鮭進獻ニ付可致見分候處不快ニ付家老ゟ代見申付之

○十二月廿九日

一今巳刻正親町三條侍從同道正親町三條中納言元服爲御禮被行向候付白

洲五枚敷出し門内外立番差出公用人貳人取次貳人敷出ゟ罷出

正親町三條侍從

同道

正親町三條中納言

右出宅案内ニ而自分平服竹屋口見步使案内ニ而杉戸外迄出迎大書院ゟ誘引自分例席著座中納言侍從內緣之方ゟ著座元服御禮被申述候間關東ゟ可申上旨申述之時候挨拶等有之退散之節中溜前迄送之

一清水谷大夫同道清水谷中將被行向候付元服御禮白洲三枚敷出し公用人壹人取次貳人敷出罷出

清水谷大夫

同道

清水谷中將

右竹屋口案内ニ而杉戸迄出迎大書院ゟ誘引例席著座中將大夫ニハ內緣之方ゟ著座元服御禮被申述候付前同斷及答被歸候節上溜前迄送之

〇十二月晦日

一今日　御返答ニ付下總殿同伴參　内いたし候ニ付六ツ半時供揃熨斗目麻上下著用供廻惣上下著用施藥院江相越同所門内江施藥院出迎候間及會釋取持三輪嘉之助中井小膳中井保三郎先達參居下座敷江出迎候間及會釋刀ハ取持之者江相渡壹人ハ先立座敷入口ニ而披平服自分座敷江通刀ハ右入口ニ而先番之小性受取之

一夫より於休息所嘉之助小膳保三郎施藥院江逢

一富貴宮　御誕生幷下總殿上京ニ付　禁裏御始天璋院樣ゟ之御進獻物御言傳物等之　御使今日相勤候樣傳奏衆ゟ施藥院迄被申越

一下總殿ニハ自分出宅江附人ニ而施藥院江被相越
　但先日之通出迎不致

一同所江參著之旨御附江公用人奉札ヲ以申遣之
　但御所御内玄關迄爲持遣之

一下總殿休息所於貳之間御用談致候ニ付同所江罷越對座ニ而御用談有之

畢而今日之御次第等申談相濟相互ニ休息所ニ引（刀ハ小性之者ゟ取持ニ相渡し後ニ差置）

一夫ゟ御附被參候付下總殿休息所次之間ニ出刀ハ後ニ置庭之方角掛著座

下總殿ニも出座正面ニ著座御附相通今日之御次第相變義無之哉之旨相

施藥院之圖

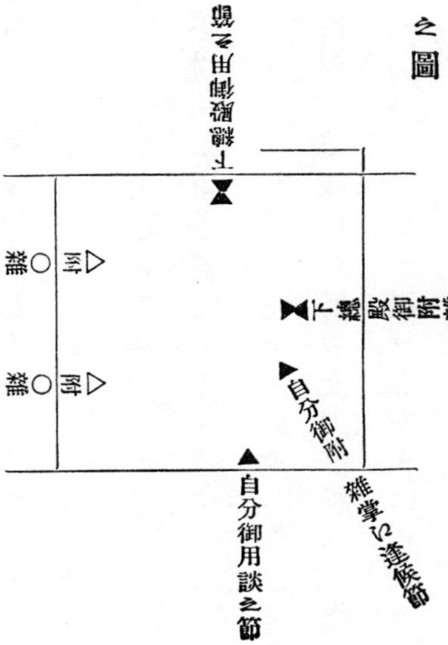

尋候ニ相替義無之旨御附申答候間先格之通相心得候樣申達下總殿ニも

宜〻被申相濟一同休息所ゟ退引（刀ハ前同斷）
一御附幷取持之者ゟ懸合之支度今日ハ下總殿ゟ被差出自分ハ辨當用之
　但下總殿ニハ先日之通自分辨當被相用之候
一下總殿ゟ打合衣冠著用いたし候
　但襪用之下襲無之
一傳　奏衆ゟ雜掌使者ニ而時刻宜候間唯今參內可致旨申來候趣公用人申
聞候間下總殿休息所ゟ太刀携罷越下總殿ニも被出正面ゟ著座自分ニハ
庭之方少し角掛而著座雜掌ハ公用人披露御口上之趣致承知候追付參
內可致宜と自分ゟ申述下總殿ニも宜〻被申候雜掌退去少し見合候內供
宜旨ニ付下總殿出門引續自分ニも出門送り出迎之通門外ニ而乘輿
　但今日ハ自分同伴ニ候得共御役柄之義ニ付下總殿自分〻申順ニ相越
　且參內之節取次番士等先日之通此方ゟ差出候
一御唐門外ニ而下乘沓徒頭直之太刀ハ駕籠中ゟ左ニ携中啓右ニ持御唐門

内ニ御附出迎候間是又輕く及會釋平唐御門より入　御門内諸大夫間階
下ニ傳　奏衆雜掌出居同所ニ而太刀公用人江相渡沓脫ニ而沓脫之同所
ニ而下總殿會釋有之被上候間引續上り緣上ニ非藏人出迎乍立及會釋
御返答御暇之儀
一下總殿自分同伴參　内鶴之間著座
一傳　奏衆出會　富貴宮樣御降誕ニ付　天璋院樣ゟ御目錄之通御進獻之
義御口上申上所可言上之由退入更出席告可有　御對面之由退入
一出御之後傳　奏衆鶴之間出席誘引下總殿自分小御所取合廊下北之方列
座
一傳　奏衆申次下總殿於中段被拜　龍顏
一傳　奏衆目錄披露祝申次自分於中段拜　龍顏天璋院樣ゟ富貴宮樣御降誕御祝儀訖退
一次第同斷御傳言訖退
一下總殿自分ニも自分之御禮職事申次於廂拜　龍顏

一傳　奏衆誘引下總殿自分鶴間著座
一傳　奏衆誘引於小御所下段　叡慮之趣下總殿ゟ關白殿被　仰渡（傳奏衆在傍）訖下總殿鶴之間著座
一於鶴杉戸之内　御返答被進物之事下總殿ゟ被申述直拜見（先下總殿自分等御拜廊下迄誘引有之）
一引續自分ゟ　御返答被申渡
一於虎間下總殿ゟ歸府之御暇拜領物之事被申渡
一拜領物六位藏人持出置座上下總殿進ミ寄頂戴畢而非藏人引之（別段拜領之眞之御太刀ハ傳奏衆取之授之）自分別段之拜領物六位藏人持出置座上進ミ寄頂戴畢而非藏人引之
一下總殿自分鶴之間著座傳　奏衆退入
一傳　奏衆於武家候所（早川庄次郎　佐藤清五郎）拜領物之儀申渡
一傳　奏衆更出會虎間誘引賜　酒饌傳　奏衆相伴議　奏衆挨拶

一下總殿自分鶴間著座御禮申述
一傳　奏衆誘引伺公之間著座大乳人出會口祝有之御禮申述御內玄關ゟ退出　准后御方之儀
一下總殿自分同伴參上御客之間著座傳　奏衆對座
一上﨟出會有口祝
一御返事被進物之義下總殿ニ被申述直拜見
一天璋院樣ゟ　御誕生之御祝儀御言傳物等自分御口上申述上﨟退入
一上﨟更出會　御返答自分ニ被申述
一拜領物之義下總殿ニ申渡
一拜領物女房持出置座前下總殿頂戴畢而女房引之上﨟退入
一下總殿自分御禮申述退出
一施藥院ニ立戻出迎今朝之通及會釋衣冠之儘ニ而下總殿休息所次之間ニ相越逢無滯相濟候悅等相應及挨拶兼而江戶表ニ而申合之通相互ニ悅直

勤之儀斷申述夫ゟ休息所〻引取持施藥院〻逢衣冠之儘退散送出迎之通
一關白殿傳　奏衆〻廻勤口上書ヲ以取次〻申置歸宅五ッ半時
一去ル廿四日出關東ゟ之宿次今酉之下刻至來

所司代日記 一

日本史籍協會叢書 128

昭和 三 年六月二十五日發行
昭和四十七年六月 十 日覆刻

編者 日本史籍協會
代表者 森谷秀亮
東京都三鷹市大澤二丁目十五番十六號

發行者 財團法人 東京大學出版會
代表者 福武 直
一一三 東京都文京區本郷七丁目三番一號
振替東京五九九六四電話(八一一)八八一四

印刷・株式會社 平文社
本文用紙・北越製紙株式會社
クロス・日本クロス工業株式會社
製函・株式會社 光陽紙器製作所
製本・有限會社 新榮社

日本史籍協会叢書 128
所司代日記 一（オンデマンド版）

Digital Publishing

2015年1月15日　発行

編　者　日本史籍協会
発行所　一般財団法人　東京大学出版会
代表者　渡辺　浩
〒153-0041　東京都目黒区駒場4-5-29
TEL　03-6407-1069　FAX　03-6407-1991
URL　http://www.utp.or.jp

印刷・製本　株式会社 デジタルパブリッシングサービス
TEL　03-5225-6061
URL　http://www.d-pub.co.jp/

AJ027

ISBN978-4-13-009428-3　Printed in Japan